AF525291

Peter Pistorius

Rudolf Breitscheid 1874–1944

Kampf um Wahrheit und Macht

Der Autor

Peter Pistorius, Jahrgang 1939, hat Geschichte und Politik studiert und 1968 an der Universität zu Köln mit einer Promotion über Rudolf Breitscheid in der deutschen Parteiengeschichte des 20. Jahrhunderts abgeschlossen. Damit hat er die bislang erste und einzige umfassende Darstellung der facettenreichen politischen und journalistischen Karriere Breitscheids vorgelegt. Seit 1969 war Pistorius Redakteur für Politik und Zeitgeschehen beim Hessischen Rundfunk und einige Jahre Auslandskorrespondent in Rom. 1987 wurde er erster Hörfunkchefredakteur beim Sender Freies Berlin und ging 1995 als ARD-Korrespondent nach Brüssel. 2005 wurde er zum Vorsitzenden des Deutschen Journalistenverbands Berlin gewählt. Er lebt heute in Brandenburg.

Peter Pistorius

Rudolf Breitscheid 1874–1944

Kampf um Wahrheit und Macht

Bibliografische Information der Deutschen Nationalbibliothek
Die Deutsche Nationalbibliothek verzeichnet diese Publikation in der Deutschen Nationalbibliografie; detaillierte bibliografische Daten sind im Internet über http://dnb.d-nb.de abrufbar.

Gedruckt mit freundlicher
Unterstützung der

Schüren Verlag GmbH
Universitätsstr. 55 | 35037 Marburg
www.schueren-verlag.de

Gestaltung: Erik Schüßler
Umschlag: Wolfgang Diemer, Frechen,
unter Verwendung einer DDR-Briefmarke von 1974
Druck: The Art of Printing – Kopa
Printed in Lithuania
ISBN 978-3-89472-290-8

Inhalt

Vorwort

Eher wäre ich als Student der Geschichtswissenschaft an der Universität zu Köln in der Lage gewesen, über Joseph Görres, den katholischen Frührevolutionär, zu schreiben als ausgerechnet über Rudolf Breitscheid. Görres hatte mich mit seiner Begeisterung für die Befreiungskämpfe der Rheinischen Republik angesteckt.

Nun aber, Mitte der 1960er-Jahre, kreuzte der mir bis dahin unbekannte Breitscheid meinen Weg. Ein älterer Kommilitone, Sozialdemokrat vom Niederrhein, kam ab und zu mit seiner großkalibrigen Aktentasche an die Kölner Uni angereist. Er war es, der mich im Verlauf einer Plauderei auf einen schmalen Zeitungsband im Lesesaal aufmerksam machte: *Das freie Volk. Demokratisches Wochenblatt.* Herausgeber: Dr. Rudolf Breitscheid. So der Titel der Nummer 1 vom 11. Dezember 1909. Erscheinungsort: die Fasanenstraße in Wilmersdorf, damals noch vor Berlin gelegen.

Die Spur war gezogen. Ich verfolgte sie und geriet tiefer in die politischen Kämpfe des Kaiserreichs. Schon bald war klar, hier ging es nicht um tagespolitischen Kleinkrieg, hier wurden grundsätzliche Fragen aufgeworfen. Freiheit, Demokratie und Persönlichkeitsrechte – das waren die dominierenden Themen. Breitscheid, der zum Parteiführer der Demokratischen Vereinigung avancierte Journalist, agitierte das liberale Bürgertum, sang ihm das Lied von der sozialen Demokratie und hoffte, dass es nach dieser Melodie mittanzte.

Als er merkte, dass die Liberalen nicht so wollten wie er, schloss sich Breitscheid 1912 der Sozialdemokratie an. Für ihn war das ein Wechsel des Parteibuchs – nicht der Gesinnung. Er hatte seinen roten Faden gefunden, dem er folgte. Nur scheinbar und im Widerspruch dazu hinterließ er bei manchem Zeitgenossen und Mitstreiter den Ruf eines notorischen Spalters innerhalb der jeweiligen Partei, in der er sich gerade engagierte. Indem er den wechselvollen Entwicklungen der kommenden Jahre gerecht zu werden suchte, konnte er den Eindruck eines allzu schnell vollzogenen Kurswechsels kaum vermeiden.

Die Ereignisse der kommenden Jahre – die Achterbahnfahrt zwischen dem Ende des Kaiserreichs, der Novemberrevolution, den Erfolgen und Krisen der Weimarer Republik bis zum Niedergang der Demokratie, schließlich der Widerstandswillen und das Elend des Exils bis zum Tod im KZ – sie prägen die glanzvollen wie die tragischen Abschnitte in Breitscheids Leben.

Treuer «Diener einer reinen Idee», der er eigentlich immer war, musste er sich in den unterschiedlichsten Rollen bewähren: als Oppositioneller auch innerhalb der eigenen Reihen, als verantwortlicher preußischer Minister und Fraktionsführer im Reichstag, Motor der deutschen Volksfront gegen Faschismus im Pariser Exil – dazu als kluger und kritischer Betrachter, als Kommentator des politischen Geschehens in zahllosen Artikeln.

Im frei gewählten Parlament der Weimarer Republik nimmt er eine überragende Stellung ein. Die Überzeugungskraft seiner leidenschaftlichen Rhetorik setzte Maßstäbe bis in die Gegenwart. Die Demagogen kamen nicht an gegen diesen bei Freunden geachteten und von Gegnern gefürchteten Mann, der sich die Gefolgschaft nicht nur in der sozialdemokratischen Fraktion durch überzeugende Argumente immer wieder neu zu sichern wusste.

Von all dem berichtet diese Geschichte des großen Parlamentariers, die hier nach einem halben Jahrhundert neu erzählt wird. Der Bogen reicht bis in die Gegenwart. Erstaunlich hellsichtig erschließt er sich in einem seiner eigenen Worte aus dem publizistischen Schaffen: «Das Volk muss sprechen, wo immer es dazu Gelegenheit findet. In den Versammlungen. Auf den Straßen.» Das klingt schon fast vertraut heutzutage, als hätten die Deutschen sich mit ihren Aufrufen und Demonstrationen wieder auf ihre alten politischen Tugenden besonnen.

Peter Pistorius, Hohen Neuendorf im März 2024

1 Demonstration «gegen Rechts» und für Demokratie im Januar 2024 in Potsdam

Statt einer Einleitung
Erinnern an Rudolf Breitscheid

Martin Schulz im Gespräch mit Sabine Hering und Peter Pistorius

Sabine Hering / Peter Pistorius: Martin Schulz, wir befinden uns hier in Berlin in der Zentrale der Friedrich-Ebert-Stiftung, deren Vorsitzender Sie sind – Sie waren außerdem Abgeordneter im Deutschen Bundestag und fünf Jahre lang Präsident des Europäischen Parlaments in Straßburg und Brüssel.
Nehmen wir an, wir gingen jetzt von hier aus den Weg quer durch den Tiergarten und gelangten zu dem historischen Bau, in dem seit der deutschen Vereinigung der Bundestag seinen Sitz hat. Hier – im vormaligen Reichstag – hat vor rund einhundert Jahren Rudolf Breitscheid ein rundes Jahrzehnt lang Politik gemacht. Als Vorsitzender der SPD-Fraktion war er einer der einflussreichsten Politiker der Weimarer Republik, als mitreißender Redner beliebt und gefürchtet. Am 24. Februar 1932 hielt er dort seine letzte große Rede mit scharfen Angriffen gegen die Feinde der Demokratie im rechten wie im linken Lager. Nehmen wir an, wir würden Breitscheid hier begegnen. Könnte er uns einen Rat geben, wie wir in der Auseinandersetzung mit den Feinden der Berliner Republik von heute bestehen können?

Martin Schulz: Wenn wir eine fiktive Begegnung mit Breitscheid hätten, wären wir zweifellos im Vorteil, weil wir heute wissen, was damals im Weiteren geschehen ist. Das wusste Breitscheid nicht, aber im Rückblick auf die Geschichte würde er uns sicher raten, Konsequenzen daraus zu ziehen. Friedrich Ebert hat einmal gesagt: Die Demokratie braucht Demokraten – und die hatte die Weimarer Republik nicht in ausreichendem Maße. Das ist der Unterschied zur Bundesrepublik. Wir haben seit 75 Jahren eine gefestigte Demokratie, welche von der Mehrheit der Bevölkerung getragen wird. Deshalb müssen wir dafür sorgen, dass das so bleibt.

Damals hat sich ja vor allem das überparteiliche Reichsbanner Schwarz-Rot-Gold, später auch die Eiserne Front als Abwehr gegen den rechten Terror die Verteidigung von Demokratie und Republik auf die Fahnen geschrieben. Die über 3 Millionen Mitglieder waren angesichts der zunehmenden Bedrohung bereit loszuschlagen. Warum sind sie nicht zum Einsatz gekommen, warum hat ihnen ihre zahlenmäßige Überlegenheit nichts genützt?

Ich weiß nicht, ob sie wirklich überlegen waren. Insgesamt hat die SPD in der Weimarer Republik niemals über Mehrheiten verfügt. Ein Bündnis mit der KPD war ausgeschlossen angesichts der offenen Anfeindungen: Die SPD wurde von den Kommunisten als Feind Nr. 1 und als Sozialfaschisten beschimpft und bekämpft. Der Reichsbanner war also eingekeilt zwischen dem kommunistischen Roten-Front-Kämpferbund und der SA. Ob es wirklich etwas verändert hätte, wenn er über die bereits stattfindenden Straßenkämpfe hinaus zum Einsatz gekommen wäre, bleibt Spekulation.
Aus meiner Sicht ist das eigentliche Verhängnis der Umstand gewesen, dass die sozialdemokratische Regierung Preußens – bis dahin das «Bollwerk gegen den Faschismus» – am 20. Juli 1932 das Feld geräumt hat. Der vom damaligen Reichskanzler Franz von Papen geschickt eingefädelten «Absetzung» der Regierung von Otto Braun wurde kein nennenswerter Widerstand entgegengesetzt. Das war das Ende des «roten» Preußens und auch das Ende der Weimarer Republik.

Zurück zu Breitscheid: Er wollte einen Bürgerkrieg um fast jeden Preis vermeiden. Die Sozialdemokratie sollte auf dem Boden der Verfassung bleiben, solange ein offener Verfassungsbruch durch die neuen Machthaber nicht nachweisbar war. Als am 24. März 1933 das Ermächtigungsgesetz allen Illusionen ein Ende bereitete, war Breitscheid schon auf dem Weg ins Ausland. War dieses allzu lange Zögern ein Fehler?

Die Antwort lautet eindeutig: Ja. Die Haltung von Breitscheid und allen anderen, die noch immer glaubten, Hitler auf dem Rechtsweg ausbremsen zu können, lässt sich aber erklären: Alle diejenigen, welche die Weimarer Verfassung geschaffen und getragen haben, waren vom Grundsatz der Rechtsstaatlichkeit überzeugt. Sie sind davon ausgegangen, dass die Regeln der parlamentarischen Demokratie unumstößlich sind.
Hitler war aber von Anfang an entschlossen, diese Regeln zu missachten. Daraus hat er auch keinen Hehl gemacht. Und er war dazu in der Lage sich durchzusetzen, weil es keine parlamentarische Mehrheit mehr gegen ihn gab. Das Scheitern der Regierung unter dem sozialdemokratischen Reichskanzler Hermann

Müller wäre vermeidbar gewesen. Aber nicht nur Breitscheid war sich – selbst noch in den Notverordnungszeiten unter Brüning – sicher, nach einer kurzen Zeit der Opposition wieder in einer der Weimarer Koalitionen mitregieren zu können.
Wenn wir aus diesem Irrtum heute etwas lernen, dann dieses: Wir müssen an die konservativen und liberalen Parteien den Appell richten, genau darauf zu achten, was passiert ist, als sie sich nicht von den Rechten abgegrenzt und – anders als die SPD – dem Ermächtigungsgesetz zugestimmt haben. Wer den Feinden der Demokratie auch nur einen Fingerbreit Terrain überlässt, zahlt dafür einen hohen Preis.

Wir würden gerne auf ein weiteres Thema zu sprechen kommen, welches uns zurück zu Breitscheid und zu seinem Spezialgebiet, nämlich der Außenpolitik, führt. Der damalige Außenminister Stresemann hat Breitscheid nicht zuletzt deshalb immer wieder in seine Vorhaben und Strategien einbezogen, weil dieser wertvolle Beziehungen zu den sozialistischen Parteien im Ausland unterhielt. Er träumte von einem Europa, in dem mehrheitlich links regiert würde. Davon träumen Sozialdemokraten heute immer noch. Wie steht es um die internationale Solidarität und um die Mehrheiten bei den Linken in der Gegenwart?

Wir haben in den 70er- und 80er-Jahren des letzten Jahrhunderts eine ausgeprägte Entwicklung einer sozialistisch orientierten internationalen Solidarität gehabt. Die gibt es heute nicht mehr. Die Gegenwart ist geprägt durch einen Trend zur Renationalisierung, einem Rückzug auf das Nationale. Die Kooperation der Linken bedarf nicht nur in Europa, sondern weltweit der Erneuerung. Daran arbeiten wir als Friedrich-Ebert-Stiftung ganz intensiv.

Die ehemaligen «sozialistischen» Staaten des Ostblocks haben nach ihrem Einzug in «Europa» ja keineswegs zur Festigung linker Bündnisse beigetragen, weil gerade sie es waren, die nach über vier Jahrzehnten der erzwungenen Gemeinschaft ihre nationale Eigenständigkeit wiederhaben wollten.
Das Thema «Ostblock» wirft aber noch eine andere Frage auf: Die Frage nach der Würdigung Breitscheids in der Geschichtsschreibung der beiden deutschen Staaten. Aufgrund seiner führenden Rolle beim Aufbau der deutschen Volksfront im Pariser Exil und vor allem unter Bezug auf seine Kontakte zur KPD im Rahmen eines antifaschistischen Bündnisses wurde Breitscheid in der DDR-Historiografie als Vorkämpfer der Einheitsfront von SPD und KPD gefeiert. Dass der Versuch eines Bündnisses im Pariser Exil aber nur von kurzer Dauer war und im Unfrieden zwischen den ungleichen Partnern endete, bleibt dabei unerwähnt.

Dass Breitscheid von der SED vereinnahmt wurde, ist offensichtlich. Die Vielzahl der Straßen und Plätze in der DDR macht das nur allzu deutlich. Und dass der Interpretation Breitscheids als Antifaschist in der vorgenommenen Ausschließlichkeit jede Menge Geschichtsklitterung zugrunde liegt, ist auch unbestritten. Das ist aber doch in der DDR auch in anderen Fällen so üblich gewesen und lag sicher nicht zuletzt daran, dass dort ein totalitäres Regime darüber bestimmen konnte, wer Antifaschist war und wer nicht.

Dass die Sozialdemokratie im Westen sich Breitscheid gegenüber eher distanziert verhalten hat, lag vielleicht auch daran, dass sie sich beim Wiederaufbau nach dem Krieg stärker auf die Tradition des Prager Exilvorstands stützte. In Prag verfolgte man den Versuch Breitscheids, in Paris eine parteiübergreifende Allianz aller antifaschistischen Kräfte unter Einschluss der Kommunisten zu organisieren, mit größtem Misstrauen. Nach 1935 war Breitscheid aus Sicht der Prager Parteizentrale nicht mehr einer der ihren – und nach 1945 offensichtlich auch nicht.

Die führende Figur in der westdeutschen SPD der Nachkriegsjahre war Kurt Schumacher. Da gab es keinen Raum für Breitscheid – nicht nur wegen «Prag» und nicht nur wegen des Alleinvertretungsanspruchs der DDR, sondern wegen Schumachers dominanter Persönlichkeit.

Aber wie holen wir denn Breitscheid in unsere Mitte zurück? Wir feiern in diesem Jahr seinen 150. Geburtstag. Wofür soll er heute geehrt werden?

Wir ehren Breitscheid für seinen Mut und für seinen unermüdlichen Einsatz für die Demokratie und den Rechtsstaat. Daran können wir alle uns ein Beispiel nehmen.

Berlin 23.2.2024

Rudolf Breitscheid – Herkunft und erste Jahre[1] (1874–1903)

Die Ahnen stammten aus der Eifel, wo der Großvater ein eigenes kleines Stück Land bewirtschaftete. Den Sohn zog es dann in die Stadt, zunächst ins Wuppertal und weiter nach Köln. Hier wurde Rudolf am 2. November 1874 geboren. Er blieb das einzige Kind des Buchhandlungsgehilfen Wilhelm Breitscheid und seiner Frau Wilhelmine, einer Schneiderstochter. Spätere Chronisten, die ihre Informationen wahrscheinlich von dem zum Politiker aufgestiegenen Breitscheid selbst bezogen, wussten von skurrilen Auswüchsen einer allzu wörtlich verstandenen «Caritas» im protestantischen Kölner Elternhaus zu berichten. Die Mutter hätte es gerne gesehen, wenn der Junge den Weg zu einem geistlichen Beruf eingeschlagen hätte.

Den zog es aber nicht gerade mächtig zu den religiösen Pflichtübungen – mit einer Ausnahme: Zu Carl Wilhelm Jatho (1851–1913), dem Kölner Prediger, der mit seiner Exegese Goethes, Schillers und Shakespeares die Schwierigkeiten protestantischer Seelsorge in der Diaspora auf seine Weise zu überwinden trachtete, brauchte man ihn nicht zu schicken. Über Jathos Predigten sprach noch der Erwachsene begeistert, dem Theodor Heuss nachsagte, er sei fürs Religiöse «ganz ohne Organ» gewesen. Dass Jatho mit seinen kirchlichen Oberen und Amtsbrüdern wegen seines eigenwilligen Christentums in Konflikt geriet, mochte in dem jungen Breitscheid, der später selber oft genug mit der politischen Orthodoxie zu kämpfen hatte, wichtige Eindrücke hinterlassen haben. Seine religiöse Bildung indessen blieb an der Oberfläche. Was er

1 Diese Angaben beruhen weitgehend auf folgenden Quellen: Paul Mayer / Rudolf Breitscheid, in: *Neue Deutsche Biographie*, Zweiter Bd., Berlin 1955, S. 579 f.; Georg Schwarz (Pseud. O. B. Server), «Dr. Rudolf Breitscheid, der SPD-Lord», in: Ders., *Matadore der Politik. Sechsundzwanzig Politikerporträts mit 26 Karikaturen von Erich Goltz*, Berlin 1932, S. 54; Friedrich Stampfer, «Aus dem Leben Rudolf Breitscheids», in: *Neue Volkszeitung*, New York, vom 23. Sept. 1944 und den schriftlichen Mitteilungen seiner Ehefrau Tony Breitscheid an den Verfasser vom 8. Okt. 1964.

2 Der evangelische Prediger Carl Wilhelm Jatho (1851–1913) mit seiner weit über Köln hinausreichenden Rednergabe beeindruckte den jungen Breitscheid sehr. Nicht minder prägend wirkten die ketzerischen Aussagen des freigeistigen Theologen, der nach seiner Verbannung aus der Kirche als erfolgreicher Volks- und Wanderprediger breite Schichten erreichte. Ein Rebell gegen die orthodoxe Lehre und wie geschaffen als Vorbild für den politischen Wahrheitssucher zwischen Liberalismus und Sozialismus. Breitscheid trat selbst nach dem Krieg aus der Kirche aus, die in seinen Augen versagt hatte.

sich in der Jugend angeeignet hatte, nutzte er mit Vorliebe – auch als er nach dem Weltkrieg aus der Landeskirche ausgetreten war – in Form eines jederzeit präsenten biblischen Zitatenschatzes, aus dem er seine politische Rhetorik würzte.

Voller Eifer widmete sich der Gymnasiast der Geschichte. Mit neun Jahren hatte er den Vater verloren. Die Mutter musste nun nicht nur den bloßen Lebensunterhalt allein bestreiten, sie ermöglichte ihrem Sohn auch den Übergang vom Kölner Friedrich-Wilhelm-Gymnasium auf die Universität. In München begann er 1894 sein Studium an der juristischen Fakultät. Noch im selben Jahr wechselte er nach Marburg, wo er sich der Nationalökonomie zuwandte. Bevor er sein Studienziel fester ins Auge fasste, tat er den ersten selbstverantworteten Schritt über die Grenzen des Milieus hinaus, in das er hineingeboren war. Er überwand die Schwierigkeiten seiner Herkunft aus dem Kleinbürgertum und wurde von der Marburger Burschenschaft «Arminia» als Mitglied aufgenommen. Nach kurzer Zeit durchlief er die Hierarchie im Kleinen und schwang sich zum «Sprecher» auf. Seine ersten rhetorischen Erfolge erzielte er mit zündenden Reden auf Kaiser und Reich.

Die Mitgliedschaft in der Corporation kam nicht nur seinem Bedürfnis nach Sozialprestige entgegen, sie bedeutete auch eine politische Entscheidung: Er sah die Burschenschaft als Wahrerin einer liberal-demokratischen und nationalen

DIE LANDPOLITIK

IN DEN

AUSTRALISCHEN KOLONIEEN

I. TEIL

NEU-SÜD-WALES

UNTER ENGLISCHER VERWALTUNG

INAUGURAL-DISSERTATION

EINER HOHEN PHILOSOPHISCHEN FAKULTÄT

DER UNIVERSITÄT MARBURG

ZUR

ERLANGUNG DER AKADEMISCHEN DOKTORWÜRDE

VORGELEGT VON

RUDOLF BREITSCHEID

Marburg

1899.

3 Die Vielfalt des kolonialen Gedankens im Deutschen Kaiserreich rang um den adäquaten Ausdruck: Die Dissertation des Marburger Arminen-Burschenschafters Breitscheid orientierte sich am britischen Vorbild und betonte den wirtschaftlichen Nutzen.

Tradition. Aus dieser Fehleinschätzung entwickelte sich später ein persönlich höchst unerfreulicher Konflikt mit seinem vormaligen Mentor, dem Ordinarius für Geografie Theobald Fischer (1846–1910), der Alter Herr bei den «Arminen» war. Bereits in den höheren Semestern fühlte er sich allerdings näher zu Männern wie Karl Rathgen (1856–1921) hingezogen. Für den Staatswissenschaftler war die Marburger Universität eine der Stationen seines vielseitigen wissenschaftlichen und politischen Lebenswegs. Er war engagierter Liberaler, Mitarbeiter der Deutschen Kolonialgesellschaft und zugleich des Vereins für Socialpolitik. Politisch Friedrich Naumann, der Galionsfigur der Liberalen, nahestehend, theoretisch der Jüngeren Historischen Schule und den Kathedersozialisten verbunden, übte er auf den Jungen Breitscheid, der sein Schüler wurde und bei ihm mit einer historischen Untersuchung zur kolonialen Wirtschaftspolitik promovierte, einen bestimmenden Einfluss aus.

Noch keine 24 Jahre alt, ließ Breitscheid die Universität hinter sich. Im politischen Journalismus glaubte er, eine ebenso lohnende wie einträgliche Aufgabe zu finden. Sie hat ihn zeitlebens nicht mehr losgelassen, auch als er im politischen Betrieb am Ausgang des 19. Jahrhunderts mitzumischen begann. Beides – die politische Publizistik und das parteipolitische Engagement im breit gefächerten liberalen Spektrum gehörten fortan für ihn zusammen.

Im März 1938 kam die Universität Marburg der Forderung der Reichsregierung nach, Breitscheid den Doktorgrad zu entziehen, nachdem er bereits 1933 ausgebürgert worden war. Er habe «durch ein Verhalten, das gegen die Pflicht und Treue, gegen Reich und Volk verstößt beide Rechte verwirkt», hieß es in der Begründung der NS-Behörde. Erst im Oktober 1982 wurde die Aberkennung vonseiten der Universität durch einstimmigen Beschluss revidiert.

Der Demokrat (1903–1912)

Beginn einer politischen Laufbahn

Auf der Liste der stimmberechtigten Teilnehmer zum Göttinger Vertretertag des Nationalsozialen Vereins am 29. und 30. August des Jahres 1903 taucht unter anderen der Name Rudolf Breitscheids auf. Mit 27 Jahren war er ein Jahr zuvor als Berichterstatter des linksliberalen und freihändlerisch orientierten *Hamburgischen Correspondenten* nach Berlin gekommen, wo ihn die allgemeine und heftige Auseinandersetzung, die sich an der Frage der kommenden Zollgesetzgebung des Reiches entzündet hatte, in ihren Bann zog. Der soziale und wirtschaftliche Strukturwandel Deutschlands seit den 1870er-Jahren hatte im Kampf um das künftige Zollsystem ihre bis 1903 sich immer mehr zuspitzende politische Gestalt angenommen und die Parteien des Reichstags in die beiden großen feindlichen Lager der Protektionisten und Freihändler gespalten.

Breitscheid, der von der Pressetribüne des Parlaments aus Kontakt zu den Abgeordneten der «Freisinnigen Vereinigung» gewann, fühlte sich durch die Schärfe des Streits nicht nur journalistisch angeregt, sondern auch persönlich herausgefordert. Er gab jetzt seiner liberalen Grundstimmung eine erste politische Richtung. Im Reichstagswahlkampf des Frühjahrs und Sommers 1903, der noch unter dem unmittelbaren Eindruck der Zolldebatte des Vorjahres stand und mit denselben wirtschaftspolitischen Argumenten geführt wurde, agitierte er bereits für einen Kandidaten der «Freisinnigen Vereinigung»,[1] die zusammen mit den Sozialdemokraten den äußersten linken Flügel der Freihändler bildete. Auftraggeber seiner Propagandareise durch das Waldecker Gebiet war indessen nicht die Partei, sondern der Handelsvertragsverein, zu dem Breitscheid später noch in engere Beziehungen treten sollte. Dieser Unternehmerverband für Han-

1 Tony Breitscheid, «Beginn einer politischen Laufbahn»; in: *Deutscher Geschichtskalender 1903*, Teil 1, Leipzig 1904, S. 227 ff.

del und mittelständische Industrie übernahm einen Teil der finanziellen Lasten, die der kostspielige Wahlkampf den Linksliberalen eingebracht hatte. Damit übte der Verband auf die Parteigruppe einen Einfluss aus, wie er im Verlauf der zunehmenden Verkoppelung von politischen und wirtschaftlichen Interessen zum Merkmal der deutschen Politik geworden war. Zugleich galt die freihändlerische Organisation als ein Ort, wo linksliberale Parteimitglieder oder mit diesen Parteien Sympathisierende zusammenkamen.

Breitscheid, der bereits während der abgelaufenen Legislaturperiode seine Neigung zur freihändlerischen Linken entdeckt hatte, scheint über den Handelsvertragsverein Verbindungen mit den Nationalsozialen aufgenommen zu haben. Ende Juli 1903, als sich die Fusion des Naumannschen Vereins mit der «Freisinnigen Vereinigung» abzuzeichnen begann, bekam er Gelegenheit, in der Wochenzeitschrift der Nationalsozialen *Die Zeit* seine Abrechnung mit dem Nationalliberalismus zu veröffentlichen.[2] Damit schloss er vorläufig seine eigene parteipolitische Orientierung ab. In den Wochen zwischen Wahlniederlage und Auflösungsbeschluss des Vereins entschied er sich, von nun an selber Parteipolitik mitzugestalten. Dass die Nationalsozialen zumindest in ihrer bisherigen Form nicht mehr weiter bestehen würden, stand damals für ihn fest; unter diesen Umständen wurde sein Parteieintritt auch zum persönlichen Vertrauensbeweis für Friedrich Nauman[3] und dessen Politik.

Weltpolitik

Da die aktuelle politische Information sein Beruf war und auch seinem persönlichen Bedürfnis entsprach, kam er gleich beim Erscheinen von Naumanns Handbuch *Demokratie und Kaisertum* mit dessen Ideen in Berührung. Die darin geforderte dynamische deutsche Weltmachtpolitik, die sich zwangsläufig aus der strukturellen Wandlung des Reichs zum Industriestaat ergab, fand in dem jungen Journalisten bald einen begeisterten Vertreter. Schon als Redakteur beim *Hannoverschen Courier* hatte er das außenpolitische Ressort bearbeitet; umso aufgeschlossener zeigte er sich nun gegenüber einem Konzept, das die äußere Politik eng mit der Innenpolitik verband, wie das auch im Kampf um die Zollgesetze geschehen war. Eine noch stärkere Wirkung musste auf ihn ein Buch ha-

2 Breitscheid, «Die nationalliberale Jugend», in: *Die Zeit. Nationalsoziale Wochenschrift*, hrsg. von F. Naumann, Berlin-Schöneberg, Nr. 44 vom 30. Juli 1903, S. 549 f.

3 Friedrich Naumann (1860–1919), Theologe und führender liberaler Politiker.

4 Skeptisch beobachtet der junge Breitscheid als Journalist und Mitarbeiter der linksliberalen Presse die innen- und außenpolitische Entwicklung des Kaiserreichs in der Ära des Wilhelminismus. Temperamentvoll griff er in die Diskussion über das «persönliche Regiment» des jungen Kaisers ein, der zwischen den Erfordernissen der modernen Massendemokratie und den Interessen der herrschenden konservativen Schichten hin- und herschwankte. Breitscheid und die liberalen Demokraten konzentrierten ihre Kritik auf das Dreiklassen-Wahlrecht in Preußen, den «Hort der Reaktion», mit dem Breitscheid im Kampf um ein Mandat bald seine persönliche Erfahrung machen würde.

ben, das der zum engeren Naumann-Kreis gehörende Paul Rohrbach[4] im August 1903 auf dieser Grundlage veröffentlichte. Unter dem Titel *Deutschland unter den Weltvölkern*[5] zeichnete er ein Bild künftiger deutscher Wirtschaftsexpansion, wobei er den Konflikt mit England kühl rechnend in seine Überlegungen einbezog. Wie Naumann sah er im Aufschwung des Kaiserreiches zum Industriestaat Anlass und Rechtfertigung deutscher Weltgeltung.

Breitscheid, der die Fusion der Nationalsozialen mit der «Freisinnigen Vereinigung» im September desselben Jahres mitvollzogen hatte, machte sich Punkt für Punkt die imperialistische Gedankenführung Rohrbachs zu eigen.

4 Paul Rohrbach (1869–1956), Theologe, politischer Publizist und Kolonialbeamter

5 Paul Rohrbach, *Deutschland unter den Weltvölkern. Materialien zur Auswärtigen Politik, Berlin-Schöneberg* 1903. Naumann, S. 159, 184f.

5 Eine folkloristische Variante deutscher Weltgeltung ist als Reichs-Colonial-Uhr im Museum im Ritterhaus Offenburg zu sehen. Durchaus ernst gemeint war die Forderung nach einem Platz an der Sonne in Afrika und die Vision einer strahlenden Zukunft auf den Weltmeeren.

Dessen *Materialien zur Auswärtigen Politik*, wie das Buch im Untertitel hieß, wurden ihm für seine journalistische Arbeit, die er nun auch auf Naumanns Wochenschrift *Die Hilfe* ausdehnte, «ein zuverlässiger Ratgeber und ein kundiger Führer auf den vielfach verschlungenen Pfaden der hohen Politik».[6]

6 Breitscheid, «Eine Einführung in die Weltpolitik», in: *Hilfe* Nr. 41 vom 11. Oktober 1903, S. 4.

Um die Jahreswende traten neue außenpolitische Ereignisse in den Gesichtskreis des jungen Parteijournalisten und lenkten dessen imperialistische Kombinationen auf andere Objekte. England wurde dabei in seinem Denken vom Konkurrenten zum Lehrmeister und Nachbarn, mit dem man ein gewisses Maß an weltpolitischer Solidarität pflegen müsste. Gemeinsame Aufgaben fänden sich überall: Russland bedrohe die Interessen beider Staaten im asiatischen Raum.

In der Afrikapolitik galt es für die beiden Kolonialmächte, «ein geschichtliches Herrenrecht der durch ihre staatliche und wirtschaftliche Ordnung tatsächlich überlegenen Nationen» durchzusetzen. Dass die Engländer bei den Eingeborenen-Aufständen, die Deutschland seit Beginn des Jahres in seiner südwestafrikanischen Kolonie niederschlug, ihre Hände im Spiel hätten, hielt er für ausgeschlossen. Die englische Burenpolitik, für die er um die Jahrhundertwende schon Verständnis gezeigt hatte, mag ihm wieder in den Sinn gekommen sein, wenn er nun feststellte, Kolonialpolitik sei «bis zu einem gewissen Grade immer Gewaltpolitik», um dann zu fordern: «Wir müssen die Kampagne zu einem siegreichen Abschluss bringen, den Eingeborenen muss ein gründlicher Denkzettel gegeben werden, bevor an Friedensangebote gedacht werden darf.»[7]

Aber auch – «Weltpolitik ist Geschäftspolitik», die man mit nüchternem kaufmännischen Verstand treiben müsse. Daran habe es die deutsche Regierung fehlen lassen. Der Student hatte sich bereits mit kolonialer Landpolitik beschäftigt; jetzt schwang er sich zum Verfechter einer Bodenreform im südwestlichen Afrika auf, um die dortige deutsche Herrschaft stark und einträglich zu machen. Ausgediente Angehörige der Schutztruppen sollten Siedlungsland erhalten, «Schwert und Pflug würden dann mit einer Hand geführt.»

Zwar ließ er an der eigenen Entscheidung keine Zweifel aufkommen, wenn er die Alternative für die in Schwierigkeiten geratene deutsche Kolonialpolitik erwog: «[…] unter allen Umständen durchhalten oder Verzicht auf die ganze Kolonie und damit eine gewaltige Einbuße des deutschen Ansehens überhaupt.»[8] Aber die Distanz zu Naumann und Rohrbach, deren Abgrenzung gegen das Alldeutschtum manchen nicht klar genug erschien, wurde an dieser Frage bereits deutlich: Der Anlass schien ihm günstig, «den Elementen, die mit Mausergewehr und Assessoren überseeische Politik treiben, das Heft aus den Händen zu nehmen, und einer liberalen und volkstümlichen Kolonialpolitik die Bahn zu öffnen.»[9]

7 Breitscheid, «Deutsch-Südwestafrika», in: *Zeit* Nr. 5 vom 31. Jan. 1904, S. 5.
8 Breitscheid, «Der südwestafrikanische Aufstand», in: *Zeit* Nr. 13 von 27. März 1904, S. 3.
9 Breitscheid, «Deutsch-Südwestafrika», a. a. O., S. 5.

Das war 1907 geschrieben, als die Meinungsverschiedenheiten zwischen ihm und dem ehemaligen Führer der Nationalsozialen ihrem Höhepunkt zutrieben. Koloniale und auswärtige Machtpolitik spielten dabei allerdings nur noch eine untergeordnete Rolle. Der Kern des späteren Streits rührte aus der liberalen Parteipolitik selbst.

Vom Wirtschaftsliberalismus zum Wohlfahrtsliberalismus

Theodor Barth,[10] stellvertretender Vorsitzender der «Freisinnigen Vereinigung» und zugleich ihr publizistischer Wortführer, hatte aus Anlass der preußischen Landtagswahlen im November 1903 seinen schon früher skizzierten Plan eines taktischen Zusammengehens des Liberalismus mit der Sozialdemokratie zum Angelpunkt einer erneuerten liberalen Politik gemacht. Zu diesem Gelingen schien ihm zweierlei nötig: einmal die Bereitschaft der Sozialdemokratie, dem Bündnis mit dem liberalen Bürgertum die Hand zu reichen. Ansätze dafür sah er in der Politik des revisionistischen Flügels der Arbeiterpartei. Zum anderen musste sich aber auch der Liberalismus gegenüber den sozialen Interessen der Arbeiterschaft künftig aufgeschlossener zeigen als bisher. Barth übernahm hier die Gedanken der Naumannschen Sozialpolitik, die den klassischen Wirtschaftsliberalismus in einen «Wohlfahrtsliberalismus» umwandeln sollte. Mit dessen Hilfe wollte er die Liberalen aus ihrer Isolation zwischen Konservativen und Sozialdemokratie herausführen. Indem die liberalen Parteien Arbeiterpolitik betrieben und auf diese Weise die aufstrebenden Schichten des Volkes stärkten, kehrten sie nach Barth zum eigentlichen Prinzip des Liberalismus – dem des demokratischen Fortschritts – zurück. Zugleich retteten sie durch taktische Anlehnung an die starke Arbeiterpartei die eigene Existenz. Mit Naumann war er sich einig, die «Persönlichkeit» durch eine soziale und demokratische Fortentwicklung von Staat und Gesellschaft zu stärken und zu schützen. Barth gründete die Verpflichtung mehr auf das in den Mittelpunkt eines erneuerten Liberalismus gestellte persönlichkeitsbezogene Naturrecht. Naumann hingegen wollte den Einzelnen seiner kollektiven «Nationalitätsidee» unterordnen und durch sozialpolitische Zugeständnisse den «Patriotismus der Masse» mobilisieren.

10 Theodor Barth (1849–1910), führender Politiker auf dem linken Flügel des Liberalismus.

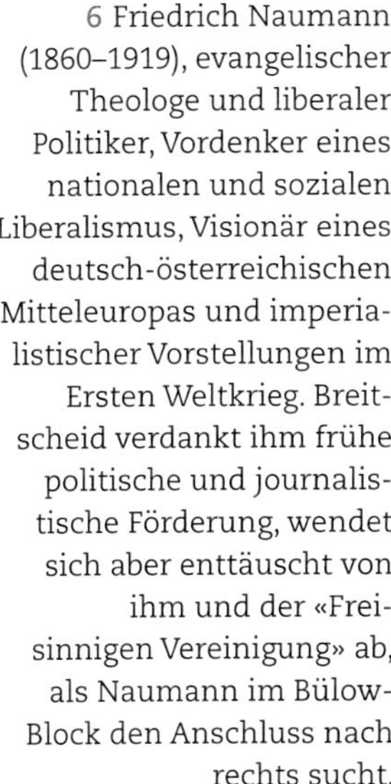

6 Friedrich Naumann (1860–1919), evangelischer Theologe und liberaler Politiker, Vordenker eines nationalen und sozialen Liberalismus, Visionär eines deutsch-österreichischen Mitteleuropas und imperialistischer Vorstellungen im Ersten Weltkrieg. Breitscheid verdankt ihm frühe politische und journalistische Förderung, wendet sich aber enttäuscht von ihm und der «Freisinnigen Vereinigung» ab, als Naumann im Bülow-Block den Anschluss nach rechts sucht.

Breitscheid war vom inneren Zwiespalt, der die Politik des linken Parteiflügels von Anfang an erfüllte, zunächst wenig belastet. Seine wachsende Entfremdung von Naumann während der kommenden Jahre vollzog sich dann aber unter der Klärung der eigenen Position zwischen den beiden immer weiter auseinanderrückenden Polen – hie Barth, da Naumann. Dieser glaubte später einmal, «theoretische Folgerichtigkeit» als den eigentlichen Grundzug im Charakter Breitscheids feststellen zu können, wozu er einschränkend bemerkte: «Dass das Leben selbst viel verwickelter ist als die verstandesmäßigen Begriffe vom Leben, kümmert ihn wenig. Er hat die Idee und ist in aufopferungsvoller Hingabe der reine Diener der Idee.»[11]

Die Diskussion um die Bündnisfähigkeit der Sozialdemokratie verdeckte vorläufig die Risse in der Barth-Naumann-Front, die unterdessen ihrer Auflö-

11 Friedrich Naumann, «Barth, von Gerlach, Breitscheid», in: *Hilfe* Nr. 16 vom 3. Mai 1908 S. 287.

sung entgegenstrebte. Bei den preußischen Landtagswahlen im November 1903 hatte sich der Niedergang des Liberalismus deutlich offenbart. Nun gab es auch für Breitscheid keinen Zweifel mehr: «[...] retten kann nur ein Einvernehmen mit den in der Sozialdemokratie organisierten Arbeitern im Kampfe gegen die Reaktion. An den rauen Sitten der Sozialdemokratie darf man sich nicht stoßen, ausschlaggebend ist, dass diese Partei im Abgeordnetenhause nur radikalliberale Politik treiben kann.»[12] Der Dresdner Parteitag, der den Revisionismus scharf verurteilte, passte freilich nicht nahtlos in dieses Bild. Breitscheid ließen solche Unstimmigkeiten an seiner Einschätzung nicht irrewerden. Solange in Deutschland die Voraussetzungen für die Barthschen Pläne zu schwinden schienen, tröstete er sich mit einem Blick über den Kanal: England sah dem Debüt der Arbeiterpartei entgegen. Angesichts der konservativen Regierungsmacht gewann für den deutschen Beobachter die Neuordnung der parlamentarischen Verhältnisse auf der Insel zwischen Liberalen und Sozialisten eine den preußisch-deutschen Gegebenheiten ähnliche Bedeutung. Hier wie dort, schrieb Breitscheid, gebe es «im Lager der Arbeiter Intransigenten, die jede Kooperation mit der Bourgeoisie ablehnen und die Kluft nicht tief und breit genug machen können; in England wie in Deutschland haben wir auch Vertreter des Liberalismus, die keine Gemeinschaft mit den Arbeitern wollen, denen sie den Abfall von den Lehren des orthodoxen Liberalismus und den Versuch, zu parteipolitischer Selbstständigkeit zu gelangen, schwer verdenken. Furcht vor einem Mandatsverlust, persönliche Gekränktheit, ästhetische und sentimentale Rücksichten spielen dabei jenseits des Kanals ebenso gut ihre Rolle wie bei uns.» Die Sorge um die «Zukunft der liberalen Idee» in beiden Ländern ließ ihn die deutsch-englische Konkurrenz zurückstellen und eröffnete ihm allmählich den Zugang zu neuen außenpolitischen Wertvorstellungen.

Auch Belgien stimmte ihn in immer hoffnungsfroh. Dort hatten die Liberalen während der Wahlen den «törichten Kampf nach zwei Seiten» aufgegeben und daraus ihren Gewinn gezogen. Ein sozial-fortschrittliches Bürgertum und undoktrinäre Sozialisten, die «unter der Führung Vanderveldes gegenwärtig Beweise staatsmännischer Klugheit geben», boten nach seinem Dafürhalten im Nachbarland die «Vorbedingungen für eine große Linke» unter liberalem Banner.

Derweil diskutierte die deutsche Sozialdemokratie die Probleme des politischen Massenstreiks – von Breitscheid als untaugliches Mittel für den politischen Kampf verworfen. War doch die Entwicklung der Sozialistischen Partei zu einer vorwiegend parlamentarisch wirksamen Kraft eine der Vorbedingungen

12 Bericht über Breitscheids Rede vor dem sozialliberalen Verein Berlin, in: *Hilfe* Nr. 49 vom 6 Dez. 1903, S. 6.

7 Theodor Barths liberales Credo, Bekenntnis zum Freihandel (1879) und Abgrenzung gegenüber dem Sozialismus. Die Alternative war klar: «Natürliche Entwicklung oder künstliche Schöpfung – Privilegien für Einzelne oder gleiche Behandlung Aller – individuelle Freiheit oder socialistische Einmischung – freie Entfaltung aller wirthschaftlichen Kräfte oder gesetzliche Gängelbänder, Abschließung der Völker voneinander oder freier Güteraustausch, das sind die Principien, die abermals, wie schon oft, zur Entscheidung gestellt sind.»

zum Gelingen der Barthschen Taktik, die sich auf den Revisionismus in der Arbeiterpartei gründete. Dass die reformistische Strömung im Laufe der Jahre nicht schneller an Boden gewann, während die «Triumphe, die die Reaktion in schier endloser Reihe erringt», die Linke in eine immer aussichtslosere Position zu drängen schien, veranlasste ihn schließlich, die Sozialdemokratie aufzufordern, sie möge endlich «aus der Ergebnislosigkeit ihrer in Dresden kanonisierten Taktik» die Konsequenzen ziehen.[13] Darin gipfelte nun seine bittere Analyse sozialdemokratischer Politik in der Zeit nach 1903.

Mittlerweile rückte die nur von beiden Parteien nur gemeinsam zu lösende Frage, wie das preußische Dreiklassenwahlrecht zu beseitigen sei, an die erste Stelle der politischen Aufgaben. An ihr konkretisierte sich seine Vorstellung

13 Breitscheid, «Der einzige Weg», in: *Nation* Nr. 36 vom 9. Juni 1906, S. 564 ff.

einer liberal-sozialistischen Zusammenarbeit. Da die öffentliche Stimmabgabe der Freisinnigen das Eintreten für einen Sozialdemokraten bei der Landtagswahl so gut wie unmöglich mache, müsse diese «dem Liberalen zum Siege verhelfen, der entschlossen ist, energisch für die Umwandlung des Dreiklassenwahlrechts in das Reichstagswahlrecht einzutreten.» Eine starke linksliberale Fraktion hätte dann Gelegenheit, eine Wahlrechtsänderung im parlamentarischen Verfahren zu betreiben und der Sozialdemokratie auf diese Weise den Weg ins Abgeordnetenhaus zu ebnen.

Das war folgerichtig gedacht, aber nur wenn Politik sich im luftleeren Raum zwischen den Parteien abspielte. Breitscheid konnte nicht damit rechnen, mit solchen Plänen bei den betroffenen Parteien und schon gar nicht bei den umworbenen Sozialdemokraten Zustimmung zu finden.

Liberale Wunschvorstellungen, zu denen ihn seine mehr programmatische als analytische Betrachtungsweise verführten, trübten seine Sicht auf entscheidende Teile der politischen Wirklichkeit sowohl in der eigenen Partei wie in den Reihen der Sozialdemokratie. Dort hatte die orthodoxe Mehrheit alle Hände voll zu tun, den um sich greifenden Revisionismus einzuhegen. Wahlabsprachen mit den Liberalen als Platzhalter für einen sozialdemokratischen Mandatsbewerber kam weder für die einen noch die anderen infrage. Naumann, der die Formel der Barthschen Taktik skeptischer gebrauchte, nahm von den offensiven Spekulationen, wie sie Breitscheid anstellte, kaum Notiz.[14] Der wollte aber nicht aufgeben und forderte alle Beteiligten zum Umdenken auf. Nach seinem Dafürhalten beruhte die «Zukunft der liberalen Idee [...] auf dem Verständnis des liberalen Bürgertums für soziale Fragen und auf seiner Bereitwilligkeit zu einer den Arbeitermassen freundlichen Politik.»[15]

Damit zog er vor allem sich selbst eine Richtschnur für die nächsten Jahre. Er folgte dem von Barth vorgezeichneten Weg der Modernisierung des Liberalismus, der das Bündnis mit der Arbeiterpartei erleichtern sollte. Sie konnte aber ebenso gut die ganz eigennützige Wirkung haben, nach der die liberalen Parteien «für den maßvolleren Teil der bisherigen Sozialdemokraten» aufnahmefähig gemacht würden.[16]

Breitscheid hatte wohl beides im Sinn, wenn er von nun an dem klassischen Manchestertum abschwor und der Meinung entgegentrat, man müsse «dem freien Spiel der Kräfte auch dann mit verschränkten Armen zusehen, wenn es

14 vgl. Theodor Heuss, *Friedrich Naumann. Der Mann, das Werk, die Zeit*, Stuttgart-Tübingen 1945, S. 117.

15 Breitscheid, «Politische Arbeiterbewegung und Liberalismus in England», in: *Die Nation. Wochenschrift für Politik, Volkswirtschaft und Literatur* Nr. 9 vom 28. Nov. 1903, S. 137.

16 Friedrich Naumann, «Der neue Liberalismus», in: *Hilfe* Nr. 7 vom 17. Februar 1907, S. 99.

zu einer übermäßigen Erstarkung einzelner Monopolbetriebe führt, die eine Art Willkürherrschaft über die Konsumenten auszuüben imstande sind.»[17] Sichtlich unter dem Eindruck des sozialdemokratischen Parteitages in Bremen forderte er gegen Ende des Jahres 1904 in Übereinstimmung mit den Kommunalpolitikern der Arbeiterpartei eine stärkere Beteiligung des Freisinns an der sozialen Reformpolitik in den Gemeinden:

«So wenig der Liberalismus den auf eine Monopolstellung hinarbeitenden industriellen Kartellen die Ausbeutung der Konsumenten in passiver Haltung überlassen darf, so wenig darf er unter Umständen eben aus Rücksicht auf die Konsumenten sich scheuen, bestimmte monopolistische Betriebszweige auf die Kommunen zu übernehmen.»[18] Die Furcht, im Wettstreit um die Stimmen der Konsumenten in den unteren Einkommensschichten von der Sozialdemokratie überflügelt zu werden, war neben sozialethischen Impulsen offenbar ein starker Antrieb für Breitscheid, sich der radikalen Sozialpolitik im Sinne Theodor Barths zuzuwenden, wobei «sozialfortschrittlich und liberal» in seiner politischen Programmatik dasselbe meinten.

Parteiarbeit und Lobby

«Seine starke formale Redekraft stand in ihrer ersten Entfaltung»,[19] erinnert sich Theodor Heuss[20] an das erste Jahrzehnt liberaler Parteiarbeit in Berlin und den damals noch selbstständigen Gemeinden zwischen Wilmersdorf und Schöneberg. Als er seit Februar 1904 als Leiter der gerade von der Partei neugegründeten «Diskussionsabende» auftrat, kam dies gleichermaßen der Organisation wie dem eigenen Fortkommen zugute. Sinn der Schulungsabende war die Ausbildung des Parteinachwuchses in der freien Rede und scharf geschliffener Polemik bei der Auseinandersetzung mit dem politischen Gegner – zunächst intern einstudiert, später in gegnerischen Veranstaltungen gefestigt.

Die beiden bestehenden Zirkel, die sich bald zu einem einzigen vereinigten, zählten wohl nie mehr als 30 Mitglieder. Aber ihre politische Regsamkeit stimmte selbst Naumann, dessen Berliner Jugendbünde bisher wenig erfolgreich gewirkt hatten, wieder zuversichtlicher. Er ließ in der *Hilfe* regelmäßig über

17 Breitscheid, «Kommunale Reformpolitik», in: *Nation* Nr. 6 vom 5. November 1904, S. 86.

18 Ebd., S. 76.

19 Theodor Heuss, «Naumann», a.a.O., S. 255.

20 Theodor Heuss (1884–1963), liberaler, Politiker, erster Bundespräsident der Bundesrepublik

die Veranstaltungen der Gruppe berichten, aus der ein Teil der späteren Parteiprominenz hervorging. Breitscheid brauchte damals noch nicht «auf schwierige finanzpolitische Einzelheiten einzugehen, die ihm gar nicht lagen. Er zündete, wenn er vom Recht der Persönlichkeit, von dem Recht der Volker, von Freiheit sprach»,[21] erinnert sich seine ebenfalls politisch aktive Ehefrau Tony.

Im Oktober desselben Jahres wurde er von der Generalversammlung des sozialliberalen Vereins Berlin – ehemals Ortsgruppe der Nationalsozialen, dann Berliner Organisation der «Freisinnigen Vereinigung» – zum Vorsitzenden gewählt. Bis zu seiner endgültigen Abkehr vom Kosmos der liberalen Parteien im Jahre 1912 hat er das Amt nicht wieder abgegeben.

Schon in der Namensgebung, die einem Programm gleichkam, unterschied sich die Berliner Gruppe von den übrigen Ortsvereinen der Partei. Dazu kam der Anteil der ehemaligen Nationalsozialen, die unter Breitscheids Führung stärkere soziale Reformen durch den Liberalismus forderten. Während die Barthsche Taktik draußen im Land heftig umstritten blieb, nahm der Berliner Verein jetzt die Stelle ihres zuverlässigsten Anwalts ein. Breitscheid gab sich nicht mit der Berliner Vorstandstätigkeit zufrieden. Von nun an tauchte sein Name immer häufiger in den Versammlungsberichten der *Hilfe* auf. Er beschränkte seine Arbeit nicht mehr auf die engere Umgebung Berlins. Als Vortragsredner und Agitator bereiste er Preußen und das Reich, schrieb und nahm überdies seit Juni 1905 die Pflichten eines zweiten Sekretärs in der Geschäftsführung des Handelsvertragsvereins wahr.

Dieser war während der Reichstagswahl 1903 eine zunächst enge, dann wieder gelockerte finanzielle und dauernde personelle Verbindung mit der «Freisinnigen Vereinigung» eingegangen. Als Lobby der am Außenhandel interessierten Industriellen und Kaufleute versuchte er vor allem, über die Abgeordneten der freihändlerisch orientierten Parteien Einfluss auf die Handelsgesetzgebung zu gewinnen. In geringerem Umfang betrieb er eine auf die Masse der Verbraucher zugeschnittene Agitation mit der Forderung nach niedrigen Nahrungsmittelzöllen.

Breitscheids Aufstieg in der Partei hatte sich unter der wohlwollenden Förderung Theodor Barths vollzogen. Als aufstrebendes politisches Talent konnte er auch dem Handelsvertragsverein von Nutzen sein. Seine vorwiegend journalistische Arbeit für den Verein fiel in die Zeit der neuen, protektionistisch ausgerichteten Handelsverträge von 1905 und der Reichsfinanzreform im Jahre 1906. Sozialdemokraten und Linksliberale waren sich in ihrer Gegnerschaft gegen die finanz- und zollpolitischen Maßnahmen der Regierung hier einmal einig.

21 Tony Breitscheid, «Beginn einer politischen Laufbahn», a. a. O., S. 227 ff.

Allerdings argumentierten sie aus unterschiedlichen theoretischen Positionen. Während die Freisinnigen – und hier vor allem Naumann – die Schädigung des Handels und Rückschläge in der nationalen industriestaatlichen Entwicklung befürchteten, stellten die Sozialdemokraten die Benachteiligung der Verbraucher durch hohe Kornzölle und indirekte Steuern heraus.

Demokratie und Außenpolitik

Die Fronten, die sich zwischen Großagrariern und kartellierter Schwerindustrie auf der einen und verarbeitender Industrie, Handel und der Massen der Verbraucher auf der anderen Seite gebildet hatten, stellten für Breitscheid nicht nur ein rein wirtschaftliches Problem dar. Es war die soziale Frage, die veränderten gesellschaftlichen Verhältnisse, vor deren Hintergrund sich schließlich auch die politischen Formationen neu bilden sollten. Mit der Barthschen Taktik als Sammlung der Linken gegen die in der Zentrumspartei und der konservativen Partei politisch organisierte «Interessengemeinschaft der Heiligen und der Ritter»[22] hoffte er, der gewandelten gesellschaftlichen Konstellation parteitaktisch gerecht zu werden. Im «liberalen Revisionismus» Barths und der «Neudeutschen Wirtschaftspolitik» Naumanns vereinigten sich politische mit ökonomischen Forderungen, verband sich altliberales Gedankengut mit marxistischer Methode zu einer Vorstellung von gesellschaftlicher Emanzipation. Infolgedessen durften auch ihre Vertreter im liberalen Lager vor der verfassungspolitischen Umgestaltung des Reiches nicht Halt machen.

An die konsequente «Demokratisierung» der staatlichen Einrichtungen, wie sie Breitscheid dann systematisch seit 1908 forderte, dachte er allerdings noch nicht, wenn er in den ersten Jahren seiner politischen Arbeit das Wort «Demokratie» in Agitation und Publizistik verwandte. Erst im Zusammenhang mit seinen außenpolitischen Überlegungen gewann der Begriff schärfere Konturen. Es herrschte, schrieb er im Februar 1904 kurz vor dem Ausbruch des russisch-japanischen Krieges, «bei uns wenigstens ein Quantum Demokratie, drüben der absolute Zarismus mit der terroristischen Unterdrückung aller liberalen Anwandlungen».[23] Auf dieser Einsicht fußte seine zunehmend schärfer werdende Polemik gegen das zaristische Regime. Im Widerspruch zur parteioffiziös gut-

22 Theodor Barth, *Neue Aufgaben des Liberalismus*, Berlin-Schöneberg 1904, S. 5.

23 Breitscheid, «Der Krieg in Ostasien und die deutschen Interessen», in: *Hilfe* Nr. 6 vom 21. Februar 1904, S. 3.

geheißenen deutschen Neutralitätspolitik gegenüber den Kontrahenten auf dem ostasiatischen Schauplatz feierte er die russischen Verluste als Rückschläge «für die Willkürherrschaft des russischen Absolutismus».[24]

Sein brennender Wunsch nach einer konstitutionellen Änderung der russischen Verhältnisse ließ ihn bei der Interpretation des Kriegsgeschehens der Wirklichkeit um Monate vorauseilen: «Die tapferen Muschiks, die auf fremdem Boden ihr Blut verspritzen, werden nicht nur der Eroberungssucht des Zarismus zum Opfer gebracht, sie sterben, allerdings ohne sich dessen klar bewusst zu sein, für die Befreiung ihrer Landsleute von dem Druck im Innern.»[25] Als ihn der Ausbruch der ersten russischen Revolution mit den blutigen Petersburger Unruhen im Januar 1905 zu bestätigen schien, berief er in einen der großen Berliner Säle eine öffentliche Versammlung ein, die sich sowohl gegen den Zarismus wie gegen die wohlwollende Haltung der deutschen Regierung richtete. Die anschließende Resolution wünschte den russischen Bestrebungen, die auf die «Einführung konstitutioneller Rechtsverhältnisse» abzielten, Erfolg.[26]

Über eine polemische Analyse der deutsch-russischen Beziehungen gelangte Breitscheid auch zu einer kritischeren Sicht der preußisch-deutschen Verfassungswirklichkeit. Das gute Verhältnis der beiden Nachbarstaaten zueinander hielt er für systembedingt: Er argumentierte: «Der russische Absolutismus ist ein Hort der Reaktion in Preußen und im Deutschen Reiche, die Clique der Junker und ihrer Freunde bedarf seiner […], um ihre Herrschaft zu sichern, um eine Unterstützung im Kampfe gegen die ihr feindlichen Ideen zu haben, deshalb schwärmen sie von der russischen Freundschaft.»

Noch vor dem Moskauer Dezemberaufstand bereiste er im Auftrage Barths das Zarenreich. Sein Weg führte ihn über die skandinavischen Länder, und mehr als die Anschauung der Zustände im Zarenreich und die dort aufgenommenen Kontakte zu den Konstitutionellen Demokraten verstärkten die Stationen, die er in Dänemark, Norwegen und Schweden gemacht hatte, die demokratischen Impulse seines liberalen Denkens.[27] Die große Reise des Jahres 1905 bezeichnet auf dem Gebiet der Außenpolitik seinen Bruch mit dem geopolitischen System Rohrbachs, das – auf weltmachtpolitischen Wertvorstellungen beruhend – den Gedanken der wirtschaftlichen Konkurrenz der Staaten zum Leitmotiv hatte.

24 Breitscheid, «Friedenswünsche in Ostasien», in: *Hilfe* Nr. 44 vom 30 Oktober 1904, S. 4.

25 Ebd., S. 4.

26 *Deutschland und die Vorgänge im Russischen Reich. Vorträge von Reusner, Wiener, Breitscheid, gehalten im Sozialliberalen Verein in Berlin*, Berlin 1905, Seite 3 f.

27 Mit Bewunderung blickte er auf Norwegen, das sich «einer wirklich demokratischen Verfassung, und was vielleicht noch wichtiger ist, eines zweifellos demokratischen Volkscharakters erfreut.» In: *Nation* Nr. 4 vom 28. Okt. 1905, S. 53.

Fest davon überzeugt, «dass dieses Rußland faul und morsch ist bis ins Mark», wandte er sich vom östlichen Nachbarn Preußen-Deutschlands ab. Der aus seiner Sicht sozialreaktionäre und antidemokratische Charakter der deutsch-russischen Beziehungen gab den Ausschlag für seine spätere Westorientierung der Ära Stresemann in den 1920er-Jahren.

«Es ist eine gewisse Gemeinschaft der demokratischen Einrichtungen und des liberalen Empfindens, in der sich Frankreich mit Italien und England zusammengefunden hat.»[28] Das schrieb er im Mai 1904 nach dem Zustandekommen der Entente cordiale. Wie er den außenpolitischen Niedergang Russlands mit dem absolutistischen System in einen Zusammenhang brachte, so korrelierten die Erfolge der westeuropäischen Staaten mit ihrer demokratischen Innenpolitik. Dass er von nun an besonders England ein großes Maß an Sympathien entgegenbrachte, hing auch mit seiner völligen Abkehr von Russland zusammen, für das er im Rahmen seines europäischen Koordinatensystems nach einer Kompensation suchte.

Dazu kam seine Arbeit für den Handelsvertragsverein. Nach dem Regierungsantritt der englischen Liberalen im Dezember 1905 rückte er die von Handelsinteressen bestimmte Freundschaft mit Großbritannien an die Spitze seiner publizistischen Favoritenliste. Im Verkehr der Staaten untereinander hielt Breitscheid es für selbstverständlich, «dass nach derselben Richtung, nach der die wirtschaftlichen Interessen gravitieren, auch die politischen Sympathien neigen». Seine persönliche Vorliebe für das demokratisch verfasste Inselreich passte sich vorzüglich in das Verbandsinteresse an friedlichen Handelsbeziehungen zwischen beiden Staaten ein.

Den vorläufigen Höhepunkt seines Werbens für eine deutsch-englische Annäherung stellte erneut seine Reise dar, die er im Sommer 1906 auf Einladung des «Anglo-German-Friendship-Committee› unternahm. Zehn Tage lang hielt er sich zusammen mit einer Gruppe deutscher Journalisten als Vertreter einer Politik des guten Willens in englischen Städten auf. Begeistert und voller Optimismus für die Zukunft überstieg er die propagandistischen Barrieren, die seit der Marokko-Krise und im Zeichen der Flottenkonkurrenz die Verständigung beider Länder beeinträchtigten.

Die gravierenden politischen Spannungen spielte er – fast schon Diplomat der Weimarer Republik – herunter. «Es gibt», so berichtete er zusammenfassend über seine Eindrücke, «keine greifbaren Interessengegensätze an irgendeinem Punkte der Welt, es gibt nur ‹Missverständnisse›, und sie beseitigt man am einfachsten und besten, wenn man ein gegenseitiges Sichkennen- und Sichverste-

28 Breitscheid, «Die Erfolge der französischen Politik», in: *Hilfe* Nr. 20 vom 15. Mai 1904, S. 4.

henlernen befördert.»[29] Zunehmend entfernte Breitscheid sich noch vor dem Beginn des Weltkriegs von den kulturimperialistischen Vorstellungen mancher seiner Lehrmeister und begab sich auf den Denkweg eines europäischen Interessenausgleichs im Sinne klassischer liberaler Theorie.

Reichstagswahl 1907

Die Auflösung des Reichstags durch Reichskanzler Fürst von Bülow[30] im Dezember 1906 traf Breitscheid nicht unvorbereitet. Schon frühzeitig hatte er mit dem Wahlverein der Liberalen in Stargard wegen der Übernahme der Reichstagskandidatur für den pommerschen Wahlkreis Pyritz-Saatzig verhandelt. Nach einer erfolgreichen Redetournee, die er im Oktober 1906 durch das seit 1871 im Reichstag konservativ vertretene Gebiet unternommen hatte, stand seinem Kampf um das Mandat nichts mehr entgegen.

Folgerichtig schritt er auf dem Weg voran, den er in den Jahren seit 1903 eingeschlagen hatte. Als Ortsvorsitzender des Sozialliberalen Vereins hatte er zwar mit seinem Festhalten an der Barthschen Taktik keineswegs eine populäre Politik verfochten. Doch versuchte er, das Beste daraus zu machen, da sein Name fortan im Zusammenhang mit der umstrittenen Politik der Parteilinken genannt wurde. Seine unermüdliche Agitation sorgte dafür, dass seine Person ins Rampenlicht der Auseinandersetzung rückte. Um allerdings an den Sieg glauben zu können, hätte es eines Optimismus bedurft, den selbst Breitscheid kaum aufzubringen imstande war, wenn er auf die Ergebnisse der letzten Wahlen schaute. In dem vorwiegend mit außenpolitischen Parolen geführten Wahlkampf drang der Hinweis auf die nationale Zuverlässigkeit des Freisinns in der Frage des kolonialen Nachtragsetats nicht durch. Mit der agrarischen «Heilsbotschaft vom teuren Schwein»[31] gewann der konservative Platzhirsch die Wahl haushoch.

Nicht nur, dass Breitscheid unterlag, auch die Art und Weise, wie der Gans edle Herr zu Putlitz-Barskewitz siegte, prägte fortan sein emotionales Verhältnis zum politischen Gegner. Das ganze Ausmaß konservativer Vorherrschaft, besonders in der Form der Wahlbeeinflussung, der er rückblickend großen

29 Breitscheid, «Die Englandreise der deutschen Journalisten», in: *Mitteilungen des Handelsvertragsvereins*, Berlin , Nr. 14 vom 20. Juli 1906, S. 189.

30 Bernhard von Bülow (1849–1929), Reichskanzler 1900–1909.

31 Breitscheid forderte eine Herabsetzung der Viehzölle und den Verzicht auf alle die Schikanen, die angeblich im Interesse des ‹nationalen Schweins›, in Wirklichkeit zum Vorteil der Grundbesitzer bei der Einfuhr ausländischen Viehs und fremden Fleisches geübt werde.

Anteil an dem Ergebnis zuschrieb, erfuhr er im vergeblichen Kampf gegen die konservative Vorherrschaft. Tief deprimiert und voller Groll schrieb er sich den Abscheu über die «Skrupellosigkeit» und «Verachtung aller guten politischen und menschlichen Sitten» durch die Junker von der Seele, berichtete er vom «Geiste der Angst und der Sklaverei, den jahrhundertelange Unterdrückung in das Geschlecht einstmals freier Bauern eingepflanzt» habe. Erst die gründliche Erfahrung mit der «Reaktion», die derjenige nicht kenne, «der ihr Wirken vom sicheren Port der großen Städte aus betrachtet» – dazu ein gerütteltes Maß an gekränktem Ehrgeiz – machten ihn zum unversöhnlichen Gegner der preußischen Großgrundbesitzer und ihrer parteipolitischen Organisation.[32]

Der Bülow-Block und der Liberalismus

Schon aus dieser subjektiven Haltung heraus begegnete er dem Bülow-Block, jener regierungsfreundlichen Parteienkonstellation aus Konservativen und Liberalen, wie sie sich nach den Wahlen im Reichstag gebildet hatte, mit größtem Misstrauen. Darüber hinaus sah er in der «Paarung» das Haupthindernis auf dem Weg zur Beseitigung des preußischen Dreiklassenwahlrechts. Im Zusammenhang mit der Lösung dieser erstrangigen innenpolitischen Aufgabe erhielt die Barthsche Taktik einen konkreten politischen Sinn. So hatte er bereits im Jahr zuvor gefordert: «Wenn, um die wichtigste Frage herauszugreifen, unser Protest gegen das preußische Dreiklassenwahlrecht nicht hohle Deklamation bleiben soll, so müssen wir jeden Bundesgenossen aus dem sozialdemokratischen Lager lebhaft willkommen heißen.»[33]

Auf dieser Grundlage widmete er jetzt dem Wahlrechtskampf den größten Teil seiner politischen Arbeit. In den Zusammenhang mit dem Kampf gegen das Dreiklassen-Wahlrecht rückte indessen auch das damals nach wie vor ausstehende Frauenstimmrecht. Unter dem Einfluss seiner Frau Tony Breitscheid,[34] lange Jahre enge Mitarbeiterin von Minna Cauer,[35] der Galionsfigur der radikalen Stimmrechtsbewegung in Deutschland, wurde Breitscheid zum Verfechter der politischen Gleichberechtigung der Frau.[36]

32 Breitscheid, «Hinterpommersche Wahleindrücke», in: *Zeit*, Nr. 8 vom 24. Febr. 1907, S. 115f.

33 Breitscheid, «Der einzige Weg», in: *Nation* Nr. 36 vom 9. Juni 1906, S. 565.

34 Tony Breitscheid, geb. Drevermann (1878–1868), Politikerin und Frauenrechtlerin.

35 Minna Cauer (1841–1922), radikale Frauenrechtlerin und Redakteurin.

36 Vgl. Breitscheid: «Minna Cauer – zum 1.11.1911», in: *Das freie Volk*, 28.11.1911, S. 273ff.

8 Reichskanzler Bernhard von Bülow (1849–1929). An seiner Politik schärfte Breitscheid seine analytische und polemische Rhetorik, die 1907 in der Kampfschrift *Der Bülow-Block und der Liberalismus* eine linksliberale Alternative zum Opportunismus des Freisinns setzte. Breitscheid und Barth schwenkten jetzt auf eine Linie ein, an deren Ende die Demokratie und die parlamentarische Regierungsweise zu stehen hatten. Der bürgerliche Liberalismus, auf den der Reichskanzler sich stützte, war auf dieser Reise nicht zu gebrauchen. 1908 gründeten sie die Demokratische Vereinigung.

Mit seinem eindeutigen Werben zugunsten eines Zusammengehens mit den Sozialdemokraten wurde der taktische Spielraum für den von Barth geführten Flügel auf Dauer so eng, dass ihm später nur noch die Spaltung übrig blieb. Wie Breitscheid schrieb, sei es «eben keine Frage der Taktik für den Liberalismus, ob er mit der Sozialdemokratie oder ob er mit dem Konservativismus zusammengeht, ob er die Front gegen rechts oder links nimmt.»[37]

Bülow hatte den liberalen Parteien die Blockbildung mit der Zusage schmackhaft gemacht, er werde der Verwirklichung liberaler Forderungen künftig mehr Beachtung schenken, worunter man durchaus Zugeständnisse auf dem Gebiet des Wahlrechts verstehen konnte. Breitscheid hielt eine solche Interpretation für abwegig: «Von einem Zusammengehen der bürgerlichen Linken

37 Breitscheid, «Liberaler Revisionismus», in; *Blaubuch* Nr. 29 vom 15. Juli 1909, S. 680.

und der Rechten ist für die Reform des preußischen Wahlrechts ganz und gar nichts zu erwarten.»[38] Die soziale Frage, zwar immer noch Grundmotiv seiner politischen Betätigung, wurde zusehends überlagert von dem «ganzen Komplex der konstitutionellen Probleme, deren Lösung in demokratischem Geiste nicht möglich ist, wenn eine mittlere Linie zwischen den fortschrittlichen Bestrebungen der Liberalen und den absolutistischen der Konservativen gefunden werden soll.»

Niemand dürfe hoffen, die Konservativen «würden heute die Hand zu einer durchgreifenden Umgestaltung des Systems bieten, das ihnen in Preußen und darüber hinaus die Herrschaft garantiert. Dem Liberalismus hingegen bietet die Wahlrechtsfrage die beste Gelegenheit, der Überzeugung Ausdruck zu geben, dass nur durch die Durchführung unverwässerter liberaler Forderungen der Teufel so gut wie der Beelzebub der Reaktion zu bannen sind.»[39] Das war ein kompromissloses Votum im Sinne der Demokratisierung des Reiches.

Naumann, welcher der Zusammenarbeit mit den Konservativen im Bülow-Block zunächst reserviert gegenüberstand, befürwortete ihn schließlich als Schulung des Liberalismus in der parlamentarischen Arbeit, die nicht ohne integrierende Wirkung bleiben konnte. Die Chance einer Bewährung der Volkspartei mag für diese Kompromissbereitschaft ebenso bestimmend gewesen sein wie das erfolglose Werben um eine sozialdemokratisch-liberale Zusammenarbeit. Gemeinsam mit Barth ging es ihm aber nach wie vor um die Einigung der Linksliberalen als naheliegende politische Aufgabe.

Im November 1907 erschien Breitscheids Streitschrift «Der Bülow-Block und der Liberalismus»,[40] mit der er temperamentvoll in die parteiinterne Diskussion eingriff. Sogleich entstand das Gerücht, er wolle zusammen mit anderen Mitgliedern der Gruppe Barth die Partei verlassen. Seine Erwiderung in der *Hilfe* klang ausweichend und ließ in verklausulierter Form, die mehr Verärgerung als feste Absicht verriet, die Möglichkeit einer Spaltung für den Fall offen, dass man in der Partei keine Mehrheit erreichen würde. Ende Januar des folgenden Jahres bestand über das tatsächliche Kräfteverhältnis zwischen Gegnern und Befürwortern des Blocks immer noch keine Klarheit, während das Gefühl für die Bedrohlichkeit der Krise, die jetzt ihrer Lösung entgegenstrebte, in der Partei allgemein verbreitet war. Barth, der weiterhin an einen Sieg glaubte, wies die Absicht, die Partei zu verlassen, weit von sich. Naumann nahm weiterhin eine abwartende Haltung ein.

38 Breitscheid, «Preußische Wahlrechtsreform», in: *Die Nation. Wochenschrift für Politik, Volkswirtschaft und Literatur* Nr. 4 vom 16. März 1907, S. 372.

39 Ebd., S. 372 f.

40 München 1908,

In der Argumentation gab es seit Breitscheids Anti-Block-Schrift kaum noch neue Gesichtspunkte. Die Diskussion um das neue Reichsvereinsgesetz und über Bülows hinhaltende Erklärung zur Wahlrechtsreform bereicherte sie lediglich um einige aktuelle Nuancen. Den Liberalen wies Breitscheid in seinen klar herausgearbeiteten Grundlinien nach, dass Bülow sie für die eigenen konservativen Zwecke missbrauche, dass er ihnen Lasten auferlege, ohne sie mit Zugeständnissen an liberale Forderungen zu entschädigen.

Das vermochte wohl auch der rechte Flügel der «Freisinnigen Vereinigung» zu erkennen. Nur hatte man dort andere Vorstellungen von den unaufgebbaren Positionen des Liberalismus. Naumann, in seiner Stellung zum Block allmählich einem «fraktionspolitischen Opportunismus» huldigend, bevorzugte eine großzügigere Interpretation und sicherte sich damit einen größeren taktischen Spielraum im Parlament. Je länger der Streit dauerte, desto weniger ging es noch um den Block als momentane Basis für die politische Arbeit. Vielmehr handelte es sich am Ende um tiefgreifende Differenzen in der Frage, welches denn nun eigentlich die Grundsätze des Liberalismus überhaupt sein sollten.

«Der Liberalismus wird demokratisch sein oder er wird nicht sein»

Ausgangspunkt aller liberalen Politik, wie sie Breitscheid in seiner programmatischen Schrift im Einklang mit Barth verstand, musste das Recht der Persönlichkeit auf freie politische und gesellschaftliche Entfaltung sein. Das bedeutete eine bewusste Abkehr vom Prinzip des unbeschränkten Laisser-faire und Übergang zum staatlichen und genossenschaftlichen Schutz der sozial Schwachen. Fernab von taktischen Überlegungen wurzelte die Versöhnung mit den Arbeitern im ethischen Imperativ des modernen Liberalismus, wie ihn Barth und Breitscheid verstanden. Dazu trat immer stärker die staatsrechtliche – konstitutionell genannte – Konsequenz der sozialen Reformpolitik zur Seite.

Ein zentrales Kapitel seines Buches überschrieb er mit dem Wort «Demokratie!». Dort forderte er ganz im prophetischen Tonfall des Propagandisten: «Der Liberalismus wird demokratisch sein, oder er wird nicht sein.»[41] Die demokratische Umgestaltung des Reichs durch Einführung des allgemeinen, gleichen, geheimen und direkten Wahlrechts sei die Pflicht des Liberalismus. Für diesen liege die Bedeutung des Wahlrechtskampfes zum guten Teil darin, dass er ihn

41 Breitscheid, *Der Bülow-Block und der Liberalismus*, S. 92.

zwinge zu zeigen, «mit welchem Eifer und mit welcher Energie er demokratische Ziele in dem größten Bundesstaate (Preußen) und damit im Reiche zu fördern entschlossen ist. Diese Kampagne ist ein Rigorosum für ihn. Besteht er es mit Ehren, so ist seine Zukunft gesichert; versagt er, so kann ihn alle Einigung und alles Verständnis für Staatsnotwendigkeiten nicht mehr retten.»[42]

Feinsinnige Unterschiede zwischen Strategie und Taktik ignorierend, wollte er die Einigung der Linksliberalen in der Fraktionsgemeinschaft erst dann gutheißen, wenn feststand, «dass man sich nicht einigt, um einig zu sein, sondern um mit vereinten Kräften und gesteigerter Arbeitslust wirklich liberale und demokratische Ziele zu verfolgen.»[43] Der Bülow-Block war nicht die verheißene Etappe «auf dem Wege zu einem parlamentarisch regierten Staatswesen» denn das wäre ja «ein eigenartiger Parlamentarismus [...], wenn ein und derselbe ‹leitende Staatsmann› sich wie's trefft als Exponent einer konservativ-klerikalen oder einer konservativ-liberalen Mehrheit betrachtet». Nein, Deutschland litt noch immer «unter der verlogenen Form des Konstitutionalismus, die nichts ist als der Absolutismus, gemildert durch einige mehr oder weniger gute Reden der Herren Volksvertreter.» Deshalb konnte es nur eine, zunächst negativ formulierte Parole für die liberalen Parteien geben:

«Um der politischen Erfolge, aber auch um der politischen Ehrlichkeit, der politischen Reinlichkeit willen: Los vom Block!»[44]

Da er die Konservativen als Hauptgegner betrachtete, gab es für ihn zum Bülow-Block nur eine Alternative, den «Block der Linken», den er zusammen mit Barth als taktische Formation schon seit 1903 erstrebte. Hindernisse verschiedener Art standen dem auch jetzt wieder in der politischen Wirklichkeit entgegen, nicht zuletzt die «Päpste und Konzile der Sozialdemokratie. Der Umwandlungsprozess der Arbeiterpartei hatte erst begonnen, und Breitscheid hielt sie «der Lehre sehr bedürftig. Aber der Liberalismus kann ihr Lehrmeister werden.»[45]

Bei seinen Gedankenspielen über die Bildung eines Linksblocks zehrte er von den Ideen Naumanns, der mittlerweile taktische Erwägungen gänzlich in den Vordergrund gestellt hatte. Zwar gab dieser die *Hilfe* als Diskussionsforum frei, und vielleicht hoffte er, der Opposition den Wind aus den Segeln zu nehmen, wenn er offen zugab, Breitscheid trage alles zusammen, «was von unserem Standpunkt gegen den Block gesagt werden kann.[46] Aber die häufigen

42 Ebd.

43 Ebd., S. 102.

44 Ebd., S. 79 f.

45 Ebd.

46 Naumann selber schrieb in seiner Stellungnahme zu Breitscheids Buch, dieser könne sich für vieles, was er vorträgt, auf grundsätzliche oder gelegentliche Äußerungen von mir berufen.

Enttäuschungen hatten den alten Nationalsozialen skeptisch gegenüber weitgesteckten politischen Zielen gemacht. Er passte sich dem politischen Terrain an, das er vorfand und meinte, es werde die Zeit «schon kommen, wo von selbst der Bülow-Block entweder als Volkspolitik auftritt oder zerfällt».[47]

«Über diese Kluft führt keine Brücke mehr»

Unterdessen hatten Barth und Hellmut von Gerlach[48] mit dem Rücktritt von ihren Ämtern im Geschäftsführenden Ausschuss der Partei ihre vollständige Handlungsfreiheit wieder gewonnen. Eindrucksvoll demonstrierten sie damit Ihre Kompromisslosigkeit gegenüber der Bündnispolitik des rechten Parteiflügels. Naumann und die Parteimitte, denen es um die organisatorische Einigung des Liberalismus ging, sahen sich angesichts der Radikalisierung Barths und seiner Gefolgsleute von nun an immer mehr in die Nähe zur Parteirechten gedrängt, mit der sie auf dem Parteitag gemeinsam abstimmten.

Als die Freisinnigen im März 1908 der Vorlage des Reichsvereinsgesetzes zustimmten, das den umstrittenen Sprachenparagrafen enthielt, richteten die Frondeure – angeführt von Barth, Breitscheid und von Gerlach – eine empathische Protestadresse an die Reichstagsabgeordneten der Partei, verurteilten den §7 als «Attentat auf die Muttersprache» der starken polnischen Minderheiten und stempelten ihn zu einer «flagranten Verletzung des Prinzips der Rechtsgleichheit».[49] Schwerer als ihre moralische Entrüstung wog die damit einhergehende offene Distanzierung von der Politik der obersten Parteigremien und die Aufkündigung der innerparteilichen Solidarität: «Rücksichtnahme auf die Erfordernisse der Fraktionsdisziplin erkennen wir bei kleineren Fragen willig an, aber die wichtigsten Grundsätze der Partei einer Parteidisziplin unterwerfen, heißt den Parteiinhalt der Parteiform opfern. Wenn die Fraktionsgemeinschaft zum Instrument für die Unterdrückung von Parteiprinzipien gemacht werden kann, dann ist ihr weiterer Bestand ein Unheil.»[50]

Auf dem Delegiertentag, der am 21. und 22. April 1908 in Frankfurt a. M. stattfand, erklärte Barth, das Vereinsgesetz sei letztlich nur Anlass, nicht Ursache des Konflikts. Den trug man jetzt in aller Schärfe aus. Jetzt wurde auch deutlich,

47 Ebd., S. 707.

48 Hellmut von Gerlach (1886–1935), Mitstreiter von Barth und Breitscheid.

49 DZA Potsdam, Nachlass F. Naumann, Nr. 59, Bl. 210f.

50 Ebd., S. 210.

dass Naumann, der bisher eher wohlwollend zwischen den Fronten vermittelnd aufgetreten war, endgültig zu den Gegnern stieß. Zum ersten Mal und für alle sichtbar trat er den Barthianern vor dem versammelten Parteivolk entgegen. Der Bruch der alten Kampfgemeinschaft war besiegelt.

Nicht Strategie und Taktik, sondern Taktik und Weltanschauung hießen die unterschiedlichen Positionen, von denen aus sich die beiden Flügel auf dem Delegiertentag befehdeten, und Hermann Pachnicke[51], Exponent des rechten Flügels, sorgte dafür, dass diese Spaltung in zwei feindliche und unversöhnliche Lager auch dem letzten Delegierten ins Bewusstsein drang. «Wir können uns nicht mehr überzeugen», rief er bereits am ersten Verhandlungstag in den Saal, «hier klafft die Kluft, und über diese Kluft führt keine Brücke mehr.» Obwohl auch der größte Teil der anderen Redner nicht mit Kritik an dem Triumvirat Barth-Gerlach-Breitscheid sparte, stand ein Ausschluss nicht zur Debatte.

Dass die Opposition bei den Abstimmungen keine Mehrheit für ihre Politik finden würde, sah Breitscheid überdeutlich und verkündete die Bereitschaft der Gruppe, eine Abstimmungsniederlage als ausreichenden Grund für den Austritt anzusehen. Nun nahm er die Aufforderung Pachnickes zum Verlassen der Partei an. Die verzweifelte Erkenntnis, auch – und schmerzlicher – Naumann für seine und Barths Sache verloren zu haben, prägte Tenor und Stoßrichtung seiner Rede. In einer Anwandlung von Zorn und Trauer nahm er Abschied von dem Mann, der die Grundlagen seiner politischen Entwicklung gelegt hatte.

Dazu neigend, Politik mit Personen zu identifizieren, traf er beim Austritt aus der «Freisinnigen Vereinigung» nicht allein eine sachliche Entscheidung. Hier vollzog sich die im Persönlichen schmerzende Trennung. Unter dem stürmischen Beifall der Minderheit, mit Zischen bedacht vonseiten der Gegner, griff er zum Pathos, das er beherrschte: «Wir haben zu Naumann in den Zeiten, die für ihn die schwersten waren, treu gehalten; [...] wenn jetzt einige genötigt sein sollten zu sagen wir wollen nicht mehr, [...] so trägt daran die Schuld das Bewusstsein, daß wir mit Naumann nicht mehr zusammengehören, dass Naumann diese Pachnicksche Politik jetzt innerhalb der Freisinnigen Vereinigung und der Fraktionsgemeinschaft macht [...] Die Erfahrungen der letzten Jahre haben uns an der Stärke seines Willens leider zweifeln lassen. Wir haben uns nicht verändert, wir stehen auf dem Boden des Liberalismus, des Naumannschen Liberalismus, des sozialen Liberalismus, des demokratischen Liberalismus. Wir wollen, wenn wir dazu gezwungen sein sollten, die Naumannsche Politik ohne Naumann treiben.»[52]

51 Hermann Pachnicke (1857–1935), liberaler Politiker, ehem. Freisinn.

52 Dritter Delegiertentag, S. 60.

9 Theodor Barth (1849–1909) war der politische Ziehvater und Leitstern des jungen Rudolf Breitscheid in der unübersichtlichen Welt des wilden Liberalismus der Kaiserzeit. Barth führte ihm vor, wie man zwischen den verschiedenen liberalen Richtungen und Parteien wechseln konnte und dabei den Platz an der Spitze der Bewegung behielt. Nicht allein, um die Wähler für ein liberales Parteiprogramm zu gewinnen, sondern «die öffentliche Meinung mit Liberalismus zu erfüllen», trat der Journalist und Abgeordnete Breitscheid seine Mission an. Bewegung galt ihm als das Lebensprinzip des Liberalismus, auch innerhalb der eigenen Partei. Mit Breitscheid und von Gerlach zusammen gründete Barth 1908 die Demokratische Vereinigung, deren Scheitern bei den Reichstagswahlen 1912 Barth selbst nicht mehr erlebte.

Dessen politisches Kalkül blieb aber von den bitteren Worten seines ehemaligen Schülers unbeeindruckt. Nach der Abstimmungsniederlage über einen Missbilligungsantrag gegen die Reichstagsfraktion erklärten Delegierte ihren Austritt – an der Spitze Barth, von Gerlach und Breitscheid. Den Vorsatz, aus dem Scheitern seiner Politik innerhalb des Freisinns die Konsequenzen zu ziehen und jetzt schon zur Sozialdemokratie überzutreten, führte er diesmal noch nicht aus.

Vorbehalte gegen die marxistische Theorie, die in Gestalt des Sozialdemokratischen Vulgärmarxismus noch im November des Vorjahres sein Verhältnis zur Arbeiterpartei bestimmt hatte, spielten eine untergeordnete Rolle. Vielmehr hatte er im Verlauf des inneren Parteikampfes sein eigenes Schicksal eng mit Barth und von Gerlach verbunden, die ihrerseits den großen Sprung nicht wagen wollten.

Es war vor allem seine Loyalität gegenüber Barth, die ihn zusammen mit diesem und von Gerlach darin bestärkte, eine eigene, eine neue Partei, die Demokratische Vereinigung, zu gründen. Dabei mag auch der Gedanke an die politische Karriere im Spiel gewesen sein, denn Barth, auf dessen persönlichem

Ansehen die Demokratische Vereinigung zunächst gebaut war, überließ ihm den Posten des Parteivorsitzenden. Das kam seinem politischen Ehrgeiz entgegen, förderte sein berufliches Fortkommen als Journalist und verbesserte seine Startchancen für den Fall, dass das Experiment scheitern würde. Bis es so weit wäre, fasste er seine Arbeit in der Demokratischen Vereinigung als lohnendes Experiment auf, dem er in den kommenden drei Jahren die ganze Energie seines politischen Temperaments widmete.

Demokratisch-liberales Bewegungstraining

Bei den preußischen Landtagswahlen im Frühsommer 1908 kam es zwischen den beiden freisinnigen Parteien zu Meinungsverschiedenheiten über die Kandidatenaufstellung im südwestlich vor Berlin gelegenen Wahlkreis Teltow-Beeskow. Dort war bereits im April noch vor den dramatischen Auseinandersetzungen des Frankfurter Parteitages Breitscheid nominiert worden, den die Volkspartei allerdings nicht akzeptieren wollte und deshalb ihrerseits mit den Nationalliberalen ein Wahlbündnis vereinbarte. Als schließlich auch der später zur Demokratischen Vereinigung stoßende Oberst Gädke, der nach Breitscheids Parteiaustritt zunächst als Ersatz aufgestellt worden war, zurücktrat, verzichtete die Freisinnige Vereinigung auf eine eigene Kandidatur, und Naumann, der den Demokraten um Barth vielleicht noch einmal goldene Brücken zur Rückkehr bauen wollte, vielleicht aber auch hoffte, sie im Bewusstsein der liberalen Wähler neutralisieren zu können, indem er sie quasi als eine zum Freisinn gehörige Gruppe behandelte, forderte die dortigen Wähler auf, Breitscheid ihre Stimme zu geben.

Gerade auf diese Unterstützung kam es ihm nicht an, nachdem er sich doch gerade vom Freisinn Naumannscher Prägung emanzipiert hatte. Zum ersten Mal aller Rücksichten auf eine vorsichtig taktierende Politik enthoben, erklärte er sich nun offen mit der Sozialdemokratie solidarisch. Ganz im Sinne der Barthschen Taktik verkündete er rücksichtslos, die Verluste an bürgerlichen Stimmen nicht achtend, die Parole von der unbedingten Zusammenarbeit mit der Arbeiterpartei, was sich dann angesichts der öffentlichen Stimmabgabe für ihn und seine Partei nur ruinös auswirkte und trotz seiner taktischen Wahlabsprachen mit dem Kandidaten der Sozialdemokratie, Eduard Bernstein, auch diesem nicht zum entscheidenden Durchbruch verhalf. Die Wahl in Teltow-Beeskow endete mit dem Sieg der beiden konservativen Kandidaten über die Nationalliberalen. Der Demokratischen Vereinigung verhalf sie lediglich zu einem ersten

Überblick über die Zahl ihrer Anhänger im Lande. Insgesamt 4500 Urwählerstimmen hatte sie in Preußen erhalten.

Obwohl er persönlich unterlegen war, sah Breitscheid durch den Verlauf der Wahl die Möglichkeit bestätigt, eine Politik zu treiben, die Sozialdemokraten und bürgerliche Demokraten vereinte. Ihm kam es jetzt darauf an, die «konservativ-klerikale Zwingburg» zu bezwingen. Noch bevor er mit der eigentlich gestaltenden politischen Arbeit begann, wollte er den im Freisinn organisierten Liberalismus in die Schranken weisen, den er in seiner Gesamtheit für reaktionär hielt.

Diese aggressive Haltung gegenüber allen liberalen Parteien war fortan eines der wesentlichen Kennzeichen der von Barth und Breitscheid geführten Politik. Unterdessen blieben die preußischen Landtagswahlen auch weiterhin das einzige groß angelegte Unternehmen, bei dem die Demokratische Vereinigung als anerkannter Partner einer größeren Partei auftrat. Das *Blaubuch*, bis zu Breitscheids Gründung einer eigenen Parteizeitung Sprachrohr der neuen radikalen Splittergruppe, brachte den taktischen Stil der Demokratischen Vereinigung auf die kürzeste Formel, als es schrieb: «Einen unmittelbaren Wahlerfolg erzielten sie zwar nicht, aber in diesem Fall galt wirklich die ‹Bewegung› weit mehr als das Ziel.[53]

Klar standen die Fronten gegeneinander: Hier Sozialdemokratie zusammen mit der Barth-Breitscheid-Gruppe, welche die «bürgerlichen Demokraten» für sich gewinnen wollte. Dort der nationale Liberalismus – oder: Arbeiter und Angestellte gegen Gewerbe, Industrie und Landwirtschaft. Die Feindschaft zum Großbürgertum und den Agrariern war für Breitscheid so eindeutig, dass er sich vorerst nicht mehr mit ihnen auseinandersetzte. Umso mehr beschäftigte er sich nun mit dem freisinnigen und nationalliberalen Bildungsbürgertum in der Hoffnung, einzelne aus dieser Schicht für die in der Demokratischen Vereinigung repräsentierten Ideen gewinnen zu können. Die Artikel, die er dieser Gruppe widmete, sind Werbung und Abrechnung zugleich, Gewissensermahnung und hohnvoller Tadel.

Dem Husumer Bürgermeister Schücking, der in einem anonymen Pamphlet sowohl die preußische Verwaltung als auch das fortschrittsfeindliche Denken im Allgemeinen einer scharfen Kritik unterzogen hatte, leistete Breitscheid begeistert Schützenhilfe und erinnerte an die Zeit der Demagogenverfolgung, die in der Ära des Blocks wiedergekehrt schien. Mitverantwortlich für solche Siege der Reaktion waren in seinen Augen die Liberalen, denen der Block nur den zweifelhaften Triumph bescherte, «dabei gewesen zu sein und positive Arbeit ge-

53 Breitscheid, «Polizeistaat und Gelehrtenrepublik», in: *Blaubuch* Nr. 26 von 25. Juni 1908, S. 783

tan zu haben». Deren Scheinbeteiligung an der Regierung stellte er sein Konzept entgegen, als er fordernd feststellte: «Vornehmste Aufgabe der Linken bei uns ist und bleibt, solange das Wesen der gegenwärtigen Zustände sich nicht ändert, die Kritik.»

Parlamentarismus und Verfassungsdebatten

Das Parlament konnte durchaus die geeignete Form sein, mit deren Hilfe die Linke ihre Politik erproben konnte, vorausgesetzt, dass man sich dort nicht durch zweifelhafte Angebote zum Schweigen verpflichten ließ. Deshalb verwarf Breitscheid die parlamentarische Unterwerfung der Liberalen ebenso wie er den «Radikalismus der Tatenlosigkeit» in der Sozialdemokratischen Partei verurteilte.[54] An einer Abspaltung der Revisionisten um Bernstein von den Orthodoxen lag ihm nichts. Barth hatte den Gedanken, von der Spaltung des Sozialismus zu profitieren, schon 1903 verworfen. Nun beschwor Breitscheid die Arbeiterpartei, «darauf zu verzichten, in der Ablehnung des Etats einen integrierenden Bestandteil ihrer Taktik zu sehen». Gemäß seiner im Vorjahr verkündeten Aussicht, sie zu erziehen, forderte er sie zur «Beteiligung am Parlamentarismus» auf, wobei der Demokratischen Vereinigung die Aufgabe einer revisionistischen Avantgarde im bürgerlich-demokratischen Lager zufallen sollte.

Mehr als die bloße Bereitschaft der Parteien zu parlamentarischer Mitarbeit verlangte er dann, als er sich im November und Dezember des Jahres 1908 in die allgemeine Debatte mischte, die sich um das Kaiserinterview mit dem *Daily Telegraph* entspann.[55] Die Demokratische Vereinigung nahm für sich das Verdienst in Anspruch, als Erste unter allen Parteien in dieser Angelegenheit mit öffentlichen Protestversammlungen gegen die peinliche Großspurigkeit des deutschen Monarchen aufgetreten zu sein.

Breitscheid selbst kam der späteren sozialdemokratischen Forderung nach einer verfassungsmäßigen Ausweitung der Rechte des Reichstags, besonders bei der Entscheidung über Krieg und Frieden, sehr nahe, als er noch vor der Interpellationsdebatte im Parlament schrieb: «Die auswärtige Politik und der Friede

54 Breitscheid, «Der Radikalismus der Tatenlosigkeit», ebd., Nr. 40 vom 1. Okt. 1908, S. 118 ff.

55 Am 28. Oktober 1908 veröffentlichte das Londoner Massenblatt *The Daily Telegraph* ein Gespräch mit dem deutschen Kaiser, das in Großbritannien als anmaßend und in Frankreich und Russland als diplomatische Taktlosigkeit empfunden wurde. In Deutschland löste das Interview eine innenpolitische Krise aus. Dazu Breitscheid, «Die deutsche Tragikomödie», in: *Blaubuch* Nr. 45 vom 5. Nov. 1908, S. 133.

insbesondere muss auf eine breitere Basis gestellt werden.» Aber er stimmte weder der Arbeiterpartei zu, die konsequente Verfassungsänderungen in dieser Richtung wünschte, noch hielt er den von den Linksliberalen verfolgten Plan eines Ministerverantwortlichkeitsgesetzes für das wirksamste Mittel zur Förderung der parlamentarischen Demokratie in Deutschland.

Von den bisher nicht genügend genutzten Möglichkeiten der bestehenden Verfassung ausgehend, wobei er vor allem an das Budgetbewilligungsrecht des Parlaments dachte, wollte Breitscheid zunächst das politische Bewusstsein des Volkes und dessen parlamentarische Repräsentanten aktivieren, indem er eine praktische der papierenen Lösung vorzog. Die Parteien, die über Entwürfe zu einer Verfassungsänderung diskutierten, fragte er «Was helfen neue Paragraphen und Artikel, solange der Wille nicht da ist, die gegebenen Möglichkeiten auszunutzen?» In einer Betrachtung über die englischen Verfassungskämpfe fasste er dann im folgenden Jahr noch einmal seine Meinung über das Verhältnis von Politik und Verfassung zusammen, wie sie schon im Herbst 1908 seinen Äußerungen zugrunde gelegen hatte, Lassalles Bemerkungen zum selben Problem in der preußischen Konfliktzeit verabsolutierend, schrieb er: «Der Wortlaut der Paragraphen ist von verhältnismäßig untergeordnetem Belang; Ministerverantwortlichkeitsgesetze und dergleichen gefährlich aussehende Apparate bedeuten wenig: alles kommt auf die praktische Machtverteilung und letzten Endes auf die Stärke des Machtwillens bei den einzelnen Faktoren an.»[56]

Naumann, der den Block zwar bereits verloren gab, war dennoch nicht bereit, die von Breitscheid geforderten Konsequenzen zu ziehen. Tatsächlich schien es damals fraglich, ob allein durch den Auszug der Liberalen aus dem Block der Kanzler zum Rücktritt zu bewegen sei, was immerhin als einer wachsenden Abhängigkeit der Regierung vom Parlament hätte gelten können. Naumann glaubte allerdings, die wahren Machtverhältnisse im Reichstag besser zu kennen und rechnete mit der Bereitschaft des Zentrums, die Liberalen im «Block» zu ersetzen.

Breitscheid verlangte die demonstrative Kündigung des Blocks durch die Liberalen, ohne allerdings die sichere Chance einer unmittelbaren Wirkung einschätzen zu können: Reichte dieses Mittel des Protestes auch «zunächst nicht aus, um einen Minister zur Verantwortung zu ziehen, so wäre doch eine moralische Wirkung erzielt, deren wohltätige Folgen sich gar bald bemerkbar machen würden. Wer weiß, wann die Stimmung des Volkes dem demokratischen Gedanken einmal wieder ähnlich günstig sein wird wie heute? Das Schicksal hat

56 Breitscheid, «Die kommenden Verfassungskämpfe in England», in: *März. Halbmonatsschrift für deutsche Kultur*, Berlin, 1909, Bd. 4, S. 83f.

dem Liberalismus einen großen Trumpf in die Hand gegeben. Er braucht ihn nur auszuspielen.»[57]

Dass die Liberalen die allgemeine Erregung nicht ausnutzten und sich lieber mit den juristischen Möglichkeiten einer Ministeranklage beschäftigten, anstatt den entscheidenden Schritt zu einer Kräfteverlagerung im Parlament zu unternehmen, bewies ihre «Schwäche und Mutlosigkeit». Wenn die im Parlament vertretenen Parteien in der von ihm gezeichneten Richtung vorangingen und die Liberalen sich von Bülow trennten, konnten sie mit den Sozialdemokraten eine starke parlamentarische Opposition bilden. Journalist und Agitator, der Breitscheid war, baute auf die Wirkung des geschriebenen wie des gesprochenen Worts, auch außerhalb des Parlaments, solange er noch nicht selbst dazugehörte. Im Reichstag scheiterten derweil die Versuche, entscheidenden Einfluss auf die Regierung zu gewinnen, an der Koalitionstreue der Linksliberalen wie an der Konzeptionslosigkeit der Parteien überhaupt.

Die *Daily Telegraph*-Affäre machte Breitscheid zum konsequenten Anhänger einer zu verwirklichenden parlamentarischen Demokratie. Damals gewann er eine klarere Vorstellung davon, was er bisher unter dem Schlagwort der «Demokratisierung» gefordert hatte. Auf der Grundlage eines radikal neu verstandenen Persönlichkeitsrechts, das den demokratischen Liberalismus zur Forderung nach einem umfassenden Schutz der sozial Schwachen verpflichte, erwartete er von den Novemberereignissen des Jahres 1908 entscheidende Impulse für die Entstehung des Linksblocks. Im Gegensatz zu den in der Diskussion stecken gebliebenen Verfassungsänderungen sollte sich dieser als eine vollendete historische Tatsache herausbilden, um eine neue Verfassungswirklichkeit entstehen zu lassen.[58] Greifbar nah erschien ihm nun das Ziel der vollständigen Demokratie in ganz Deutschland durch die Verwirklichung der parlamentarischen Regierungsweise. Demgegenüber trat sogar die Forderung nach der Änderung des Wahlrechts in Preußen vorübergehend in den Hintergrund.

Ganz schematisch verfolgte er, von den Verfassungsdebatten immer noch angeregt, in der ersten Hälfte des Jahres 1909 den am englischen Beispiel orientierten Plan. Wenn die Liberalen erst einmal die Konsequenzen aus dem an der Reichsfinanzreform zerbrechenden Block zögen und mit den Sozialdemokraten eine Front gegen die neue Regierungsmehrheit aus Konservativen und Zentrum bildeten, wäre auch die zweite Voraussetzung für ein funktionierendes parlamentarisches System, die parlamentarische Opposition, geschaffen.

57 Breitscheid, «Die Krisis», in: *Blaubuch* Nr. 47 vom 19. Nov. 1908, S. 1391.

58 Dazu auch Theodor Barth, *Liberalismus und Sozialdemokratie*, Berlin 1908, S. 22 f.

Als Naumann nach dem 24. März das Scheitern des Blocks konstatierte, sprach Breitscheid immer deutlicher von den Konsequenzen, die sich daraus für die Liberalen ergeben müssten. In der veränderten Situation nach der formlosen Kündigung des Blocks durch die Konservativen, die die Reichsfinanzreform nicht mit dem bisherigen Partner, sondern mit dem interessenverwandten Zentrum zu Ende bringen wollten, sah er starke Tendenzen zu der von ihm gewünschten Entwicklung.

Je mehr die Klärung der wirtschaftlichen Interessen zu einer Revision des bisherigen politischen Bündnisses im Reichstag drängte, glaubte er die Stunde für die längst fällige taktische Umorientierung der Linksliberalen gekommen. Nach dem Verlust des konservativen Partners im Block hätten sich auch die Liberalen ihrerseits von Bülow trennen müssen — nicht nur, weil dieser unzuverlässige Konservative kein Bundesgenosse für sie sein durfte, sondern weil nun die Möglichkeit für zwei große, in Interesse und Weltanschauung gleich gestimmte Gruppierungen entstanden war, die mit dem Bild übereinstimmten, das sich Breitscheid von einer parlamentarisch-demokratischen Vertretungskörperschaft machte. Bülow wäre restlos kompromittiert, wenn auch die Liberalen endlich dem Blockgedanken abschworen. Er musste dann über kurz oder lang einem Mann Platz machen, der die Duldung einer konservativ-klerikalen Mehrheitskoalition fand. Diese Zusammenarbeit von Zentrum und Konservativen nach dem 24. März stellte er sich bereits als Basis jener neuen Regierungsmehrheit vor, gegen die eine starke Opposition mit parlamentarischen Mitteln in die Auseinandersetzung ziehen konnte.

Vollends in den Kategorien parlamentarische Regierungsweise denkend, glaubte er, nachdem Bülows Steuervorlage am 24. Juni im Reichstag gescheitert war, voller Freude feststellen zu dürfen, «dass wir eine konservativ-klerikale Mehrheit und eine von ihr abhängige Regierung besitzen.» Der Freisinn aber sei in der Wirklichkeit des Jahres 1909 noch weit davon entfernt, aus der Situation die gebotenen Konsequenzen zu ziehen, den Erfolg des neuen Blocks als den Sieg einer Parlamentsmehrheit zu betrachten, und in der Regierung, die jetzt noch im Amte bleibt, nichts als die Geschäftsführerin dieser Mehrheit zu erblicken.

An dieser Beurteilung stimmte allerdings die Beschreibung des Verhältnisses, in dem die neue Mehrheit zum Kanzler stand. Wenn Breitscheid daraus für die Liberalen die Pflicht ableitete, als parlamentarische Opposition aufzutreten, so verkannte er, dass den Liberalen ein entschiedenes Merkmal parlamentarischer Minderheiten fehlte, die Chance nämlich, selber einmal autonomer Teil der Regierung zu werden und nicht nur in der Rolle der Erfüllungsgehilfen jener quasi institutionalisierten Regierungspartei in Gestalt der Konservativen zu verharren.

Als der Kanzler schließlich stürzte, war das nicht in erster Linie ein Sieg der Opposition im Reichstag, sondern es geschah nach dem Willen der mächtigen konservativen Partei, die ihren Partner ausgetauscht hatte, um den Minister zu Fall zu bringen, der ihr – gerade durch seine Ankündigung einer Parlamentarisierung Preußens über eine vorsichtige Wahlrechtsänderung – verhasst geworden war. Von daher betrachtet, war es verfrüht, im Zusammenhang mit dem erzwungenen Rücktritt Bülows vom Rückzug der Autokratie in Deutschland zu sprechen. Formal hatte zwar die Legislative die Exekutive zu empfindlichen Zugeständnissen gezwungen. Aber der Einfluss der Konservativen entsprang nicht nur ihrer im Reichstag repräsentierten ziffermäßigen Stärke, sondern der Macht, die sie in Preußen und bei Hofe hatten. Solange sie nicht freiwillig zu Konzessionen bereit waren oder mit den geringen Mitteln, die sie ihren Gegnern in Preußen überließen, überwunden wurden, konnte die bloße Existenz einer geschlossenen Reichstagsopposition – abgesehen von deren inneren Schwierigkeiten, sich zu formieren – die Demokratie in Deutschland nicht erzwingen.

Dass Breitscheid dennoch glaubte, auf diesem Weg dem erstrebten Ziel näherzukommen, war eine Illusion, der er bis zum Sommer des Jahres 1909 anhing. Die Ernennung Theobald von Bethmann-Hollwegs zum Kanzler durch den Kaiser – ohne Zutun der Parteien – zeigte ihm dann, wie wenig im damaligen Deutschland publizistische Entrüstungsstürme ausrichten konnten. Breitscheid richtete von nun an seine Arbeit wieder mehr auf die zentrale Frage des preußischen Wahlrechts.

Der Parteiführer

Am 2. Juni 1909, wenige Wochen bevor der Bülow-Block endgültig auseinanderbrach, starb völlig überraschend Theodor Barth. Die Demokratische Vereinigung, die von Breitscheid zwar nominell geführt wurde, deren stärkster Mann aber von Anfang an Barth war, geriet in ihre erste Krise. Breitscheid, damals 34 Jahre alt, besaß zunächst weder die Erfahrung noch die Autorität, um die Lücke, die Barth in der Partei hinterließ, ganz ausfüllen zu können. Indessen hatte er gegenüber anderen Mitgliedern der Führungsgruppe einen entscheidenden Vorteil aufzuweisen, der auch die Kontinuität der Parteiarbeit zu gewährleisten versprach: Er galt als der engste Mitarbeiter des Verstorbenen und konnte, ohne auf Widerspruch zu stoßen, als dessen politischer Testamentsvollstrecker auftreten. Das war umso wichtiger, als das Gedeihen der Partei nicht nur vom technischen Funktionieren ihrer Führungsspitze abhing, sondern neben dem allgemeinen Konsens über den Parteizweck auch auf die Persönlichkeit ihres Führers angewiesen war, wenn sie als Mitgliederpartei weiter bestehen und Wähler dazugewinnen wollte.

Was brachte Breitscheid für die Ausführung dieses Amtes mit? Ein in sich geschlossener Kodex politischer Normen, den er mit puritanischer Strenge einhielt, gab ihm den moralischen Rückhalt, wenn er schonungslos nicht nur den erklärten innenpolitischen Gegner attackierte, sondern auch die Abweichler von der reinen Lehre des sozialen und demokratischen Liberalismus in der eigenen Partei wieder auf Kurs brachte. Die permanente, von anderen als unbehaglich empfundene Bewusstheit und Selbstdisziplin, mag ihm dazu verholfen haben, die Anerkennung, die andere kraft ihrer sozialen Abkunft zu besitzen schienen, ebenfalls sich anzueignen. Der nach außen hin «rational argumentierende» Politiker, dem es ohne Weiteres gelungen wäre, Kompromisse ebenso glaubhaft zu vertreten wie etwa Naumann, hätte sich mit dem Zugeständnis an die Wirklichkeit freilich auf einen Weg begeben, der ihn aus seiner als unangreifbar erscheinenden weltanschaulichen Position herausgelockt hätte.

Es entsprach seiner Neigung, Politik als Manifest zu verstehen. Naumann warf angesichts dieser Haltung die Frage auf, ob man Politik treibe, um «eine Weltanschauung zu verbreiten oder um Fortschritte zu erzielen» und darauf selber die Antwort gab: «Beides ist nicht völlig voneinander zu trennen, aber immer dann, wenn es sich zeitweilig zu trennen scheint, wird sich Breitscheid als Missionar seiner Weltanschauung fühlen und sich selbst nicht scheuen, ein Märtyrer derselben zu werden.[59]

Die Wirkung einer solchen Führerpersönlichkeit konnte auf den Zusammenhalt der Demokratischen Vereinigung nicht von Dauer sein, wo rhetorischer Schwung nicht ausreichte, die Kluft zwischen politischer Wirklichkeit und ideellem Streben zu überbrücken. Die Reichstagswahl 1912 wurde dafür zum Menetekel. Dass Breitscheid nach dem Tode Barths selber am Gelingen des demokratischen Experiments zweifelte, schwächte die Partei gerade in der Phase ihrer Bewährung, die in diesem Wahlkampf kulminierte und ebenso jäh endete.

Das Gewissen des Liberalismus

Obwohl man schon bald nach der Spaltung mit dem Aufbau einer parteimäßigen Organisation begann, geriet durch die Formulierungen Breitscheids zu den Parteizielen eine merkwürdige Unausgeglichenheit in das Selbstverständnis des neuen politischen Gebildes, von dem er sagte, die darin vereinigten ehemaligen Freisinnigen wollten zunächst lediglich, «soweit man überhaupt noch zu politi-

59 Friedrich Naumann, «Barth, von Gerlach, Breitscheid», in: *Hilfe* Nr. 18 v. 3. Mai 1908, S. 297.

scher Arbeit geneigt war, so etwas wie das Gewissen des Liberalismus sein. Aber die Verhältnisse waren stärker als dieser Wunsch. Sie töteten die Idee, eine Art von demokratischer ‹Fabian Society› zu bilden und zwangen dazu, eine Organisation zu schaffen, die zwar nicht den Namen einer Partei trägt, aber doch die Formen einer solchen angenommen hat.»[60]

Die Notwendigkeit, sich schon bei den preußischen Landtagswahlen im Sommer 1908 der Öffentlichkeit zu stellen, zwang die Demokratische Vereinigung, wie sie sich seit dem 9. Mai nannte, ihren provisorischen Charakter aufzugeben. Breitscheid hatte zunächst die Absicht, sie mehr als eine Bewegung und weniger wie eine Partei aufzuzäumen. Allein in Berlin zählte sie 2000 eingeschriebene Mitglieder. Nun wollte man versuchen, den Kreis der Hauptstadt zu durchbrechen und im Rheinland und in Westfalen einen zweiten und dritten organisatorischen Schwerpunkt bilden. Weitere Ortsvereine in Anhalt, Schleswig und Nürnberg blieben ohne entscheidenden Einfluss auf die Struktur der Partei. Ihr Zentrum und den Hauptteil ihrer Anhänger in besaß sie weiterhin in Berlin und in der unmittelbaren Umgebung der Hauptstadt. Dort war sie entstanden, dort wohnten die Spitzenfunktionäre der Partei.

Bis zum Anfang des Jahres 1909 bildete sich eine strenger gegliederte Form heraus, die ihr Vorbild in der SPD hatte. Die «Vereinigung» wollte nun doch Partei werden und auch so aussehen. Wie die Arbeiterpartei war sie von der untersten Ebene der Ortsgruppen bis in den Zentralvorstand hinein vertikal aufgebaut. Unbestritten nahm der Vorsitzende Breitscheid die Führungsposition ein, die er bei seinen zahlreichen Reisen zu den im Land sprießenden Ortsvereinen ausbaute. Seit Januar 1910 firmierte Breitscheid als Herausgeber der Wochenzeitung *Das freie Volk*. Sie nahm die Stellung eines Zentralorgans ein und verhalf dem Parteiführer, seinen Einfluss stetig auszubauen.

Die strukturelle Wandlung von der Vereinigung zur Partei, die sich unter dem Einfluss wachsender Mitgliederzahlen vollzog, warf unausweichlich die Frage nach dem Potenzial in der parteiinternen Diskussion auf. Der allgemeinen Entwicklung der Parteien zu sozialen und wirtschaftlichen Interessenvertretungen folgend, hoffte man, auf der Suche nach dem typischen Wähler in der Schicht der Privatangestellten fündig zu werden. Die sozial angrenzende Gruppe der Arbeiter, die noch nicht in der SPD organisiert waren, und die Angehörigen der freien Berufe bemühte man sich – trotz ihrer unterschiedlichen Interessenlagen – ebenfalls für die Demokratische Vereinigung zu gewinnen.[61] Dass die Leiter zweier großer Angestelltenverbände in der neuen Partei Führungspositio-

60 Breitscheid, «Eduard Bernsteins Kritik», in: *Blaubuch* Nr. 54 vom 19. Aug. 1909, S. 860.

61 Breitscheid, «Der demokratische Parteitag», in: *Demokratische Flugblätter*, Nr. 2, Berlin 1909, S. 6;

nen einnahmen, zeigt, wie sehr man um diese Berufsgruppe des sogenannten neuen Mittelstands werben wollte. Gleichwohl musste diese ihren Einfluss in der Partei mit den Angehörigen der anderen sozialen Schichten teilen. Daraus entwickelten sich innerparteiliche Spannungen, die sich bis zum Kölner, dem Zweiten Parteitag 1910, steigerten. Mit dem Ende des Bülow-Blocks hatte die Vereinigung ihr Feindbild verloren, damit aber auch den Kitt, der die Partei emotional zusammenhielt. Ein Programm musste her, das den Zusammenhalt sicherte. Streit über die Sozialpolitik führte zu erbitterten Diskussionen, und die Parteimehrheit bezahlte dafür mit Massenaustritten ihrer finanzstärksten Mitglieder.

Wenn dennoch die Mitgliederzahlen bis zum Jahr 1912 stiegen, waren sie noch kein Beweis für die Überlebensfähigkeit einer bürgerlich-demokratischen Partei. Breitscheid musste allmählich erkennen, dass die Partei mit ihrem Standort zwischen Sozialdemokratie und Liberalismus nie eine Massenbasis würde finden können. Ein großer Teil der Angestellten fand damals den Weg zur Sozialdemokratie. Zugleich war aber der sozial-demokratische Gedanke nicht attraktiv genug, das mittlere Bürgertum aus den liberalen Parteien heraus- und der Demokratischen Vereinigung zuzuführen, zumal diese bei den Wahlen deutlich im sozialistischen Kielwasser trieb.

Nach dem gescheiterten Versuch, einen Landtagssitz zu erringen, flüchtete Breitscheid vorübergehend in die Utopie. In Übereinstimmung mit Barths idealistischer Formulierung für die Parteiarbeit bekundete nun auch Breitscheid missionarische Ambitionen, er wolle lieber weiterhin auf ein Mandat verzichten, als «die Wartezeit durch Einschränkung oder Verschleierungen unserer Forderungen abzukürzen». Trotz ihrer zahlenmäßigen Schwäche könne die Partei Einfluss auf die Reichstagspolitik gewinnen, wenn es ihr gelang, «den Eindruck zu erwecken [...], dass auch hinter einer kleinen Zahl energischer Wille und eine starke Überzeugung steht».[62]

Hier kam seine Impulsivität wieder zum Vorschein, die ihn alles ablehnen ließ, was irgendwie nach Nachgiebigkeit im Kampf für die eine Idee aussah –

62 Der zweite Parteitag der Demokratischen Vereinigung zu Köln am 15. bis 17. Mai 1910, o. O., o. J., S. 4.

10 *Das freie Volk*, im Untertitel *Demokratisches Wochenblatt*. Es stand dem Herausgeber und Parteivorsitzenden der Demokratischen Vereinigung Rudolf Breitscheid in den Jahren 1909 bis 1912 zur freien Verfügung. Hier äußert er sich regelmäßig zu allen aktuellen Themen und gibt damit auch die Richtung für die Auseinandersetzung mit der politischen Konkurrenz vor. In den Leitartikeln ihres Mannes zeichnet sich auch schon seine wachsende Nähe zur SPD ab, der er sich bald anschließen wird. Ehefrau Tony Breitscheid schreibt über Frauenrechte.

Das freie Volk

Demokratisches Wochenblatt

Erscheint jeden Sonnabend
Abonnement: [illegible]
Redaktion: [illegible]

Herausgeber: Dr. Rud. Breitscheid

Inserate: [illegible]
Geschäftsstelle: [illegible]

No. 22 — Berlin, Sonnabend 28. Mai 1910 — 1. Jahrgang

Zwischen den Schlachten.

Das Spiel ist aus. Bethmann Hollweg hat den Epilog gesprochen, und der Vorhang ist gefallen.

Die Regierung hat kein Interesse an einer weiteren Beratung der Vorlage. Das ist das erstemal, daß sich der Standpunkt der Regierung dem der breiten Schichten des Volkes nähert: das Volk hatte schon längst kein Interesse mehr an der Fortsetzung der Verhandlungen. Allerdings ging das Volk von anderen Erwägungen aus als der Ministerpräsident. Ihm war das ganze Gerede gleichgültig geworden, da es seit langem wußte, daß doch keine Reform zustande kommen werde, die diesen Namen auch nur einigermaßen verdiene. Die Regierung verlor erst die Freude an der Leiche, als die Parteien sich nicht über die berühmte Drittelung zu einigen vermochten und statt der breiten Basis, auf die sie gehofft hatte, gar keine mehr vorhanden war.

„Die Regierung legt keinen Wert auf die Weiterberatung." Wie entschlossen das klingt! Als ob sie die Zügel in der Hand hielte.

Ordentlich mit einem hörbaren Ruck hat sich Bethmann Hollweg erhoben. Der leitende Staatsmann wahrt die Autorität des königlich preußischen Staatsministeriums. Eine Szene, die geradezu nach dem Stift des Karikaturisten schreit: Der Fuchs (Exzellenz verzeihen den Vergleich), der kein Interesse mehr an den Hühnern besitzt, nachdem er festgestellt hat, daß ihm der Weg zu ihnen versperrt ist.

Der Ausgang schließt sich würdig den vorangegangenen Akten an, die uns bei allem bunten Wechsel mit überraschender Regelmäßigkeit immer wieder das Bild einer zum Erbarmen unfähigen und kraftlosen Regierung zeigten.

Wie lächerlich ist der Versuch, als freien Entschluß hinzustellen, was doch nur unter dem harten Zwang der Umstände geschieht!

Eigentlich war das Schicksal der „Reform" besiegelt, als das Herrenhaus gesprochen hatte. Sie war gerade in dem Moment erledigt, als der weltfremde Bureaukrat, der an der Spitze der Geschäfte steht, am freudigsten in die Zukunft schaute. Der Weg, von dem er hoffte, daß er zu einem Kompromiß führte, war der Weg zum Abgrund. Es sei dahingestellt, ob von vornherein alles ein abgekartetes Spiel zwischen den Konservativen des Abgeordnetenhauses und ihren potenzierten Gesinnungsfreunden gewesen ist, jedenfalls hatte das jeder Reform abgeneigte Junkertum in dem Augenblick gesiegt, wo die erste Kammer mit der Drittelung den Wünschen der Großindustriellen entgegenkam, und der Ministerpräsident sich freudig auf den Boden dieser Beschlüsse stellte.

Der Heydebrandschen Politik war von Anfang an darauf gerichtet, daß möglichst keine Reform zustande komme. Sie konnten es nicht wagen, sich kurzerhand auf den Standpunkt strikter Ablehnung zu stellen und machten daher in Gemeinschaft mit dem Zentrum aus der Vorlage, soviel als sich nur irgendwie in ihrem Sinne aus ihr machen ließ. Aber immer war der Hintergedanke, das Schiff vollständig zum Scheitern zu bringen. Sie entstellten den ursprünglichen Entwurf so, daß jede Regierung, die etwas auf sich hielt, ihn hätte zurückziehen müssen.

Wie stände Bethmann da, wenn er in jenem Stadium der Verhandlungen sein Interesse verloren hätte! Aber er gab nach. Er vinkulierte sich nicht, doch war er nicht abgeneigt, und der Minister v. Moltke schwieg und nickte. Es schien, als werde am Ende doch etwas bei der Aktion herauskommen. Wenig, eine Spottgeburt, aber für die Konservativen noch immer zu viel. Da ging der Minister in die Falle. Da vinkulierte er sich gegenüber den „Verbesserungen" des Herrenhauses und nun hatte die Rechte gewonnenes Spiel.

Sie blieb bei den Beschlüssen der Zweiten Kammer, stellte zwar einen neuen Vermittlungsantrag, aber sie entfernte sich nicht vom Zentrum, und dieses Zentrum konnte mit Rücksicht auf seine Arbeiter nicht daran denken, die Drittelungsanträge der Großindustrie zu akzeptieren. Die Reform war beseitigt.

Natürlich waren die Konservativen zu klug, sofort ihre Pläne zu enthüllen. Sie mußten doch den Nationalliberalen Zeit lassen, sich zu blamieren und zu kompromittieren. Und diese Gelegenheit ist recht gründlich benutzt worden. Die Nationalliberalen haben von allen den ungünstigsten Abgang. Zum mindesten ein Teil von ihnen war bereit, das Gesetz in der Fassung des Herrenhauses anzunehmen und auf die sog. Magdeburger Beschlüsse zu pfeifen. Sie waren töricht genug, dies zu verkünden, noch bevor sie wußten, ob denn die Konservativen mittun und so eine Mehrheit schaffen würden. Erst als sich dann im letzten Moment herausstellte, daß die keinen neuen

Block mit ihnen eingehen wollten, wurden sie rückgratfest und zeigten sich geneigt, die Ovationen gewisser fortschrittlicher Blätter huldvoll entgegen zu nehmen. Aber es war zu spät, und die gewundene Rede des Herrn Friedberg wird denen von ihnen, die noch Wert darauf legen, das liberale Renommee um so weniger retten, als sich selbst jetzt noch etwa zwanzig Mitglieder der Fraktion bereit fanden, bei der Abstimmung offen ihre Sympathie für die Schlotbarone zu bekunden.

Herr v. Heydebrand ist Sieger geblieben. Die Nationalliberalen und die Regierung Bethmann Hollwegs sind die Leidtragenden. Mit jenen werden die Wähler sich auseinandersetzen. Was aber wird das Schicksal des Philosophen sein? Wird der „Zwang zum Schaffen", unter den er sich am Beginn der Winterkampagne stellte, stärker sein als das Gefühl der Scham über die Niederlage, die er erlitten hat?

In Preußen ist mancherlei möglich: auch daß ein Minister im Amte bleibt, der in einer Frage von so gewaltiger Bedeutung so kläglich abgeschnitten hat. Aber das ist unmöglich, daß das Volk sich bei diesem Ausgang beruhigt. Wer es auch sein mag, der den ersten Platz in der Ministerreihe einnimmt, er wird sich nicht dem Glauben hingeben dürfen, daß die Wahlrechtsfrage nun fürs erste erledigt sei.

Es ist ein Zyklus, der den gemeinsamen Titel trägt „Wahlreform". Das erste Stück ist beendet. Es war eine Komödie. Aber schon werden die Kulissen für die Fortsetzung gestellt und die, denen man anfangs die Rolle der Statisten zugedacht hatte, sind dabei, Träger der Hauptrollen zu werden. Der Ton der Komödie wird mehr und mehr in den des großen historischen Dramas umschlagen, und wenn bei verändertem Schauplatz der Vorhang sich zum letztenmal senkt, wird das Volk Sieger sein.

Rud. Breitscheid.

Dänische Blockpolitik.

Bei den dänischen Neuwahlen standen zwei Parteikoalitionen einander gegenüber: einerseits die Radikalen und Sozialdemokraten, anderseits die drei Gruppen der gemäßigten Linken und die Rechte. Das Ergebnis der Wahlen ist gewesen, daß diese zwei Koalitionen in genau demselben Verhältnisse wie im aufgelösten Folkething zurückkehren werden; die erste mit 44 Mandaten (20 Radikale, 24 Sozialdemokraten), die andere mit 70. Daß dieses Resultat als ein großer Sieg der „konservativen Sammlung" proklamiert wird, bringt den besten Beweis dafür, wie sehr die Bedeutung der radikalen Partei durch die Uebernahme und halbjährige Führung der Regierung gesteigert worden ist.

Man muß sich vergegenwärtigen, wie die Sachen standen, als die radikale Partei am 28. Oktober vor. Jahres zur Macht gelangte, „wenn man dies Macht nennen darf", wie sich der Finanzminister Brandes kurz nachher scherzhaft ausdrückte. Damals hat kein Mitglied der weiter rechts stehenden Gruppen die Besorgnis gehegt, daß die Radikalen und Sozialisten daran denken könnten, in einer nahen Zukunft sich eine Mehrheit zu verschaffen. Ein zufälliger Streit zwischen der Rechten und dem damaligen Ministerpräsidenten Holstein-Ledreborg, durch die Ungeschicklichkeit eines Mitglieds der Rechten hervorgerufen, hatte eine temporäre Zersplitterung der Konservativen verursacht, und die ließ es geboten erscheinen, daß die Radikalen, von den Sozialisten unterstützt, als die größte Minoritätspartei die Bildung der Regierung auf sich nahmen.

Das Ministerium Zahle hat sich als erste Aufgabe gestellt, eine tadellose Administration zu führen, und selbst seine Gegner sind jetzt gezwungen, zuzugeben, daß ihm dies gelungen ist. Bei einer genauen Untersuchung der finanziellen Geschäftsführung der früheren Regierungen hat es sich herausgestellt, daß es bei der, wie überall, so auch in Dänemark schwierigen Finanzlage leichtsinnig sein würde, die Landesverteidigungsordnung, so, wie sie eben angenommen war, durchzuführen. Mit Zustimmung der konservativen Parteien hat das Folkething beschlossen, eine außerordentliche Bewilligung von 6 Mill. Kronen mindestens vorläufig zu streichen. Ueberzeugt davon daß diese Verteidigungsordnung überhaupt die finanziellen Kräfte Dänemarks übersteigen würde, und von jeher der Meinung, daß sie an sich selbst unzweckmäßig sei, hat dann das Ministerium sich entschlossen außerdem eine durchgreifende Aenderung der Verteidigungsgesetze zu versuchen. Die Rechte, die mit einem wunderlichen Starrsinn daran festhält, die Befestigung Kopenhagens zu Lande und zu Wasser als die einzig mögliche Form der Verteidigungsordnung Dänemarks anzusehen, hat dagegen gleich Einspruch erhoben, obwohl diese Partei dem Schleifen der Landbefestigung Kopenhagens seinerzeit selbst zugestimmt hatte.

Als es dann je länger je mehr klar wurde, daß die Gegner wohl die Mühe der Regierung, nicht aber die Macht einem radikalen Ministerium überlassen wollten; als die Gesetzesvorlagen des Ministeriums, besonders auch die dringend notwendige Neueinteilung der Wahlkreise verworfen wurden, schrieb die Regierung Neuwahlen aus. Und dann tat sie einen bedeutungsvollen Schritt: sie schloß ein offenes Wahlbündnis mit der Sozialdemokratie. Die Sozialdemokraten verpflichteten sich dabei, sowohl für eine vom radikalen Ministerium ausgehende Verteidigungsordnung, die die finanziellen Kräfte Dänemarks nicht übersteige und die den völkerrechtlichen Verpflichtungen entspreche, wie auch gegebenen Falls für ein Finanzgesetz des radikalen Ministeriums zu stimmen, und das ist ein Zeugnis dafür, wie weit die dänische Sozialdemokratie an politischer Einsicht und an Bewußtsein ihrer Verantwortlichkeit als politische Partei gelangt ist.

Das große gemeinsame Ziel beider Gruppen war und ist die Zurückführung der Verfassung zu den Prinzipien, die das erste Grundgesetz Dänemarks aus dem Jahre 1849 enthielt. Dazu gehört vor allem eine Umbildung des Landsthings (der ersten Kammer), so daß nicht wie jetzt die Forderunge des allgemeinen Wahlrechts an dem zähen Widerstand der im Landsthing verkörperten Privilegien scheitern müsse.

Eben diese Allianz hat die Gegner am meisten aufgeregt. Sie haben sich fest zusammengeschlossen, um der Koalition entgegenzutreten. Mit größter Selbstaufopferung hat die Rechte ihre Mandate und Stimmen der gemäßigten Linken zur Verfügung gestellt, und so schuf der sozialradikale Block gleichzeitig einen festen konservativ-liberalen Block, der nun alle die Schreckbilder an die Wand malte, mit denen die Reaktionäre aller Länder bei ähnlichen Gelegenheiten operieren. Der Sieg „der roten Allianz" sei nichts anderes als die Herstellung der sozialdemokratischen Zwangsherrschaft, er werde die Verschwendung der öffentlichen Mittel zum Besten der Besitzlosen und die Steigerung der Steuerlast der Vermögenden zur Folge haben. Die „Verteidigungsfreunde" aller Schattierungen wurden aufgefordert, alle sonstigen politischen Gegensätze zu vergessen, um nur zu verhindern, daß die radikale Regierung „das Land irgend einem Feinde als leichte Beute überlasse".

Am Vorabend der Wahlen hat endlich ein chauvinistisches Blatt ein Märchen erfunden, das darauf berechnet war, die Wählerschaft vollends einzuschüchtern: ein ausländisches Konsortium hätte versucht, ein Grundstück innerhalb der Befestigungslinie Kopenhagens für einen exorbitanten Preis zu erwerben, angeblich nur um eines Kalkbruchs willen, in der Tat aber — und dann hat das Blatt das trojanische Pferd wieder einmal heraufbeschworen. Dieser lächerliche Wahltrick ist allerdings zu plump gewesen. Nicht ein einziges Blatt hat ihn übernommen, und nicht fünf Wähler im ganzen Königreich haben daran geglaubt, am wenigsten natürlich die Verbreiter.

Am 20. Mai ist dann wirklich die „Gefahr" einer Fortsetzung des radikalen Regiments vorläufig abgewehrt worden. Die sozialradikale Allianz hatte auf einen bescheidenen Erfolg, einen Gewinn von 5 bis 8 Mandaten gehofft, sie hat sich getäuscht. Jedoch hat sie ihre Stellung behauptet; der Stimmenzahl nach kommt sie ihren Gegnern nahe, aber die Verteilung der Sitze entspricht wegen der ungerechten Wahlkreisordnung durchaus nicht der Verteilung der Stimmen. Für die rechts stehenden Gruppen haben 182000, für die Sozialradikalen 168000 gestimmt, sodaß das gerechte Verhältnis 60 gegen 54 Sitze gewesen wäre.

Die Wahlen haben eine sehr scharfe Scheidelinie zwischen Fortschritt und Stillstand gezogen. Die heftige Agitation gegen die sozialradikale Allianz hat einerseits die letzten Reserven des Konservatismus mit herangeholt, andererseits aber ist der Vorteil erzielt, daß die Wähler, die sich trotzdem für den Block der Linken erklärt haben, einen festen durchaus zuverlässigen Boden für einen weiteren gleichgültig, ob es sich bei den vermeintlichen Hindernissen um die strenge Parteidisziplin innerhalb eines festgefügten organisatorischen Rahmens oder um die formale Leitlinie des Parteiprogramms handelte. Dieses müsse «wie eine Marschroute sein, die die allgemeine Richtung zwar vorschreibt, die Benutzung der einzelnen Straßen und Wege aber von den Umständen abhängig macht, die vorherrschen, wenn wir an dem betreffenden Kreuzungspunkte angelangt sind. Ein Programm soll ein Führer sein, ein Berater. Aber nicht ein Fetisch, vor dem wir anbetend auf den Knien liegen.»[63]

Im Zusammenhang damit steht seine damalige, anarchisch anmutende Geringschätzung der parlamentarischen Arbeit: «Mandate, wenn wir sie bekommen können, sind eine außerordentlich schöne und annehmbare Sache; aber sie sind für uns niemals [...] Selbstzweck. Hauptzweck ist immer und immer wieder der Aufrüttelung, Aufwiegelung, Aufpeitschung dieses Volkes, dass es einsieht, wo seine wahren Interessen liegen, und das den Willen hat, seine Sache in die eigene Hand zu nehmen.»[64]

Als er diese Absage an die herkömmliche Form der Austragung politischer Kämpfe unter dem anhaltend stürmischen Beifall der Delegierten auf dem dritten Parteitag in den Saal schleuderte, stand bereits der Reichstagswahlkampf bevor, in dem er als Führer der Demokratischen Vereinigung noch eine Rolle spielen sollte und die ihn zwang, seine Einstellung zur politischen Strategie der Partei abermals dem Gebot der Stunde anzupassen.

Friede und Freihandel

Zuvor rückten allerdings noch einmal außenpolitische Probleme in den Blick, und bestimmten nun auch seine Auseinandersetzung mit dem innenpolitischen Gegner. Zur Gefahr eines deutsch-englischen Krieges äußerte er sich im Dezember 1911 nach dem glimpflichen Ausgang der Agadir-Krise, in der die Nervosität auf beiden Seiten einen neuen Höhepunkt erreicht hatte. Die Bedrohlichkeit der internationalen Verwicklungen wirkte auf Breitscheid so tiefgreifend, dass er auf außenpolitische Einzelheiten verzichtete und Bürgertum wie Arbeiterschaft zur Besonnenheit um des Weltfriedens willen anhielt. Damit reduzierte er die Grundkonzeption seiner Partei auf die einfachste und eingängigste Formel.

63 Breitscheid, «Programm und Beispiel», in: *Blaubuch* Nr. 15 vom 8. April 1910, S. 347.

64 Der dritte Parteitag der Demokratischen Vereinigung zu Gotha, S. 75 f.,

Als mit dem Ende des Bülow-Blocks im Sommer 1909 der umstrittenste Gegenstand der freisinnigen Kompromisspolitik obsolet geworden war, lehnte Breitscheid eine Wiederannäherung an den bürgerlichen Liberalismus weiterhin kategorisch ab. Für ihn war nur der Anlass, nicht aber den Grund für die im Jahr zuvor vollzogene Spaltung entfallen. Dem Gedanken eines Zusammenrückens aller Liberalen einschließlich der Nationalliberalen zu einer «deutschen Linken» hielt er entgegen: «Eine aktionsfähige deutsche Linke ist nur aus Parteien zu bilden, die vor keiner Konsequenz der Demokratie zurückschrecken.»[65] Dazu gehörte im Sinne einer sozialen Demokratie das liberale Prinzip des Freihandels, das der zeitgenössische Liberalismus sträflich vernachlässigte. Mit der Idee der internationalen Handelsfreiheit verknüpfte er folgerichtig die ganze Skala sozialer und demokratischer Programmpunkte, die er bereits früher – wenngleich weniger zugespitzt als jetzt – seiner politischen Arbeit zugrunde gelegt hatte, wobei er die Formel «Friede und Freihandel» ihres kapitalistischen Hintersinns entkleidete und dem modernen Stand der sozialen Wirklichkeit anglich: «Wer aber heute den Liberalismus nicht als eine Waffe im Klassenkampf der Bourgeoisie betrachtet, muss auch heute am Freihandel unbedingt festhalten. Der schutzzöllnerischen Idee Konzessionen machen, heißt die Privilegierung der Rente auf Kosten der Arbeit vertreten, heißt die wirtschaftlichen Persönlichkeitsrechte beeinträchtigen, heißt der Idee der staatsbürgerlichen Rechtsgleichheit ein wichtiges Fundament entziehen [...]. Wenn man bei den Wirtschaftsfragen mit der ‹Toleranz› beginnt, gibt's bei den anderen kein Aufhören. Was ist dann schließlich noch liberal?»[66]

An die Stelle des klassisch-liberalen, mittlerweile nur dem Industriebürgertum zugutekommenden Individualismus setzte er den Gedanken eines sozial-ethisch geprägten Persönlichkeitsrechts. Von daher verstand er die Demokratische Vereinigung als eine «Bewegung, die die liberale Idee in der alten Reinheit repräsentieren und dem liberalen Programm die Forderungen hinzufügen sollte, die sich aus der Entwicklung ergeben hatten. Hier konnten die Konsequenzen des ethischen Individualismus gezogen werden. Hier lautete die Parole: Demokratie, und aus dieser Grundformel ergab sich das andere: Parlamentarismus, freies Wahlrecht in Staat und Kommune. Gleichberechtigung der Geschlechter, Trennung von Staat und Kirche, Freihandel und eine Sozialreform, die auch die letzten Konsequenzen nicht scheut, wenn es die Eroberung und die Wahrung der Persönlichkeitsrechte gilt.»

Damit stellte er den sozialen und rechtlichen Schutz der Persönlichkeit im innenpolitischen Bereich auf eine erneuerte weltanschauliche Grundlage. Diese

65 Breitscheid, «Liberaler Revisionismus», in: *Blaubuch* Nr. 29 vom 15. Juli 1909, S. 679f.

66 Ebd., S. 682.

Sichtweise bestimmte auch seine Einstellung zu den Fragen der Außenpolitik. Nicht allein die nationalen Interessen sollten die internationalen Beziehungen dominieren. Vielmehr wollte er dieses Politikfeld nach den Prinzipien eines liberalen humanitären Internationalismus geordnet sehen. Die Krisen des emotionsbelasteten deutsch-englischen Verhältnisses der letzten Vorkriegsjahre weckten seine durchaus offen bekundete Parteinahme gegen die bevorzugten Ziele deutscher Weltmacht- und Flottenpropaganda jenseits des Kanals. Sein Einfühlungsvermögen in die Deutschlandängste der englischen öffentlichen Meinung setzte ihn schließlich dem Verdacht aus, seine Partei werde mit englischem Geld unterstützt.

Indessen war seine Haltung nicht nur eine Reaktion auf den deutschen Imperialismus, wie er in den Ereignissen im Zusammenhang mit der Agadir-Krise zutage trat, vielmehr entsprang die Grundidee seiner außenpolitischen Parteinahme dem Prinzip des Freihandels. Dieser formte seine Vorstellung eines politisch und kulturell verstandenen Internationalismus, «der alle die Beziehungen fördert und pflegt, die die gesamte Kulturmenschheit miteinander verbinden, der darauf hinarbeitet, dass sich das eigene Volk als Glied einer großen Gemeinschaft fühlt, dass das humanitäre Prinzip […] endgültig an die Stelle der sogenannten nationalen Vorurteile und der angeblich natürlichen Gegensätze tritt.»[67]

Da er zwischen Protektionismus, Nationalismus und Krieg einen unmittelbaren Zusammenhang sah, richtete er seine schriftstellerische Arbeit darauf ein, das Zusammenwirken dieser Faktoren herauszuarbeiten. Die Scheu, die er vor allem Nationalen in der Politik empfand, ging so weit, dass er seine zum 1. Januar 1910 gegründete Wochenzeitung nicht «Das freie Deutschland» nennen wollte, wie es ihm sein Freund Friedrich Stampfer von der SPD vorgeschlagen hatte. Um jeglichen Anschein nationalistischer Assoziationen zu vermeiden, gab er sie nun unter dem Titel *Das freie Volk* heraus.

Wenn er sich dann in zahlreichen Artikeln vornehmlich mit den inneren Verhältnissen der parlamentarisch verfassten Staaten West- und Nordeuropas beschäftigte, so spielte dabei die Absicht eine wichtige Rolle, dem deutschen Publikum die demokratischen Vorbilder näherzubringen und nachahmenswert zu machen. Fahrten nach England und in die skandinavischen Länder, seine Teilnahme an internationalen Kongressen und das erfolgreiche Knüpfen persönlicher Kontakte zu Politikern und Privatleuten dieser Staaten zeigen seine Bereitschaft, gangbare Wege der internationalen kulturellen und politischen Verständigung aufzuzeigen. In Dänemark und Schweden – Länder, die er gern bereiste – machte er sich Freunde und Bekannte.

67 Breitscheid, «Ein verderblicher Aberglaube», In: *Blaubuch* Nr. 32 vom 6. Aug. 1908, S. 943.

Hjalmar Branting, den schwedischen Sozialistenführer, lernte er während des Generalstreiks im Jahre 1909 in Stockholm kennen. Er versuchte, ihn ein Jahr später zur Mitarbeit an seiner Wochenzeitung zu gewinnen. Nicht überall wurden seine Anstrengungen so deutlich honoriert wie in England, wo er die Ehrenmitgliedschaft des Cobden-Clubs, benannt nach dem britischen Vorkämpfer des Freihandels, erhielt. Internationale Beziehungen sollten sich nicht im engen politischen Bereich erschöpfen. Breitscheid bevorzugte einen weiter gefassten Begriff und sprach lieber von «kulturellem Internationalismus». Kultur als wertbestimmende universelle Kraft verdrängte in seinem politischen Denken mehr und mehr die Aspekte nationalstaatlicher Interessenpolitik. Deshalb lehnte er auch den Gedanken eines Bündnisses mit Russland für das Reich ab. Der starke autokratische Nachbar taugte nicht als Partner im Wettbewerb mit dem «Kulturland» England.

Die Idee obligatorischer Schiedsgerichte zur Regelung zwischenstaatlicher Streitigkeiten, wie sie seit den Haager Konferenzen wieder diskutiert wurde, verband er mit dem Glauben an eine friedensfördernde Wirkung durch Demokratisierung im Inneren. Ein «wahrhaft demokratischer Staat» biete «eine bessere Gewähr für die Respektierung von Abmachungen und damit für den Frieden als ein Reich, in dem die Diplomatie dem Volke nicht verantwortlich ist». Weder von den persönlichen Absprachen monarchischer Staatsoberhäupter noch von den sorgsam geheim gehaltenen Winkelzügen einer Kaste adliger Diplomaten sollte der Friede abhängen. Den glaubte er erst gesichert durch die Kontrolle eines parlamentarischen Mitspracherechtes und ministerieller Verantwortlichkeit.

Wie sehr er seine Aufgabe als eine internationale verstand, geht aus der Kritik hervor, die er an der englischen Außenpolitik übte. Deutsche und englische Flottenrüstung und -propaganda gefährdeten seiner Meinung nach gleichermaßen den Frieden. Weder der Reichstag noch das englische Unterhaus besaßen auf den internationalen Gang der Dinge den entscheidenden Einfluss, den er für Parlament und öffentliche Meinung forderte, um ein zweites «Agadir» zu verhindern.

Dasselbe ungebrochene Vertrauen in die Vernunft parlamentarisch demokratischer Vertretungen, das schon seinen Glauben an den glücklichen Ausgang der bosnischen Annexionskrise des Jahres 1909 geprägt hatte, ließ ihn an ein gutes Ende des Konflikts glauben, da «der Wille des Volkes allenthalben an Kraft gewonnen hat und ein Faktor geworden ist, den die Kabinette in Rechnung zu setzen gezwungen sind.»[68] Beistandsbündnisse im herkömmlichen Sinn verwarf

68 Breitscheid, «Vor fünfzig Jahren und heute», in; *Blaubuch* Nr. 3 vom 14. Jan. 1909, S. 58.

er gegenüber der nachhaltigen Wirkung einer generellen Verständigung: «Nein, kein Bündnis, sondern freundschaftliches Einvernehmen mit England wie mit jeder andern Macht muss das Ziel sein.»[69]

Ende eines Experiments

Die Konzentration des Wahlkampfes 1911/12 auf innenpolitische Fragen veranlasste die Demokratische Vereinigung, außenpolitische Probleme zumindest agitatorisch in der breiten Öffentlichkeit zurückzustellen. In seinen namentlich gezeichneten Publikationen behielt Breitscheid die internationale Lage allerdings weiterhin kritisch im Auge.

Auf nennenswerte Erfolge bei den Wählern durfte die Partei kaum hoffen. Zwar hatten sich über Berlin hinaus im Rheinland und in Anhalt weitere organisatorische Inseln gebildet. Aber die rund 10.000 Mitglieder, die sie im Sommer 1911 zählte, waren auf zu viele einzelne Landschaften und Städte verteilt, als dass sie bei der Wahl ein entscheidendes Gewicht für den jeweiligen Kandidaten hätten bilden können. Breitscheid, der außerdem die Stimmung im Volk für die parlamentarische Demokratie nach dem Entrüstungssturm von 1908/9 über das «persönliche Regiment» wieder fallen sah, war infolgedessen weniger von Siegeszuversicht als von dem Bewusstsein erfüllt, lediglich das 1908 begonnene Experiment zu Ende zu führen.

Seine allzu offen ausgesprochene Skepsis verstärkte nur die Gerüchte, wonach sein Übertritt zur Sozialdemokratie bevorstand. Auf das Gros der Anhänger übten sie eine kaum mehr zu mildernde demoralisierende Wirkung aus. Dazu kamen die finanziellen Schwierigkeiten, die die Intensität der propagandistischen Arbeit lähmten. Nur im Rheinland verfügte sie von Ende Oktober bis Dezember 1911 mit der von Breitscheid herausgegebene und mit dem *Freien Volk* in den wesentlichen Beiträgen übereinstimmenden *Rheinischen Rundschau* über ein Presseorgan, das im engeren Sinne Parteizeitung war. Darüber hinaus stützte sie sich auf die wohlwollende Berichterstattung einiger sympathisierender Blätter.

Schwerwiegender trat der Mangel an populären Kandidaten in Erscheinung, die bei dem bestehenden Persönlichkeitswahlrecht die organisatorischen und strukturellen Schwächen der Partei vielleicht hätten mildern können. Dieser Umstand machte Breitscheid, der stillschweigend seinen Abgang aus der Partei vorbereitete, zur zentralen und am stärksten geforderten Person im letzten Akt

69 Breitscheid, «Der springende Punkt», in: *Blaubuch* Nr. 8 vom 18. Febr. 1909, S. 178.

der Tragödie, die sich an der Demokratischen Vereinigung vollzog. Er kandidierte nicht nur im September 1911 bei der Reichstagsersatzwahl in Düsseldorf. Ebenso vertrat er bei der Hauptwahl im Januar drei Kreise in verschiedenen deutschen Landschaften. Das brachte erhebliche Verwirrung in die Partei und trug schließlich dazu bei, dass die Wahlen sowohl für die Partei als auch für das den Parteiführer selbst mit einem Fiasko endeten.

Indessen hatte die Demokratische Vereinigung nicht nur mit äußeren Schwierigkeiten zu kämpfen. Siegen konnte sie nicht, und so erhob sie die Schädigung des Gegners zur Parole. Bereits lange vor dem Beginn des Wahlkampfes hatte Breitscheid die Partei auf ein grundsätzlich positives Stichwahlverhalten gegenüber der Arbeiterpartei verpflichtet und machte deren Sache zu seiner eigenen, anstatt sich mit dem Freisinn, jetzt unter dem Namen der Fortschrittlichen Volkspartei, zu verbinden. Die taktischen Nachteile, die sich daraus für die Arbeit in den Wahlkreisen ergaben, lagen auf der Hand: Indem er der Sozialdemokratie von vorneherein offen die uneingeschränkte Schützenhilfe zusicherte, entzog er seiner eigenen Partei die Berechtigung einer eigenständigen politische Kraft. Seinen Wählern hatte er zuvor verkündet, «dass ich im Falle einer Stichwahl[...] nicht nur die Parole für den Sozialdemokraten ausgebe, sondern an der Seite meiner Freunde mit aller Energie für seine Wahl agitieren werde.»[70]

Auf Stimmen aus der Arbeiterschaft war so nicht zu rechnen. Die sahen nunmehr keinen Anlass, ihr Votum auf dem Umweg über die Demokraten an «ihre» Partei gelangen zu lassen. Sie wählten lieber gleich das sozialistische Original. Andererseits wurde es bürgerlichen Wählern umso schwerer gemacht, eine Partei zu wählen, die ihre Ernte ohnehin in die Scheuern der Arbeiterpartei einbringen würde. Solchen, damals wohl nur im engsten Kreise der Partei ausgesprochenen Einwänden gegenüber, beharrte Breitscheid auf dem Gesetz, nach dem die Vereinigung 1908 angetreten war. Den Wahlkampf betrachtete er danach als Gelegenheit, «ein offenes unumwundenes Bekenntnis zu den radikalsten demokratischen Grundsätzen abzulegen».

Nun zeigte sich, dass er eigentlich nur noch nach dem letzten Glied einer langen Beweiskette suchte, aus der die Unmöglichkeit einer bürgerlich-demokratischen Bewegung in Deutschland zu folgern war. Unter diesem persönlichen Aspekt betrieb er seinen Wahlkampf. Schon zum Start vor vier Jahren hatte er die Grenze erkannt und schonungslos aufgezeigt: «Bleiben die Experimente erfolglos, muss der Tatsache offen ins Gesicht gesehen werden, dass, abgesehen von ein paar Einzelgängern, demokratische Gedanken nur in der Sozialdemokratie eine Vertretung finden.»

70 Breitscheid, «Die Demokraten in Düsseldorf», in: *Das freie Volk*, Nr. 25 vom 22. Juli 1911.

Da also der eigenen Partei der Erfolg mit ziemlicher Sicherheit versagt bleiben würde, sollte ihr wenigstens die taktische Aufgabe zukommen, einen Teil derjenigen Kräfte zu binden, die sonst die gegnerischen Parteien bekommen hätten, in erster Linie also Freisinn und Nationalliberale sowie das katholische Zentrum. Auf der Suche nach verkümmerten Beständen oder schwachen Ansätzen demokratischen Gedankenguts im liberalen Bürgertum versuchte er, durch Aufstellung radikal-demokratischer Kandidaten die liberalen Parteien von allzu leichtfertig geschlossenen Wahlbündnissen mit der Rechten abzuhalten. Kandidaten der demokratischen Vereinigung sollten demnach jenen Wählern einen Ausweg bieten, denen sowohl die Stichwahlparolen ihrer eigenen Partei nach rechts und zur Mitte hin als auch die Wahl der Sozialdemokratie Schwierigkeiten bereiten würden. Als dann die Fortschrittliche Volkspartei immerhin die Stichwahlparole gegen den «schwarz-blauen Block» ausgab, sah er darin den Erfolg des jahrelangen moralischen Drucks, den seine Partei auf den Liberalismus ausgeübt hatte.

Die Hoffnung auf die Erneuerung des Geistes von 1848, dessen Tradition die Demokratische Vereinigung erfüllte, musste er aber, je länger der Wahlkampf dauerte, begraben. Weniger ein Wiederaufleben demokratischer Gesinnung machte nun Wahlbündnisse unter den Parteien der Linken möglich, an deren Zustandekommen noch vor Jahren niemand geglaubt hatte. Vielmehr war es die von Breitscheid selbst erkannte «Konzentration der politischen Betriebe». In diesem Prozess geriet die kleine Gruppe der Demokratischen Vereinigung zwischen die Mahlsteine der sich formierenden großen Parteiblöcke. Bei der Wahl blieb sie unbeachtet im politischen Niemandsland stecken, und selbst die Sozialdemokratie, zu der sie sich um ein geradezu freundschaftliches Verhältnis bemühte, honorierte die Arbeit der Splittergruppe kaum. Sie betrachtete sie als lästiges Anhängsel ohne eigene Existenzberechtigung.

Während Breitscheid die Annäherung zwischen Liberalismus und Sozialdemokratie im Wahlkampf als den eigentlichen Fortschritt herausstellte und die Anhänger über den zahlenmäßigen Misserfolg mit dem Hinweis darauf tröstete, dass nicht die Stärkung der Organisation, «sondern die Erreichung bestimmter politischer Ziele» der Hauptzweck sei, stand seine Absicht, die Partei endgültig zu verlassen, bereits fest. Die allgemeine Verwirrung in der Führungsspitze, die das Fiasko vom 12. Januar dort angerichtet hatte, störte ihn nicht mehr. Vertraulich in der äußeren Form enthüllte er die Motive seines Handelns in einem Brief an einen Freund, wo er von der geringen Enttäuschung sprach, die ihm das Gesamtergebnis bereitet habe.[71]

71 Brief wahrscheinlich an Siegfried Nestriepke, vom 15. Jan. 1912, IISG, Breitscheid I.

Im Gegensatz zu von Gerlach, der «noch vorläufig versuchen wollte, den Karren weiter zu ziehen», war Breitscheid entschlossen, «den Dingen ins Gesicht zu sehen, denn eine Niederlage, aus der man lernt, ist beinahe ebenso viel wert wie ein Sieg.» Gequält moralisierend, leitete er so seinen Rückzug ein. Noch vor dem Ausgang der Stichwahlen überließ er von Gerlach das Feld, unter dem sich die Partei – ein Schattendasein fristend – bis zum Weltkrieg weiterschleppte.

Private finanzielle Sorgen beschleunigten seinen Übertritt zur Sozialdemokratie. Das Schicksal seiner Gefährten kümmerte ihn, der sich trotz der Niederlage des eigenen Wertes voll bewusst war, kaum: «[...] die Leute mögen fortwursteln, mögen mich auch, wie sie schon anfangen, als Sündenbock hinstellen usw. [...] Was die Masse tut oder lässt, ist von verhältnismäßig untergeordneter Bedeutung, Masse hat man drüben genug, und es kommt mehr auf Qualität an.»[72] Die besaß er allerdings – als Agitator, als Redner und als unermüdlicher Arbeiter für die Sache, von der er überzeugt war, und es scheint, dass die Arbeiterpartei dem bürgerlichen Politiker und Journalisten zunächst keine Schwierigkeiten in den Weg legte, als er ihr Parteibuch erwarb.

Im Überblick: Der Demokrat

Rudolf Breitscheids Weg in die Politik begann bei den «Liberalen». Dabei mögen seine Herkunft aus dem kleinbürgerlichen Milieu und das Studium der Ökonomie eine Rolle gespielt haben, auf jeden Fall aber die Anziehungskraft starker Persönlichkeiten, die damals dem Liberalismus linker wie rechter Prägung ein unverkennbares Profil verliehen. Hier sind an allererster Stelle Friedrich Naumann und Theodor Barth, Leitfiguren des «Freisinns», zu nennen.

Beide waren für Breitscheid, der erst am Anfang eines langen Entwicklungsprozesses seiner Persönlichkeit und seines politischen Profils stand, Lehrer und Vorbilder. Intelligent, impulsiv und ehrgeizig nahm er die Herausforderungen an, die er im Rahmen der unterschiedlichen Gruppierungen und Aufgabenfelder auf dem linken Flügel an sich zog. Die Dynamik, die damals die Orientierungen und Umorientierungen, die Fusionen und Sezessionen innerhalb der liberalen Strömungen freigesetzt hat, geht nicht zuletzt auf Breitscheids Konto, der sich bald den Ruf erwarb, mühelos jede politische Formation, der er angehörte, zur Spaltung zu treiben. Dass er bei allen Austritten, Wechseln und Neugründungen, die er teils mitvollzogen, teils selbst provoziert hat, überzeugt war,

72 Ebd.

er allein sei der Geradlinige, die anderen aber die Abweichler und Gesinnungsbrüchigen, ist ein Merkmal Breitscheids geblieben, das wie ein roter Faden sein politisches Leben durchzog.

Auf dem Höhepunkt und zugleich Ende seiner Karriere im liberalen Parteienspektrum des Kaiserreichs war Breitscheid Vorsitzender der von Ihm, Barth und von Gerlach gegründeten Demokratischen Vereinigung. Gewiss war er nicht der ideale Mann an der Spitze der kleinen Splitterpartei. Aber dass er nur bedingt in der Lage war, die Mitglieder mitzureißen und eine potenzielle Wählerschaft zu gewinnen, wirft die Frage auf, wie es kam, dass er, eigentlich Intellektueller und Journalist, diese Position nicht nur anstrebte, sondern sie auch erobern und bis zum Ende behaupten konnte.

Gleich zu Beginn seiner Mitarbeit in der «Freisinnigen Vereinigung» im Jahr 1903 entwickelte Breitscheid eine starke persönliche Bindung an Friedrich Naumann. Seine späteren heftigen Ausfälle gegen Naumann, den er nach der Entzweiung von 1908 bis zu dessen Tod immer wieder scharf attackierte, stehen nur in scheinbarem Widerspruch zu der Verehrung, die er zuvor dem Meister seiner politischen Lehrjahre entgegengebracht hatte. Er war ehrlich genug, sich die emotionale Seite seiner gewandelten Haltung einzugestehen, als er schrieb: «Die Abneigung, die aus einer getäuschten Liebe entsteht, ist die stärkste. So stark, dass man sie davor bewahren muss, in Hass auszuarten. Und Naumann ist vielen solch eine Liebe gewesen und solch eine Enttäuschung geworden.»[73]

Bald wandte Breitscheid sich von den mehr und mehr imperialistisch gefärbten Positionen Naumanns ab und schloss sich dem «sozialistischer» denkenden Theodor Barth an. Die Gründe für die Radikalität seines Umschwungs von Naumann zu Barth waren zunehmende inhaltliche Differenzen. Vor allem lagen sie aber in der Wesensverschiedenheit der beiden Männer.

Breitscheids mangelnde Bereitschaft zum Kompromiss zeigte sich in aller Schärfe, als der Freisinn in der Auseinandersetzung um das Koalitionsbündnis sich vor die Frage des inneren Zusammenhalts gestellt sah. Barth wie Breitscheid riskierten und vollzogen dann schließlich den Bruch. Geradlinigkeit und Stringenz ihres politischen Denkens, dem ein geschlossener Kanon politischer Normen zugrunde lag, ging beiden über die praktischen Erfordernisse parteipolitischer Pragmatik.

Nicht nur nach außen, gegenüber dem parteipolitischen Gegner verhielt Breitscheid sich schonungslos. Auch die Abweichler von der streng gehüteten Lehre des sozialen und demokratischen Liberalismus bekamen seine puritanische Strenge zu spüren. Seine Neigung, Politik als Bekenntnis zu verstehen,

73 Breitscheid, «Ein Bankerott», in: *Das freie Volk* Nr. 23 vom 10. Juni 1911.

seine von anderen gelegentlich als unbehaglich empfundene Bewusstheit und Selbstdisziplin trugen ihm später – auch aufgrund seines Auftretens und bis in die Perfektion seiner englisch gestylten Garderobe – den Spitznamen des «Lord Breitscheid» ein.

Naumann, von dem er sich immer mehr entfremdet hatte, stellte nach dem Abgang der Barthianer die rhetorische Frage, ob man Politik treibe, um «eine Weltanschauung zu verbreiten oder um Fortschritte zu erzielen». Seine Antwort: «Beides ist nicht völlig voneinander zu trennen, aber immer dann, wenn es sich zeitweilig zu trennen scheint, wird sich Breitscheid als Missionar seiner Weltanschauung fühlen und sich selbst nicht scheuen, ein Märtyrer derselben zu werden.»[74]

Im selben Maße wie solche Eigenschaften den Graben zu Naumann vertieften, zog Barth ihn an, zu dem von Anfang an starke Bande geistiger Verwandtschaft bestanden. Die Gedenkrede, die er für den Toten im Juni 1909 vor den Mitgliedern der Demokratischen Vereinigung hielt, war zunächst nicht zur Veröffentlichung bestimmt. Gerade deshalb konnte er hier ungehindert und ohne seine Gefühle zu verbergen, Barth und dessen Politik würdigen. Vorbehaltlos und mitfühlend, wie es nur Seelenverwandtschaft vermag, würdigte er die privaten und politischen Charaktereigenschaften des verstorbenen Meisters und enthüllte in seltener Offenheit auch die psychischen Wurzeln seiner eigenen politischen Vorstellungswelt.[75]

Bewunderung für das «Leben eines Streiters» ist in seiner «Totenrede» das vorherrschende Motiv. Als «Testamentsvollstrecker» Barths spricht der 34-jährige Breitscheid von Kampf, Streit und Gefechten, von Bedrohung und Bewährung als den Grundelementen der Politik. «Politik treiben heißt, sich ein großes Ziel stecken und alles tun, kein Opfer scheuen und sein ganzes Selbst, sein ganzes Ich dran setzen, dies Ziel zu erreichen.» Nicht der Erfolg, die Bewegung selber, der Kampf, sind der karge Lohn des Politikers, den Breitscheid sich zum Vorbild nimmt. Optimismus und das Bewusstsein, für eine große Sache zu arbeiten, überdecken die Einsicht, dass diese Methode ungeeignet ist, schnelle und greifbare Ergebnisse herbeizuführen.

Er selbst war an solchen «raschen Ergebnissen» gar nicht interessiert, wie er behauptete. Wichtig war ihm die Treue zu den politischen Zielen, die er sich gesetzt hatte. Breitscheid sah durchaus die Schar der Anhänger, die nach den Früchten der politischen Arbeit lechzten. Doch die hingen sehr hoch, und der

74 Friedrich Naumann, «Barth, von Gerlach, Breitscheid», a.a.O., S. 297.

75 Breitscheid, «Theodor Barth. Ein politischer Charakter», in: *Blaubuch* Nr. 25 vom 17. Juni 1909, S. 4ff.

Parteiführer musste versuchen, die Mitstreiter über lange Durststrecken mit fortzureißen. Nur dem gebühre die ‹Bürgerkrone›, «der im Kampfe für seine Ideen auch dann nicht ermattet, wenn er nach menschlichem Ermessen keine Aussicht hat, die Früchte seiner Mühe reifen zu sehen.»[76] Auf der Grundlage dieser Überzeugung mutete er seinen Anhängern zu, den Führern auf dem Höhenpfad der politischen Ethik längere Zeit ohne greifbare Belohnung zu folgen.

Aufhorchen lassen auch seine Bemerkungen zur Bedeutung von Mehrheiten und Minderheiten bei der innerparteilichen Willensbildung. Hier reklamiert er – fast möchte man sagen: beiseitegesprochen – für sich selbst, was er von Barth sagt: «Die Pflicht, Parteidisziplin unter allen Umständen zu halten, erkannte Barth nicht an. Die Partei war ihm, dem Starken, der aus sich selbst heraus etwas war, niemals Selbstzweck. War sie ihm nicht mehr das, was er von ihr erwartete, so schied er von ihr.»[77] In den Niederungen des Politikbetriebs mochten gewisse Regeln gelten, für Breitscheid waren sie außer Kraft gesetzt, wenn es um die überzeitlichen Ideale, um Demokratie und Freiheit der Persönlichkeit ging.

Gleichwohl war Breitscheid als Parteiführer unumstritten, weil er als Wahrer des Barthschen Vermächtnisses galt, des sozialen und demokratischen Umbaus des deutschen Kaiserreichs. Über die entscheidende parlamentarische Hürde des Jahres 1912 konnte er damit die Demokratische Vereinigung nicht bringen. Der Kapitän ging, als die Niederlage sich abzeichnete, als einer der Ersten von Bord und suchte Rettung in der Sozialdemokratie.

Sein Eintritt in die SPD war ein Parteibuchwechsel, nicht eine Änderung der Gesinnung. Die Einsicht, «dass außerhalb des Sozialismus demokratische Ideen dauernd und konsequent nicht mehr vertreten werden können»[78] war mit seiner Überzeugung, dass die Sozialdemokratie im Grunde nichts anderes als «radikalliberale Politik» treiben könne, eine folgenreiche Verbindung eingegangen.

76 Ebd., S. 5.
77 Ebd., S. 15.
78 Brief an Hjalmar Branting vom 30. Mai 1912, Ara, Nachlass H. Branting.

Der Sozialist (1912–1922)

Anfänge in der sozialdemokratischen Partei

An den inneren Auseinandersetzungen der liberalen Parteien, die er seit 1903 durchlief, hatte Breitscheid seinen unbestreitbaren Anteil. Konflikte hat er nicht gescheut. Im Gegenteil, er half sie vorantreiben und wurde selber von den Entwicklungen mitgerissen, die meist mit Auflösung, Spaltung oder Sezession endeten. Das Jahr seines Wechsels bildete in dieser Hinsicht keineswegs den Schlusspunkt. Bald sah er sich wieder einmal in der für seinen unruhigen politischen Werdegang typischen Position – im Aufruhr gegen die Mehrheit.

Im Oktober 1914, zweieinhalb Jahre nach seinem Übertritt in die SPD, war er mit dem vernichtenden Urteil der Parteispitze konfrontiert, die seinen geräuschvollen Aufstieg mit Argwohn beobachtete. Anlass zu seiner Maßregelung war ein auf ihn verweisender Artikel im englischen *Daily Citizen* über die Hintergründe für die Bewilligung der Kriegskredite durch die sozialdemokratische Reichstagsfraktion. Darin wurde behauptet, die Partei habe sich ihre Zustimmung am 4. August von der Regierung abkaufen lassen, mit dem Versprechen, der sozialistischen Presse während des Krieges jegliche Freiheiten zu gewähren.

Friedrich Ebert fasste die Empörung in der Partei auf einer Sitzung des Parteiausschusses so zusammen: «Breitscheid, der noch bei den letzten Reichstagswahlen als bürgerlicher Gegenkandidat unsere Partei und ihre Grundsätze verhöhnte, war am wenigsten berufen, sich im Auslande als Parteischulmeister aufzuspielen.»[1] Der Zorn altgedienter, im Parteizentrum stehender Funktionäre gegen den Emporkömmling, fiel umso schärfer aus, als es Breitscheid, der damals noch in keinem der entscheidenden Parteigremien saß, schwerfallen musste, stichhaltige Beweise für seine Behauptungen beizubringen. Der Unmut

1 Protokoll der Sitzung des Parteiausschusses vom 12. und 13. Jan. 1915, S. 40.

richtete sich sowohl gegen den ehemaligen Bürgerlichen, den manche Parteiblätter schon 1912 mit Misstrauen empfangen hatten, wie gegen den mittlerweile ins linke Zentrum gerückten Parteigenossen, der mit seinem Protest gegen die Kriegskreditbewilligung dem Prinzip des radikalen Internationalismus huldigte.

Die Antwort entsprach ganz dem latenten Ressentiment innerhalb der Arbeiterpartei gegen die aus dem bürgerlichen Milieu stammenden Intellektuellen, die «Doktoren, Advokaten und Literaten» in den eigenen Reihen. Im Zeichen des Burgfriedens, der auch die innerparteiliche Demokratie einschränkte, konnte sich Ebert, ohne mit einer entsprechenden Erwiderung Breitscheids rechnen zu müssen, zum Sprecher derjenigen machen, die Breitscheid seine «bürgerliche» Vergangenheit ankreideten. Eberts Verdikt konnte als ein Symptom für die Schärfe gelten, mit der die Mehrheit in der Parteiführung ihren vaterländischen Kurs durchzusetzen versuchte, wobei, wie im Falle Breitscheids, persönliche Verunglimpfungen nicht immer ausblieben.

Dabei war dessen Weg in der SPD anfangs ruhig verlaufen. Seine Stelle beim Handelsvertragsverein hatte er schon zu Beginn des Jahres 1910 verloren, da sein sozialpolitischer Kurs sowohl bei den Unternehmern als auch bei den freisinnigen Reichstagsabgeordneten, die im Verein eine maßgebliche Rolle spielten, immer mehr auf Ablehnung gestoßen war. Mit dem Ausscheiden aus der Demokratischen Vereinigung konnte er auch nicht mehr Herausgeber des *Freien Volks* bleiben. In dieser ungünstigen finanziellen Situation bot ihm der gleichaltrige Friedrich Stampfer,[2] damals einer seiner wenigen persönlichen Freunde, die führende Mitarbeit an seiner Pressekorrespondenz an, die den größten Teil der Parteizeitungen versorgte.

Die Möglichkeit, nur als Unsichtbarer die Parteimeinung mitzuformen, scheint ihn allerdings nicht sonderlich gereizt zu haben. Sein polemisches Temperament drängte in den Vordergrund der politischen Auseinandersetzungen, wo ihm das Echo unmittelbar entgegenschlug. Dabei zeigte sich auch sein persönlicher Mut, wenn «seine hohe Gestalt den Zügen der Manifestanten», die in Berlins Straßen gegen das preußische Dreiklassenwahlrecht demonstrierten, voranschritt.

Schon vor 1912 hatte er Kontakte zu Sozialisten aller Richtungen geknüpft. Für einen Mann seiner Beweglichkeit ergaben sich in der dichten politischen Atmosphäre Berlins viele Gelegenheiten. Im Café Josty am Potsdamer Platz gehörte er zum politischen Stammtisch. Hier traf er Männer, wie Friedrich Stampfer (SPD), Ludwig Frank, der dem reformistischen Flügel der SPD angehörte,

2 Friedrich Stampfer (1874–1957), sozialdemokratischer Journalist und Politiker.

Karl Liebknecht (später KPD) , Rudolf Hilferding (SPD) , Philipp Scheidemann (SPD) und Karl Radek, ehemals linker Flügelmann der SPD um Rosa Luxemburg und viele andere.

11 Rudolf Breitscheid stand am Beginn seiner journalistischen und politischen Karriere, als er noch schwankte zwischen einem nach links rückenden demokratischen Liberalismus, der aber keine Massenbasis erringen konnte, und einer im Steigflug befindlichen Sozialdemokratie, die ihren marxistischen Ballast abzuwerfen begann und ins kleinbürgerliche Milieu vordrang. Breitscheid, der politisch wirken wollte, entschied sich für die stärkeren Bataillone und schloss sich noch vor dem Weltkrieg der SPD an.

Die Diskussion über den politischen Massenstreik, der in den letzten Jahren vor Kriegsausbruch noch einmal zur Streitfrage in der sozialdemokratischen Partei geworden war, gab ihm Gelegenheit, sich zu exponieren. Vom allgemeinen Elan der Auseinandersetzung angespornt, ergriff er Partei. Noch vor dem Jenaer Parteitag vom September 1913, auf dem sich die innerparteilichen Fronten abzuzeichnen begannen, um während des Weltkriegs unversöhnlich aufeinanderzuprallen, äußerte er sich in Karl Kautskys[3] Wochenschrift *Die Neue Zeit*. Dabei musste er versuchen, die Befürwortung radikalster politischer Mittel mit seiner demokratischen Grundhaltung in Übereinstimmung zu bringen.

An der Diskussion über den Massenstreik interessierte ihn weniger die Eignung für die revolutionäre Strategie, die am sozialistischen Zukunftsideal orientiert war; nicht die revolutionäre Aktion selbst, sondern die Debatte darüber als willkommenes Mittel, um die im Kampf gegen das preußische Wahlrecht müde gewordenen Geister zu beleben. Hier endlich bot sich die Gelegenheit, dem Unbehagen, das sich angesichts der Diskrepanz zwischen zahlenmäßiger Stärke und politischer Ohnmacht in der Partei ausbreitete, wirksam entgegenzutreten

3 Karl Kautzky (1857–1938), sozialdemokratischer Theoretiker.

und im Parteivolk den «Tatwillen» für die Reform des Dreiklassenwahlrechts zu kräftigen.

Zur bevorstehenden Maifeier des Jahres 1914 wagte er sich ein weiteres Stück hervor. Die Gelegenheit schien ihm günstig, seine Stellung zum Parlamentarismus aus sozialdemokratischer Sicht zu klären.[4] Hatte er sich noch im vorigen Jahr um die Hebung der Klassenmoral bemüht, so ließ er nun seinem Unmut über die Machtlosigkeit des Reichstags freien Lauf. Da die bürgerlichen Parteien «lieber dem Feudalismus Einfluss und Rechte» einräumten, statt «gemeinsam mit der Arbeiterschaft nach einem Anteil an der politischen Macht» zu streben, müsse – so folgerte er – der Reichstag «im eminentesten Sinne ein Organ des kapitalistischen Staates» bleiben. Militarismus und soziale Stagnation seien trotz der 111 Sitze der sozialdemokratischen Fraktion seine hervorstechenden Eigenschaften. Zur politischen Arbeit im Sinne sozialdemokratischer Zielvorstellungen unfähig, besitze das Parlament für die Partei keinen größeren Wert als die eigene Presse.

Immerhin war er bereit, ihn als «weithin sichtbare Tribüne [...], von der aus wir Kritik zu üben in der Lage sind», zu würdigen.»[5] Obwohl er dem zeitgenössischen Parlament im Reich ein so kritisches Zeugnis ausstellte, hielt Breitscheid gegenüber Rosa Luxemburg am Primat der parlamentarischen Demokratie fest. Die Stimmerfolge der sozialdemokratischen Partei begrüßte er als Beweis dafür, dass die Masse der Anhänger nicht an den Unzulänglichkeiten des Wilhelminischen Parlamentarismus verzweifeln musste, sondern sogar in zunehmendem Maße «Verständnis für seine Entwicklungsmöglichkeiten» zeige. Diese zu fördern, sei die Aufgabe der SPD – «als einzig wahre Verfechterin eines wirklichen Parlamentarismus, der die Volksvertretung zum herrschenden Faktor macht und die verlogene Komödie der sogenannten konstitutionellen Verfassung beendet.»[6]

Das war nicht der ideologische Nährboden, auf dem marxistischer Radikalismus gedieh. Radikal war die Form, in der Breitscheid die deutsche Spielart des Konstitutionalismus kritisierte. Für ihn blieb die parlamentarische Demokratie weiterhin das Ziel. Gleichwohl näherte er sich im Verlaufe des Krieges immer mehr jener entschieden marxistischen Gruppe, aus der später der Kern der USPD-Führung hervorging, wie sie vor 1914 schon in der Massenstreikdebatte sichtbar geworden war.

Der Kriegsausbruch ließ in den öffentlichen Äußerungen Breitscheids die Frage der Demokratisierung des Reichs hinter die drängenden Probleme der

4 Breitscheid, «Die Bedeutung des Parlaments», in: *Die Neue Zeit* Nr. 4 vom 24. April 1914, S. 157 ff.

5 Breitscheid, «Die Bedeutung des Parlaments», in: *Die neue Zeit* Nr. 4 vom 24. April 1914, S. 157 ff.

6 Breitscheid, «Die Bedeutung des Parlaments». a. a. O. S. 159.

veränderten Weltlage zurücktreten. Enttäuscht über die geringe Resonanz, die sein Versuch fand, auf der Grundlage eines abstrakt formulierten Internationalismus die eingeschränkte innerparteiliche Diskussion vom Ausland her neu zu beleben, schloss er sich jener Gruppe an, die unter der Führung von Hugo Haase,[7] Eduard Bernstein[8] und Karl Kautsky zusehends in Opposition zur Kriegspolitik der Parteimehrheit trat. Um der Lähmung der parteipolitischen Auseinandersetzung im Burgfrieden entgegenzuwirken, gab er seit Anfang März 1915 eine eigene sozialdemokratische Publikation heraus. Sie erschien unter dem Titel *Sozialistische Auslandspolitik* zunächst als vervielfältigter Schreibmaschinentext und wurde von einem vermögenden Freund Breitscheids (und wie dieser ehemals Mitglied der Demokratischen Vereinigung) finanziert. Von Anfang an verstand sie sich als eine Art Pressedienst und war inhaltlich ein Sammlungsort für die innerparteiliche Opposition, wollte aber, wie man treuherzig versicherte, «nicht einer ‹Richtung›, sondern der Internationale dienen».

Eine Reihe späterer USPD-Führer waren als ständige Mitarbeiter gewonnen. Die finanzielle Unabhängigkeit des Herausgebers ließ ihnen beträchtlichen Spielraum für die innerparteiliche Kritik und stärkte je länger je mehr ihr Bewusstsein, einer politischen Gruppierung anzugehören. Das Aufbranden der deutschen Kriegszielpropaganda gab den hier versammelten Annexionsgegnern in der Arbeiterpartei neuen Auftrieb: Schon kurz nach ihrem ersten Erscheinen wurde die Korrespondenz auf Wunsch der Abonnenten eine Zeit lang wöchentlich zweimal verschickt.

Stadtverordneter und Redakteur

Breitscheid, der seit 1914 ein Mandat als Stadtverordneter in Wilmersdorf (Berlin) innehatte, das er formell bis 1919 behielt, verband in der für viele sozialdemokratische Abgeordnete typischen Weise die publizistische mit der politischen Arbeit, wobei er dem Journalismus den Vorrang gab; dieser räumte ihm zunächst mehr Bewegungsmöglichkeiten ein. So hatte er vorübergehend auch die Vertretung der *Leipziger Volkszeitung* in der Hauptstadt übernommen, erregte dabei aber bald das Misstrauen der Militärbehörde, die darauf drang, dem unbequemen Redakteur die Teilnahme an den wöchentlichen Pressekonferenzen

7 Hugo Haase (1863–1919), führender Politiker innerhalb der SPD und USPD. Opfer eines Attentats im Oktober 1919.

8 Eduard Bernstein (1850–1932), Begründer des Revisionismus in der Sozialdemokratie.

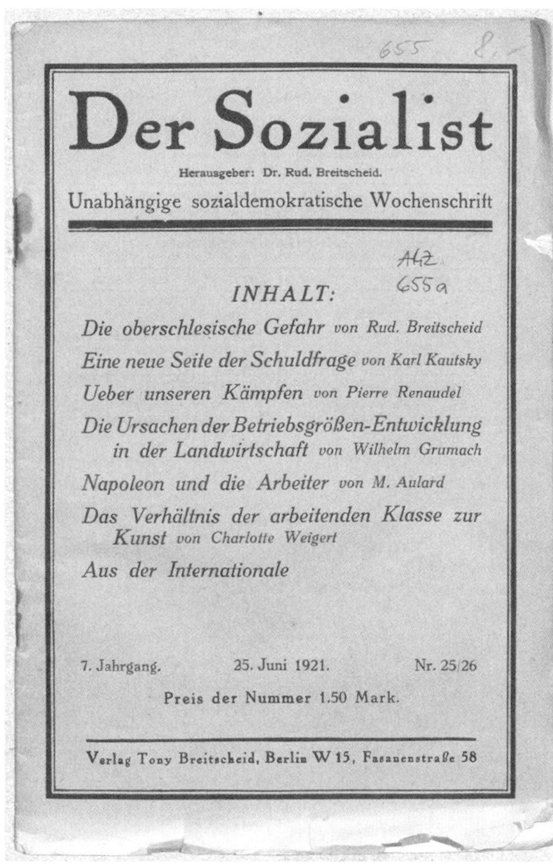

Der Sozialist

Herausgeber: Dr. Rud. Breitscheid.

Unabhängige sozialdemokratische Wochenschrift

INHALT:

Die oberschlesische Gefahr von Rud. Breitscheid

Eine neue Seite der Schuldfrage von Karl Kautsky

Ueber unseren Kämpfen von Pierre Renaudel

Die Ursachen der Betriebsgrößen-Entwicklung in der Landwirtschaft von Wilhelm Grumach

Napoleon und die Arbeiter von M. Aulard

Das Verhältnis der arbeitenden Klasse zur Kunst von Charlotte Weigert

Aus der Internationale

7. Jahrgang. 25. Juni 1921. Nr. 25/26

Preis der Nummer 1.50 Mark.

Verlag Tony Breitscheid, Berlin W 15, Fasanenstraße 58

12 *Der Sozialist*. Der Name war Programm und typisch Breitscheid. Die mit Nr. 1. an der Jahreswende 1918/19 von ihm herausgegebene Wochenzeitschrift war sein Organ. Ehefrau Tony führte den Verlag mit Sitz in der Wilmersdorfer Fasanenstraße. Der Aufmacher galt der Trennung von USPD und Mehrheitssozialdemokratie im revolutionären Zentralrat. Das Blatt, das auf namhafte Mitarbeit aus dem Kreis der USPD-Gründer zählen konnte, führte die während des Krieges erschienene *Sozialistische Auslandspolitik* Breitscheids bis zur Wiedervereinigung der beiden Parteien im September 1922 weiter.

des Oberkommandos in den Marken zu verwehren. Die zugelassenen Journalisten nahmen die Aussperrung ihres Kollegen ohne Protest hin, nachdem das Kommando erklärt hatte, «es würden der Konferenz keine vertraulichen Mitteilungen mehr gemacht werden, wenn Dr. Breitscheid zugegen sei».[9]

Die Repressalien, die seine Arbeit nahezu unmöglich machten, zahlte er in gleicher Münze zurück. Einem seiner Gegner, Eduard David, der 1914 Breitscheids Eintritt in die Redaktion des *Vorwärts* zu verhindern wusste, verweigerte er nun den erbetenen Platz für eine Erwiderung in persönlicher Sache, mit der Begründung, der Pressedienst sei seiner Bestimmung nach kein Diskussionsforum, sondern verfolge «eine ganz bestimmte Politik».

9 Hellmut von Gerlach, *Die große Zeit der Lüge*, Charlottenburg 1926, S. 86

Seiner Gründung war im Kreis der Mitarbeiter eine längere Diskussion vorangegangen.[10] Von der journalistischen Beteiligung ausländischer Sozialistenführer erhoffte man sich einen klärenden internationalen Gedankenaustausch mit dem Ziel, die imperialistische in eine sozialistische Außenpolitik umzuformen und das Versagen der Internationale beim Kriegsausbruch wettzumachen. Indessen fielen zahlreiche Beiträge aus dem Ausland an die Adresse der Berliner Redaktion der Zensur zum Opfer. Damit scheiterte der Plan schon an den technischen Unzulänglichkeiten, bevor er überhaupt Früchte tragen konnte.

Kriegspolitik

Diesen Hindernissen zum Trotz erarbeitete man im Laufe des Jahres 1915 eine politische Linie, die einen engen Bezug zur aktuellen militärischen Situation des Reiches besaß. Nach der Erstarrung der Fronten zum Stellungskrieg im Westen war ein Ende des militärischen Ringens in Europa nicht abzusehen, während der Kriegseintritt Amerikas bedrohlich näher rückte.

Die deutschen Heere hatten mit der Verteidigung der Heimat ihren ursprünglichen Auftrag erfüllt. Sie standen jenseits der Grenzen auf feindlichem Boden. Deshalb, so folgerte Breitscheid, mussten nun «alle Erörterungen, die zwischen kriegführenden Staaten geführt werden, fast mit Naturnotwendigkeit auf das größte und wichtigste Problem hinsteuern, auf das Problem des Friedens [...]. Die unentschiedene Situation auf dem Schlachtfeld eröffne gerade jetzt die Möglichkeit für einen Friedensschluss, der die Bürgschaft der Dauer in sich trägt, weil ihn nicht der Übermut eines Siegers dem zerschmetterten Gegner diktiert.»[11]

Vier Jahre vor «Versailles» war das seine Antwort auf die selbstgestellte Frage «Was können wir tun?» In einem Artikel vom Juni 1915, dem ersten in einer Reihe, pflichtete er dem Aufruf Haases, Bernsteins und Kautskys gegen eine deutsche Annexionspolitik bei. Deren Forderung nach einer Überprüfung der sozialdemokratischen Kreditbewilligungspolitik nahm er auf. Und unter dem Titel «Das Gebot der Stunde» schrieb er, jetzt könne nur noch dem Frieden dienen, «wer sich denen entgegenwirft, die den Krieg durch die Aufstellung weiterer und nur mit den fürchterlichsten Opfern zu erreichender Ziele ins Unendliche ausdehnen wollen.»[12]

10 Vgl. Brief Breitscheids an Branting vom 17. April 1915.

11 Breitscheid, «Der stille Krieg», in: *Sozialistische Auslandspolitik* Nr. 7 vom 16. Juni 1915, S. 2.

12 Breitscheid, «Was können wir tun?», Text des Aufrufs in: Hugo Haase, *Reichstagsreden gegen die deutsche Kriegspolitik*, Berlin 1919, S. 16 ff.

Zwar trug er das Bekenntnis der Reichstagsfraktion zum reinen Verteidigungskrieg mittlerweile mit. Aber er bezweifelte, dass sich Deutschland im Kriegsjahr 1915 noch in der Defensive befand, nachdem die Diskussion um die Kriegsziele immer weitere Kreise zog und in der deutschen Politik eine Tendenz zum Eroberungskrieg sich bemerkbar machte. Deshalb forderte er die Partei auf, «das von Scheidemann verkündete ‹Durchhalten›» nicht widerspruchslos hinzunehmen. Das Ausland könnte daraus nämlich schließen, dass die Arbeiterpartei in Deutschland «auf eine eigene internationale Politik» verzichte und «zugunsten der Auffassungen und der Absichten der militärischen und imperialistischen Kreise» abgedankt habe.[13] Da er dabei ein hohes Mass an Verständnis für das Sicherheitsstreben der Kriegsgegner aufbrachte und deren Zweifel am Friedenswillen der deutschen Sozialdemokraten für durchaus berechtigt hielt, galt er nicht nur der Regierung in Berlin, sondern auch einem großen Teil seiner Parteigenossen als «Feind der deutschen Landesverteidigung.[14]

Hatte er doch die Partei ermahnt, sie solle die Forderung der französischen Sozialisten nach der Ausdehnung des Selbstbestimmungsrechts auf das nach dem Deutsch-Französischen Krieg 1871 annektierte Elsass-Lothringen «wenigstens aus den besonderen Umständen, in denen sich unsere Genossen befinden, zu begreifen suchen».[15]

Mit seiner befürwortenden Stellungnahme zum Aufruf gegen einen Annexionsfrieden machte er sich außerdem des parteilichen Disziplinbruchs schuldig. Möglicherweise war er innerlich schon wieder bereit, erneut eine Parteispaltung in Kauf zu nehmen. Andererseits verweist seine Verteidigung des Aufrufs mit dem Hinweis auf die «außerordentliche Zeit», die «unter Umständen außerordentliche Mittel» erheische, auf eine gewisse Zuversicht, die er in die Belastbarkeit der Partei setzte. Die Parteieinheit – «das höchste und köstlichste Gut» – solle man «nicht immer gleich für gefährdet halten, wenn einmal irgendwo der Instanzenzug nicht eingehalten wird», wiegelte er an anderer Stelle ab.

Den Sozialisten in Frankreich warf er vor, mit ihrem Feldzug gegen den ‹deutschen Cäsarismus› nicht nur die deutschen Heere über die Grenze zurücktreiben zu wollen, sondern auch den Weg zur Beendigung des Krieges damit zu blockieren. Zu Beginn des Jahres hatte er noch zwischen Angriffs- und Verteidigungskriegen unterschieden: Das Beharren Frankreichs auf der «Phrase von der Niederwerfung des deutschen Militarismus» brachte ihn indessen dazu,

13 Breitscheid, «Scheidemann und Vandervelde», in: *Sozialistische Auslandspolitik* Mr. 3 vom 19. Mai 1915, ff.

14 Ernst Heilmann, «Breitscheid und die Landesverteidigung», in: *Internationale Korrespondenz* vom 26. Febr. 1918.

15 Breitscheid, «Die Haltung der französischen Sozialisten», in: *Sozialistische Auslandspolitik* Nr. 15 vom 23. Juli 1915.

die Unbrauchbarkeit dieser Differenzierung einzuräumen; denn – so führte er folgerichtig die Argumente der französischen Sozialisten zu Ende – die Verwirklichung ihres Kriegsziels erfordere zumindest die Okkupation deutschen Gebiets. Das wiederum verpflichte das deutsche Proletariat zur «Vaterlandsverteidigung», eine Logik, die die «Verlängerung des Krieges bis ins Unendliche» zur Folge hätte.[16]

Breitscheid, der als Grenzgänger zwischen den propagandistischen Fronten ausgezogen war, um für einen Frieden des Status quo ante zu werben, sah die weitgesteckten Kriegsziele der Staaten in einem logischen und militärischen Dilemma stecken. Sie bedeuteten die unabsehbare Verlängerung des Krieges. Die Haltung der streitenden Parteien zum Krieg des Jahres 1915 konnte er nicht beeinflussen. Sein Versuch, wenigstens die Glieder der Internationale miteinander zu versöhnen, war offenkundig misslungen, und die Zahl seiner Gegner im In- und Ausland hatte am Ende dieses Jahres eher zu- als abgenommen.

Mit der Forderung nach Bekanntgabe der deutschen Kriegsziele hatte er gehofft, «eine günstige Rückwirkung auf die Friedensgeneigtheit der gegnerischen Mächte» zu erzielen. Darüber hinaus hegte er den geheimen Wunsch, damit den Einfluss der annexionistischen Elemente auf die Regierung zu blockieren. Auch in dieser Frage, deren Lösung nicht weniger als die Änderung der innerdeutschen Herrschaftsverhältnisse bedeutet hätte, stand er am Ende vom Erfolg genauso weit entfernt wie zu Beginn seiner Bemühungen.

Es ist nicht erwiesen, ob seine Einberufung zur Front Anfang des Jahres 1916 im ursächlichen Zusammenhang mit seiner Agitation stand, die in ihrer Offenheit und Schärfe die Missbilligung der deutschen Regierung finden musste. Jedenfalls stand er unter Beobachtung. Ein geheimes Schreiben des Kriegsministeriums vom 30. Dezember 1915 an das Reichsamt des Innern wirft Licht auf den Vorgang. [17] In diesem Brief werden die Äußerungen eines «bekannten Gewerkschaftsführers» festgehalten, der Breitscheid als radikalen Streber hinstellt und ihn als Anstifter einer Straßenkundgebung Unter den Linden denunziert. Weiter heißt es, Breitscheid, der «bei einsichtigen Parteielementen als ehrgeiziger Mensch» gelte und der, «um eine Rolle zu spielen, auch einen neuen Gesinnungswechsel kaum scheuen würde», mache sich ebenso wie Liebknecht «für Berlin schon große Mandatshoffnungen».

Die volle Richtigkeit einer späteren Information, die seine Ehefrau Tony Breitscheid überliefert, nach der «ein Befehl des Kriegsministeriums vorlag, ihn

16 Breitscheid, «Die Irrwege der Franzosen», in: *Sozialistische Auslandspolitik* Nr. 28 vom 17. Nov. 1915, S. 2.

17 DZA Potsdam, RdI, IA, III Pol. Part. Nr. 1 adh. 12, Vol. 8, Bl. 15f.

13 Tony Breitscheid (1878–1968), seit 1901 verheiratet mit Rudolf Breitscheid und Lebensgefährtin bis zu dessen Tod im KZ Buchenwald. Sie kämpfte vehement für das uneingeschränkte Frauenstimmrecht, zuerst bei den Liberalen, nach 1912 als Mitglied in der SPD. Mit Minna Cauer, ihrer Mitstreiterin und ihrem politischen Vorbild gehörte sie zum radikalen Flügel der Frauenbewegung im Kaiserreich. Während des Krieges arbeitete sie gemeinsam mit ihrem Mann in der pazifistisch gesinnten USPD. Sie begleitete ihn auch ab 1933 ins französische Exil und danach in die Konzentrationslager Sachsenhausen und Buchenwald. Nach dem Krieg verließ sie Deutschland für immer und lebte bis zu ihrem Ende 1968 bei ihrem Sohn Gerhard in Kopenhagen.

immer in Schusslinie zu halten», steht in dieser Schärfe dahin. Sicher ist, dass seine schon im Monat darauf folgende Einberufung zur Westfront der einfachste Weg war, einen der lautesten und für die Behörden unangenehmsten Mahner zur internationalen Verständigung mundtot zu machen.

In dieser Zeit, die Breitscheid als Armierungssoldat an der Front ausfiel, übernahm die Politikerin und Frauenrechtlerin Tony Breitscheid die journalistische Leitung der *Sozialistischen Auslandspolitik* bis zum Verbot am 22. Juni 1918, sowie den *Unabhängigen Sozialistischen Zeitungsdienst* und bis 1920 das *Büro für Internationalen Meinungsaustausch.*

Vorübergehende Depressionen, die sich unter dem Eindruck des unmittelbaren Kriegserlebnisses an der Front und unter den erschwerten Bedingungen für die Arbeit der Opposition in der Heimat bei ihm einstellten, konnten seinen Schaffensdrang nicht lähmen. Seine Frau sowie die in der Heimat verbliebenen Gesinnungsgenossen versorgten ihn, so gut es ging, mit aktuellem Lesestoff. So konnte er sich weiterhin ein halbwegs zutreffendes Bild von den Problemen der deutschen und internationalen Politik machen. Deren schriftliche und für die Öffentlichkeit bestimmte Verarbeitung fand nun zwar noch schwerer als zuvor ihren Weg ins Publikum. Doch während er seine federführende Mitarbeit an der *Sozialistischen Auslandspolitik* bis zum Frühjahr 1918 stark einschränken musste, suchte er andere Wege der politischen Betätigung.

Zwei Versuche, über fällige Nachwahlen endlich in den Reichstag zu gelangen, vermitteln ein zuverlässiges Bild von seiner durch den Militärdienst kaum gebremsten Tatkraft. Kurz vor der endgültigen Parteispaltung versuchten sowohl er als auch Liebknecht den Sprung ins Parlament. Beide scheiterten jedoch am Widerstand der jeweiligen Parteiorganisation. Nach dem Tod Arthur Stadthagens, der das Mandat für Nieder Barnim innehatte, schaffte Breitscheid im Januar 1918 zwar die in der Parteipresse heftig umstrittene Kandidatur, unterlag aber dem Kandidaten der Mehrheitspartei, Rudolf Wissell.[18] Für den Wahlkampf hatten ihm nur wenige Urlaubstage zur Verfügung gestanden. Stellvertretend war Tony, seine kampferprobte Ehefrau, für ihn in die politische Schlacht gezogen. Vergeblich!

Innere Fronten der deutschen Arbeiterbewegung

Aus seiner bisherigen Stellung in der innerparteilichen Auseinandersetzung, die im April 1917 zur Gründung der USPD geführt hatte, ergab sich folgerichtig Breitscheids Anspruch auf Zugehörigkeit zur Führungsgruppe der neuen Partei. Seit dem Scheitern seiner Friedensappelle innerhalb der Partei war er überzeugt, dass die Spaltung der alten sozialdemokratischen Partei kommen musste. Am Gothaer Gründungsparteitag konnte er allerdings nicht teilnehmen. Umso eif-

18 Rudolf Wissel (1869–1962), Politiker der SPD, u.a. Reichswirtschaftsminister und Reichsarbeitsminister.

riger bemühte er sich als einer ihrer politischen Wegbereiter, in der ersten Zeit ihres Bestehens das Selbstverständnis und die Linie der neuen Unabhängigen sozialdemokratischen Partei mitzubestimmen.

Wie er nach seiner Trennung vom Freisinn diesen als den am nächsten stehenden Gegner betrachtet hatte, so versuchte er auch jetzt, das Profil der Unabhängigen zu schärfen, indem er sie stark gegen die Mehrheitspartei abhob. Entschieden wandte er sich gegen wirkliche oder fiktive Versuche, «die Unabhängigen zur Rückkehr in den Schoß der alleinseligmachenden Scheidemannkirche zu bewegen».[19] Daran gewöhnt, in der oppositionellen Minderheit zu arbeiten, kostete ihn die schroffe Geste der Ablehnung keine allzu große Überwindung, wie auch der Vorwurf der parteipolitischen Ketzerei ihn weniger schmerzte als manch anderes Parteimitglied. Dennoch wies er den Verdacht, die Spaltung aus anderen als Gewissensgründen vorbereitet und durchgeführt zu haben, entrüstet von sich. Nur «schweren Herzens» habe man eine zweite sozialdemokratische Organisation geschaffen, da «man diejenigen, die die amtliche Kriegspolitik der Partei verurteilen, wie die Aussätzigen behandelte und ihnen in konsequenter Orthodoxie die Freiheit, ihre abweichende Meinung an der geeigneten Stelle zu äußern verwehrte».[20]

Worin die Meinungsverschiedenheiten bestanden, erklärte er um einiges präziser seinen Lesern ein Jahr später,[21] als er die Partei immer wieder an ihrem wundesten Punkt angegriffen sah, durch die Behauptung nämlich, «unser politisches Auftreten zerreisse die einheitliche Front des Proletariats und gefährde auf solche Art seine Zukunftsaussichten». Dem hielt er entgegen, nicht die «Übertreibung taktischer Meinungsverschiedenheiten», sondern die Sorge um «eines der wesentlichsten Prinzipien oder besser gesagt, das Prinzip der modernen Arbeiterbewegung» habe einen Teil der Sozialdemokraten zur Gründung einer neuen Partei veranlasst. Deren unumstößliche Position beschrieb er im «unverbrüchlichen Festhalten an der Gegnerschaft zur kapitalistischen Gesellschaftsordnung».[22]

Diese und ähnliche Formulierungen zeigen, wie weit sich sein Denken in marxistischen Kategorien bewegte und mit welcher Schärfe er nun vor allem die ideologische Kehrseite des Krieges sah. Die Bestimmung des eigenen Standorts gipfelte in der Forderung an die Partei, die «Kampfstellung» gegen das kapita-

19 Breitscheid, «Von der ‹Scheidemannkirche› und der Einigkeit», in: *Sozialistische Auslandspolitik* Nr. 52 vom 27. Dez. 1917, S. 1.

20 Ebd.

21 Breitscheid, «Die einheitliche Arbeiterbewegung», in: *Mitteilungs-Blatt* Nr. 47 vom 17. Febr. 1918, Beilage.

22 Ebd.

14 Karl Kautsky (1854–1938) gehörte zu den Gegnern der Kriegskredite, denen seine Partei zu Beginn des Ersten Weltkriegs zugestimmt hatte. Er gründete mit Hugo Haase, Eduard Bernstein und anderen die Unabhängige Sozialdemokratische Partei. Dort war auch Breitscheid inzwischen angekommen. Wenn es um Fragen der marxistischen Theorie ging, nicht zuletzt in der Auseinandersetzung mit dem Spartakusbund Rosa Luxemburgs, holte er sich Rat beim Lehrmeister der Orthodoxie, in dessen Fahrwasser Breitscheid sich ideologisch bewegte. Beide unterhielten später in der Zeit des Exils, das Bernstein bis zu seinem Tod in Amsterdam durchlebte, einen intensiven Briefwechsel. Sein umfangreicher Nachlass befindet sich dort im Internationalen Institut für Sozialgeschichte (IISG).

listische Gesellschafts- und Staatssystem «auch nicht einen Moment lang aufzugeben».[23] Neben dem Bekenntnis zum Klassenkampf anstelle einer kompromissbereiten Burgfriedenspolitik verlor er die taktisch notwendige Einheit der deutschen Arbeiterschaft nicht aus den Augen.

Optimist, als der er nun auftrat, verlor er die Chancen der USPD bei der Mehrheit der sozialdemokratischen Parteimitglieder nicht aus den Augen. Er glaubte, «auf dem Boden der von uns festgehaltenen Grundsätze» werde sich die Einigung «umso schneller und sicherer vollziehen, nachdem wir durch unsere Trennung einen neuen Sammelpunkt geschaffen und durch unsere Opposition die Geister wachgerüttelt haben.»[24] Der dieser Einschätzung zugrunde liegende Plan sah vor, die Führung der Mehrheitssozialisten ohne Schonung zu bekämpfen, um sie von einer wachsenden Mehrheit in der Arbeiterschaft zu isolieren. Deren schrittweiser Übertritt ins Lager der Unabhängigen komme dann zwangsläufig.

Nach der Übernahme des *Vorwärts* durch die Mehrheitsfraktion gegen Ende des Jahres 1916 sahen sich die Berliner oppositionellen Sozialdemokraten ihrer

23 Ebd.
24 Ebd.

wichtigsten publizistischen Waffe beraubt.[25] Dazu kam die Absetzung Kautskys von seinem bisherigen Posten eines leitenden Redakteurs der *Neuen Zeit* im September 1917. Der Ausbau des wöchentlich erscheinenden Berliner *Mitteilungs-Blatts*, an dem auch Breitscheid seit 1917 mitarbeitete, war nur ein geringer Ersatz und vermochte die Verluste nicht auszugleichen.

Nachdem ein Gesuch der Minderheit um Neuzulassung einer sozialdemokratischen Tageszeitung in Berlin vom Oberkommando in den Marken abgelehnt worden war, versuchte Breitscheid die publizistische Lücke der USPD zu schließen, indem er seine Korrespondenz um einen theoretischen Teil erweiterte. In einem Feldpostbrief an Kautsky erläuterte er seinen Plan, mit der *Sozialistischen Auslandspolitik* «eine Art von wissenschaftlicher Beilage zu verbinden. Tony Breitscheid holte sich dafür zunächst das Plazet beim USPD-Vorsitzenden Hugo Haase. Sie fand dann auch die Zustimmung des Chefideologen Karl Kautsky, mit dem Breitscheid seit 1914 in persönlichem Kontakt stand und dessen theoretischer Linie er künftig folgte.

Auf diese Weise wandelte sich die zu Beginn des Krieges als Mittel der internationalen Verständigung gegründete Korrespondenz zu einem Kampforgan der USPD. Ähnlich erging es dem Berliner *Mitteilungsblatt*, über das sich der *Vorwärts* bitter beschwerte, weil es «innerhalb zweier Monate gegen die Sozialdemokratie etwa hundert Artikel und Notizen veröffentlicht hatte. Der Kampf gegen die Vaterlandspartei war ihm indessen nur eine elfzeilige Lokalnotiz aus Eberswalde» wert.[26]

Breitscheid wurde an der Übernahme eines Amts innerhalb der neuen Partei-Organisation durch die Einberufung an die Front gehindert. Und so blieb auch seine vom Parteitag genehmigte Reise zur dritten Konferenz der Zimmerwalder Trotzkisten in Stockholm ohne praktischen Nutzen. Den nachgesuchten Fronturlaub für die Reise bekam er nicht. Vermutlich hatte er selbst gar nicht damit gerechnet. Auch ohne ausdrückliche Ausstattung mit einem Parteiamt war er erkennbar in einer herausragenden Position angekommen. So konnte es nicht ausbleiben, dass er früher oder später in die Schusslinie jenes Streits geriet, der in der USPD ausgebrochen war zwischen den Radikalen der «Gruppe Internationale» und den ehemals im Parteizentrum der SPD stehenden Sozialdemokraten.

Von Januar bis März 1918 musste er erleben, wie sich die durch die USPD verlaufenden Fronten an seiner Person vorübergehend in ihrer ganzen Feindseligkeit formierten.

25 Karl Kautsky, *Zwischen Kaiserreich und Diktatur*, S. 79–85, 93 ff.

26 *Vorwärts* Nr. 357 vom 30. Dez. 1917.

Wortführer der radikalen Gegner Breitscheids war Franz Mehring, der selbst auf eine bewegte Vergangenheit zurückblicken konnte. Im Stuttgarter *Sozialdemokrat* bestritt er Breitscheid das Recht, sich «einer durchaus radikalen Wählerschaft» als Anwärter auf einen Parlamentssitz zu präsentieren. Während dieser im Namen der «Gruppe Internationale» Breitscheids marxistische Zuverlässigkeit in Zweifel zog, polemisierte die Mehrheits-SPD gegen seinen mangelnden Patriotismus. Die *Leipziger Volkszeitung* machte sich als einzige Tageszeitung – wie übrigens auch die Zentralleitung der Unabhängigen, die ihn nominiert hatte – zum Mentor der Kandidatur. Es gelang ihm nicht, den Ruf des Parteizerstörers und notorischen Disziplinbrechers abzuschütteln, der ihm seit den Tagen der Demokratischen Vereinigung anhaftete und von seinen Wahlkampfgegnern weidlich ausgeschlachtet wurde.

Dass er unterlag, mag zum einen an der zwangsläufig ungenügenden propagandistischen Vorbereitung gelegen haben. Dazu kam der Zeitpunkt der Wahl, die elf Tage nach dem Abschluss des «Siegfriedens» von Brest-Litowsk stattfand. Der für Deutschland günstige Ausgang mochte in der Arbeiterschaft Zweifel an der bedingungslosen Antikriegspropaganda der Linken genährt haben und verlieh den Argumenten der Mehrheits-SPD mehr Überzeugungskraft.

Evolutionäre Revolution?

Angesichts des zunehmenden Drucks der Parteien auf die Reichsregierung wandte sich auch Breitscheid im Sommer 1917 wieder den deutschen Verfassungsfragen zu. Nach wie vor hielt er den Parlamentarismus für das Kernstück eines freiheitlichen Staatsumbaus. Von der russischen Frühjahrsrevolution ermutigt, die gezeigt hatte, dass das Streben der Völker nach einem raschen inneren Systemwechsel so ganz illusorische nicht zu sein brauchte, forderte er «die Verfassungsreform im Reich, die Wahlreform in Preußen und eine Umgestaltung des Verhältnisses, in dem die Reichsregierung zu Preußen steht». Von einer Beteiligung der Mehrheitssozialisten an einer Regierung war keine Besserung zu erwarten. Im Gegenteil. Eine Koalitionsregierung des sichtbaren Zusammenrückens von Liberalen, Zentrum und Sozialdemokratie drohte in seinen Augen «geradezu ein Hemmnis für die Demokratisierung Deutschlands» zu werden. Einer solchen Notgemeinschaft würde die Aufgabe zufallen, «die Träger des bestehenden undemokratischen Systems zu schützen». Indem er die schwere Belastung für die spätere neue Ordnung vorausahnte, die sich aus dem Zwang zur Beendigung des Kriegs durch eine sozialdemokratisch geführte Regierung ergeben würde, warnte er seine früheren Parteigenossen davor, sich an einem Unternehmen zu beteiligen, mit dessen bevorstehendem Untergang zu rechnen war. Die Übernahme der Verantwortung als Minister in eine solche Regierung würde sie «nicht zu Geiseln allein, sondern auch zu einer Art von Prügelknaben» machen.

Wie in seinen früheren Beiträgen über die Konsequenzen der *Daily Telegraph*-Affäre des Jahres 1908, kam es ihm auch jetzt wieder darauf an, die Gelegenheit zu einer vollständigen Demokratisierung zu nutzen. Solange aber noch wesentliche Stücke der Bismarckschen Verfassung erhalten blieben, erkannte er die Gefahr, dass die Parteien bei einer Weiterentwicklung des konstitutionellen Systems lediglich «mit der Erbschaft der Vergangenheit belastet» würden. Sie hätten dann vollends «die moralische Verantwortung für eine Politik zu übernehmen, deren Charakter und Richtung nicht von ihnen bestimmt wird.»[27]

Anders als die Spartakisten, die ihm vorwarfen, seine Reichstagskandidatur für den Wahlkreis Nieder Barnim sei beredter Ausdruck für «die allmähliche Verschiebung der Unabhängigen Sozialdemokratie nach rechts», bewegten sich Breitscheids journalistische Analysen nach der Oktoberrevolution in Russland vorerst noch im Rahmen parlamentarisch-demokratischen Denkens.

War sein Eintreten für außerparlamentarische Aktionen – oder auch nur die Diskussion darüber vor dem 4. August 1914 – noch Ausdruck eines allgemeinen Unbehagens über die Stagnation der Parteipolitik, so gewannen diese – vor allem nach dem Januarstreik des Jahres 1918 – in seinen Augen die Bedeutung eines realen politischen Kampfmittels gegenüber einer «Tatenlosigkeit des Nichts-als-Parlamentarismus». Breitscheid nannte es «Talmiparlamentarismus» – nicht die Regierung werde parlamentarisiert, vielmehr würde das Parlament gouvernementalisiert.

Allerdings beeilte er sich hinzuzufügen, die «Aufstellung des revolutionären Prinzips» meine nichts anderes als die «Notwendigkeit der fundamentalen Umgestaltung von Gesellschafts- und Staatsordnung» im Sinne einer «evolutionären Revolution».[28]

In der publizistischen Auseinandersetzung mit einer Militärdiktatur unter dem Ausnahmezustand änderte er im Laufe des Jahres 1918 seine Einstellung zur parlamentarischen Demokratie in ihrer reinen Form. «Das parlamentarische System ist für uns nicht das letzte Ziel der Hoffnung. Es ist nur eins der Mittel, mit denen wir unsern Zweck erreichen wollen.»

27 Breitscheid, «Koalitionsregierung?», in: *Mitteilungs-Blatt des Verbandes sozialdemokratischer Wahlvereine Berlins und Umgegend*, Nr. 11 vom 10. Juni 1917.

28 Breitscheid, «Flut», in: *Mitteilungs-Blatt* Nr. 3 vom 21. April 1918

Zum anderen polemisierte er gegen die auf der Rechten der sozialdemokratischen Partei stehenden Hermann Müller und Ernst Heilmann, die «über die parlamentarische Demokratie recht abfällige Bemerkungen gemacht» hätten.[29] Ebenso bedauerte er das Nachlassen des Volksinteresses am Parlamentarismus als Folge einer Politik der sozialdemokratischen Parteiführer, «die der Arbeiterschaft den Parlamentarismus als Allheilmittel anpriesen, die proletarische Bewegung in eine Organisation für Wahlzwecke eingezwängt haben und dabei doch nicht die Kraft und den Willen besaßen, die Volksvertretung zum ausschlaggebenden Faktor zu machen.»[30]

Aus solchen Worten ließ sich noch nicht eindeutig ablesen, ob er seine bisherige positive, persönliche Stellung zum Parlamentarismus aufgegeben hatte oder ob er aus Verzweiflung an der parlamentarischen Demokratie diese schon zugunsten einer «sozialistischen Republik» zu modifizieren begann. Jedenfalls hielt er es im Juni allmählich für zwecklos, über eine Entwicklung, von der «nur die Reaktion und die Gegner eines wirklichen Wahlrechts profitieren würden [...] zu jammern und zu schelten» und den vertanen Chancen im «preußischen Freiheitskampf» nachzutrauern. Andere Wege der Demokratisierung drängten sich auf.

Die Konturen seiner Konzeption gerieten ins Schwimmen. Das eine aufzugeben, ohne zu wissen, wie das Neue aussehen sollte – das war ein Problem, das ihn persönlich und die gesamte USPD umtrieb. Seine Einstellung zum bolschewistischen Russland zeigte dann aber die Entschlossenheit, mit der er beim Aufbruch zu neuen Ufern die Zweifel zu überdecken suchte. Trotz der von ihm selbst geforderten nüchternen Einschätzung der russischen Vorgänge rühmte er den Umstand, «dass hier unter unerhört schwierigen Verhältnissen der ehrliche und ernsthafte Versuch gemacht wird, ein sozialistisches Staatswesen aufzubauen und Ideen zu verwirklichen, die in Mittel- und Westeuropa bisher im besten Fall eben nur Ideen gewesen sind.»[31]

Die USPD hielt es «für ihre selbstverständliche Pflicht, diese weltgeschichtliche Tat nach ihrem Vermögen fördern zu helfen», schrieb er im Juli 1918, nun im Ton vollendeter Überzeugung.

Zwar bestritt er, die USPD wolle «russische Methoden» auf deutsche Verhältnisse übertragen. Aber seine Begeisterung für den Umsturz in Russland war groß. Kautsky und Heinrich Ströbel widersprachen entschieden. Breitscheids enge Zusammenarbeit mit der russischen Botschaft in Berlin im Sommer 1918, die ihn so-

29 Breitscheid, «Der vermüllerte Parlamentarismus», in: *Mitteilungs-Blatt* Nr. 7 vom 19. Mai 1918, Beilage.

30 Breitscheid, «Wahlrecht und Volk», in: *Mitteilungs-Blatt* Nr. 11 vom 16. Juni 1918.

31 Breitscheid, «Gefühl oder Erkenntnis?», in: *Sozialistische Auslandspolitik* Nr. 30 vom 25. Juli 1918, S. 1.

gar zum Leiter eines «literarischen» Büros machen wollte, könnte auf einen Gesinnungswandel schließen lassen, der sich jetzt bemerkbar machte. Manche seiner Äußerungen lassen allerdings auch die Vermutung zu, dass seine Haltung zum Bolschewismus keineswegs so eindeutig war, wie sie vorübergehend erschien.

Nach dem Scheitern der Westoffensive im August 1918 verstärkte sich auch bei ihm das Bewusstsein von der Zuspitzung der politischen Gesamtlage: Während der Friede auf der Grundlage eines entscheidenden deutschen militärischen Erfolges aussichtslos schien, drohte im Innern die Verschärfung des Belagerungszustandes. Als im Oktober mit dem Ministerium Max von Baden[32] endlich ein bedeutender Schritt auf die Parlamentarisierung hin gemacht wurde, hatte sich die USPD bereits die «sozialistische Republik» auf ihre Fahne geschrieben. An die ehrlichen Absichten der Regierung und ihrer Helfer aus den Reihen der Parteien wollte Breitscheid nicht mehr glauben. Misstrauen gegen die Reform und die Ahnung, mehr fordern zu können, bestimmten seine Einschätzung, als er schrieb: «Ob's zugestanden wird oder nicht: die Parlamentarisierung soll doch nach außen wirken, soll die westlichen Nationen einem Frieden geneigter machen.»[33]

Um den ging es ihm jetzt aber erst in zweiter Linie; denn ein allzu rasch geschlossener Frieden bot der gegenwärtigen Regierung die Möglichkeit, die auf halbem Wege liegen gebliebene Reform zu zementieren. In Anlehnung an die Friedensbedingungen des amerikanischen Präsidenten Wilson wagte er die fordernde Analyse; danach sei der Frieden «aufs engste […] mit der Demokratie und dem Sozialismus» verknüpft. Der Weg dorthin führe nur «über den vollständigen Bruch mit der Vergangenheit und die rückhaltlose Anerkennung des Rechts der Nationen, […] auch über ihr innerpolitisches Geschick selbst zu bestimmen.»[34] Wie sollte das geschehen? Er sprach vom «Willen zum Kampf», dem «Vertrauen in die eigene Kraft» und der «Stimme des deutschen Volkes», die das Ausland zu hören wünsche – nicht die des Kabinetts, das «ein Prinz aus regierendem Hause» führe.

Der Frage nach der Stellung der Unabhängigen zur Revolution wich er mit dem Hinweis auf die Gefährlichkeit solcher Erörterungen unter den herrschenden Umständen aus. Der Hauptgrund dafür lag wohl in der allgemeinen Unsicherheit des rechten USPD-Teils über den einzuschlagenden Weg. Ebenso unklar blieb seine Haltung gegenüber dem Bolschewismus und seinen Methoden. Zwar verwarf er diese nicht generell, aber er glaubte auch zu wissen, dass niemand

32 Max von Baden (1857–1929), letzter Reichskanzler im deutschen Kaiserreich.

33 Breitscheid, Ernste Stunden, in: *Sozialistische Auslandspolitik* Nr. 41 vom 10. Okt. 1918, S. 1.

34 Ebd., S. 4.

an eine einfache Übertragung des russischen Bolschewismus auf deutsche Verhältnisse denke. Das «Schwatzen über die Methoden der Revolution» hielt Breitscheid für «Zeitvergeudung». Die Partei brauche ihre «Kraft für andere Dinge».

Erst als die Ereignisse der ersten Novembertage weiter zur Revolution drängten, sollte sich zeigen, ob Breitscheid auf der Grundlage dessen, was er nicht wollte, als politischer Akteur den Anforderungen der Stunde gerecht wurde. Gegenüber den Mehrheitssozialdemokraten besaß er den Vorteil, dass er die Kluft zwischen den bisher erreichten politischen Veränderungen und dem Wünschenswerten klarer erkannt hatte. Das machte ihn aufgeschlossener für den «vollständigen Bruch mit der Vergangenheit». Die Fähigkeit jedoch, die sich wandelnde historische Situation mitzuprägen, hing von einem politischen Konzept ab, über das er im Unterschied zu der Gruppe um Rosa Luxemburg[35] und Karl Liebknecht[36] zunächst nicht verfügte.

Der preußische Volksbeauftragte

Zwei Tage vor dem Ausbruch der Revolution in Berlin unternahm Breitscheid einen weiteren, letzten publizistischen Vorstoß gegen die Regierung des Prinzen Max von Baden, die er beschuldigte, die «Neuordnung» nicht energisch genug voranzutreiben. Dabei fällt auf, dass er die Person des Kanzlers und die bürgerlichen Kabinettsmitglieder besonders heftig attackierte, während er die Sozialdemokraten wegen ihrer Haltung in der Abdankungsfrage des Kaisers als zwar zuverlässige, aber doch wenig wirkungsvolle Vertreter des neuen Kurses mit vorsichtiger Anerkennung bedachte.

Im Vertrauen auf die «Logik der Ereignisse», die die Sozialdemokraten aus der Regierung hinaustreiben und zur Zusammenarbeit mit der USPD zwingen würde, gab er die Regierungskrise nach Kräften weiter Nahrung. Begierig griff er die Andeutungen des *Vorwärts* über das mögliche Ausscheiden der sozialdemokratischen Minister aus der Regierung des badischen Prinzen auf und vervollständigte sie zu einem Bild, das «die Kluft zwischen Bürgertum und Proletariat grell beleuchten» und die Überbrückung der Gegensätze im Kabinett verhindern sollte.

Mochte die Regierung endlich untergehen. Breitscheid hatte kein Interesse, «die Exzellenzherren vor diesem Schicksal zu bewahren», das ihnen mit dem

35 Rosa Luxemburg (1871–1819), führende Theoretikerin der Arbeiterbewegung.

36 Karl Liebknecht (1871–1919), führender Politiker der Arbeiterbewegung: SPD, USPD, Spartakusbund.

Rückzug der Sozialdemokraten gewiss war. «Aber», so formulierte er die Alternative, «wir haben alles Interesse daran, die Kraft des Proletariats nicht an sinnlosen Experimenten zu vergeuden, und so hätten wir keinen dringenderen Wunsch als den, dass die Parteigänger Scheidemanns ihren Führer auf die Bahn zurückriefen, die ihnen das sozialdemokratische Programm und die Zukunft der Arbeiterbewegung vorschreiben.»[37]

Hier wird deutlich: Breitscheid hoffte darauf, dass die proletarischen Massen unter das Banner der USPD eilen würden, falls nicht die mehrheitssozialistischen Führer um Scheidemann selbst auf den Kurs einschwenkten. Vielleicht fürchtete er auch, die USPD allein werde nicht stark genug sein, im revolutionären Sturm zu bestehen. Möglich, dass beide Überlegungen eine Rolle spielten, wenn er auch nur die Letztere offen aussprach. Schon zwei Tage später, am 9. November kam es zum Treffen mit den mehrheitssozialistischen Führern.

Im Auftrag des rechten Flügels der USPD nahm er an den Verhandlungen mit Ebert und Scheidemann über eine gemeinsame und einheitliche Linie der beiden sozialdemokratischen Parteien bei der Lösung der Aufgaben teil, vor die sich mit dem Umsturz konfrontiert sahen. Zuvor aber musste die Frage nach der rechtmäßigen Gewalt im neuen Staat geklärt sein. Dass Ebert sein Amt aus der Hand des Prinzen Max angenommen hatte, widerstrebte Breitscheids Sinn für die formale Korrektheit, die nach seinem Dafürhalten auch in der Revolution zu gelten hatte. Der Bruch mit dem alten System sollte vollkommen sein und nicht den geringsten Anschein irgendeiner Art von Kontinuität mit dem Kaiserreich erwecken.

Unter dem Drängen der Arbeiter- und Soldatenräte stellte er nun auch seine Polemik gegen die Führer der Mehrheitssozialdemokratie völlig ein und arbeitete im Sinne einer sozialdemokratischen Einigung, die sich auf der Ebene der Parteileitungen zu vollziehen hatte. Mit Bernstein zusammen hatte er schließlich entscheidenden Anteil am Zustandekommen des Kompromisses, bei dem sich Unabhängige und Mehrheitler die Ämter der Reichsleitung teilen sollten. Seine Meinung von der Unversöhnlichkeit der beiden sozialdemokratischen Standpunkte gehörte einer vergangenen Epoche an. Sie trat hinter eine nüchterne Einschätzung der außergewöhnlichen Zustände zurück, wie sie in den Tagen der Revolution herrschten.

Breitscheid waren zu Beginn dieser turbulenten Wochen verschiedene Staatsämter aus der untergehenden Epoche deutscher Kleinstaaterei angeboten worden, die er ablehnte. Noch in der ersten Novemberhälfte beriet die Partei

37 Breitscheid, «Die Regierung vor dem Zusammenbruch», in: *Sozialistische Auslandskorrespondenz* Nr. 45 vom 7. Nov., S. 3.

über die Nominierung geeigneter Ministeramtskandidaten für die preußische Regierung. Breitscheid stieß spät zu der Sitzung, in der darüber diskutiert wurde. Auf seine eigene Schilderung dürfte der Bericht zurückgehen, den von Gerlach in seinen Erinnerungen wiedergibt. Danach spielte sich Folgendes ab: «Man war gerade beim Ministerium des Innern. Ein Name wurde genannt, bei dem einer der Teilnehmer an der Sitzung Bedenken äußerte. Als Breitscheid sich diesen Bedenken anschloss, erklärte Adolf Hoffmann: ‹Na, Genosse Breitscheid, dann müssen Sie es übernehmen›.»[38]

Der zögerte. Dass er gerade in diesem Ministerium gegen den Widerstand der ehemals monarchisch-preußischen Bürokratie würde regieren müssen, war ihm wohl von vornherein klar. Deshalb machte er seine Zusage von der Mitarbeit Gerlachs abhängig, der ihm als ehemaliger Anwärter der Verwaltungslaufbahn und Kampfgefährte aus den Tagen der Demokratischen Vereinigung die Voraussetzungen für das Amt des Unterstaatssekretärs im gleichen Ministerium mitzubringen versprach. Nach dessen Einwilligung nahm er das Amt an. So wurde er Innenminister, im Jargon der revolutionären Räte «Volksbeauftragter», in der ersten republikanischen Regierung Preußens.

Revolution und Verfassung

Die Konstituierung des preußischen Kabinetts nahm einige Tage in Anspruch. Zu einer dem üblichen Geschäftsgang folgenden Amtstätigkeit, wie sie sich in den Akten hätte niederschlagen können, kam Breitscheid erst in der zweiten Monatshälfte. Bis dahin versuchte er, soweit ihm die Hektik des revolutionären Getriebes Zeit ließ, sich selber wie der Partei über die Vorgänge seit dem 9. November Klarheit zu verschaffen und Rechenschaft abzulegen.

Dabei bewegte er sich durchaus in dem Rahmen, den der Aufruf des Parteivorstands in der *Sozialistischen Auslandspolitik* vom 14. November abgesteckt hatte. Enthusiastisch feierte er den Untergang des alten Systems. «Es war zusammengebrochen wie ein Skelett, das nach langen Jahren der Ruhe aus der Gruft gehoben» wurde. Kapituliert hatten Militarismus, Monarchie, Bürokratie und Imperialismus.[39] Das war die Ausgangslage, aus der heraus die Revolution das Neue schaffen musste. Trotz gemeinsamer Regierungsführung von SPD und USPD markierten Breitscheids Aufrufe die Unterschiede und die nach wie vor

38 Hellmut von Gerlach, *Meine Erlebnisse in der preußischen Verwaltung*, Berlin 1919, S. 77 f.
39 Breitscheid, «Es lebe die Freiheit!», in: *Freiheit* Nr. 1 vom 15. Nov. 1918.

gegensätzlichen Positionen der beiden sozialdemokratischen Parteien. Sein Ruf «Es lebe die Freiheit!» wurde vorerst nicht zum Schlachtruf eines gemeinsamen Weges in die nächste Zukunft. Während die sozialdemokratischen Führer der Mehrheit mit der Proklamation der Republik das Hauptziel der Revolution erfüllt sahen, schrieb Breitscheid in der Nummer eins seiner gerade neu gegründeten Berliner USPD-Zeitung *Die Freiheit* vom 15. November 1918: «Unser Ziel war nicht etwa nur die Beseitigung der Hohenzollern und die Verjagung der Duodezfürsten. Unser Ziel war auch nicht die Veränderung einiger Paragraphen der Verfassung. Unser Ziel war und ist der Sozialismus!»[40]

Die USPD wollte auf den Trümmern des alten Staats den Grund legen «für den gewaltigen Bau der neuen sozialistischen Ordnung» unter dem Namen einer «sozialistischen Republik». Sie trachtete, die revolutionären Errungenschaften zu befestigen, um mit der politischen auch die ökonomische Befreiung der Arbeiterklasse zu vollenden. Ihre Programmatiker verstanden die Revolution als eine im Antagonismus der gesellschaftlichen Kräfte des Kaiserreichs wurzelnde Tat, deren Auftrag erst mit der Neuordnung der ökonomischen Machtverhältnisse vollendet wäre.

Gemessen an diesem Anspruch war die Entwicklung bei Breitscheids Amtsantritt nur wenig vorangekommen. Zunächst galt es, das bisher Erreichte zu sichern und vor allem gegen die zahlreichen neuen, aber keineswegs zuverlässigen «Freunde» der sozialistischen Republik zu verteidigen. Die Stunde des Proletariats sei gekommen, sie müsse genutzt werden, schrieb er, ohne allerdings eine Anleitung zum konkreten Handeln zur Hand zu haben. Den spontanen Aktionen der Parteianhänger versuchte er eine provisorische Zielrichtung zu geben, indem er sein eigenes tiefes Misstrauen gegen die überall lauernde Gefährlichkeit der alten Gewalten wie auch der Opportunisten auf die Massen übertrug.

Dennoch konnte er die Frage nach den Modalitäten einer sozialistischen Regierungsweise nicht ganz übergehen. Er sah sich in sachlicher Übereinstimmung mit Rosa Luxemburg und deren Konzept einer proletarischen Diktatur, die an die Ausübung durch die wirkliche Mehrheit gebunden und somit demokratisch legitimiert sein sollte. In der Sprache der revolutionären Dialektik hörte sich das so an: «Und wenn wir jetzt die Macht, die wir in der Hand haben, benutzen, um sozialistische Maßregeln in weitem Umfange zu treffen, um den Kapitalismus in uns erreichbare Ketten zu schlagen, so handeln wir im Sinne der Demokratie, denn wir dienen der übergroßen Masse unseres Volkes.»[41]

40 Ebd.
41 Ebd.

Dahinter stand die schon zu Beginn geäußerte Sorge um die Legitimation revolutionärer Herrschaft, die er unter das Gesetz demokratischer Machtausübung gestellt sehen wollte. Allerdings ließ er keinen Zweifel daran, dass diese doch grundverschieden war vom bürgerlichen Demokratie-Ideal: «Solange die infamen Abhängigkeitsverhältnisse bestehen, die die kapitalistische Produktionsweise schafft, solange hilft die formale, papierne Demokratie dem Proletarier einen Pappenstiel. Die Grundlagen dieser Abhängigkeit müssen mithilfe der uns durch die Revolution in die Hand gegebenen Mittel beseitigt werden. Dann erst können wir darangehen, die Demokratie nach ihrer formalen Seite auszubauen.»[42] Rosa Luxemburg hätte es nicht besser sagen können.

Während aber die Spartakisten allein die Arbeiter- und Soldatenräte als Träger der revolutionären Bewegung anerkennen wollten, betrachtete Breitscheid, der ja selber Teilhaber und Ausübender der Regierungsgewalt geworden war, die Volksbeauftragten als legitime Repräsentanten der Revolution. An dieser Stelle musste die Nationalversammlung ins Spiel kommen. Er lehnte sie nicht grundsätzlich ab. Hier, bei seiner Auseinandersetzung mit der Frage, welche Rolle die Nationalversammlung beim Aufbau des neuen deutschen Staatswesens spielen sollte, werden die Ansätze einer Konzeption sichtbar, die nach dem dritten Weg suchte zwischen einer sozialliberalen parlamentarischen Demokratie und der sozialrevolutionären Rätediktatur. Meinungsverschiedenheiten zwischen den beiden sozialdemokratischen Parteien über den richtigen Zeitpunkt ihrer Einberufung der verfassunggebenden Versammlung kamen hinzu und bargen jetzt schon den Kern eines grundsätzlichen Streits über das Wesen eines solchen republikanischen Gründungsakts und damit der Revolution überhaupt.

Breitscheid argwöhnte, die Mehrheitspartei wolle mit ihrer Forderung nach baldiger Einberufung die Revolution «wie eine Angeklagte vor einen Gerichtshof stellen».[43] In der Tat glaubte die SPD, die wahre Berechtigung ihrer Herrschaft erst aus einem Mandat der Nationalversammlung ableiten zu dürfen. Demgegenüber verstand Breitscheid und mit ihm der rechte Flügel der USPD diese als vorläufigen Schlusspunkt unter eine bereits weit fortgeschrittene Entwicklung, die nicht mehr rückgängig zu machen war. Sie sollte die vor ihrer Einberufung geschaffenen Verhältnisse lediglich bestätigen, um auf dem «Boden, den zu verändern ihr schwer werden dürfte, weiterzubauen.»[44]

Hinter der dehnbaren Formulierung, man wolle auch vonseiten der USPD die Nationalversammlung «nicht länger hinausschieben als unbedingt nötig»

42 Ebd.

43 Breitscheid, «Wann?», in: *Freiheit* Nr. 5 vom 17. Nov. 1918.

44 Breitscheid, «Es lebe die Freiheit!», a. a. O.

verbarg sich die Absicht, der Revolution freien Lauf zu lassen, solange die Gefahr bestand, dass «die alten Gewalten, die sich jetzt mit allerlei neuen Mäntelchen drapieren, aufs Neue die Herrschaft» an sich reißen könnten.[45] Umso eindeutiger klang aber dann seine Forderung nach «Schaffung von einer Reihe von vollendeten Tatsachen, die auf der Linie der proletarisch-sozialistischen Umwälzung liegen. Wir wünschen gewisse Fundamente zu sehen, bevor wir zum Parlamentarismus zurückkehren.»[46]

Die Frage, «wohin die Reise der sozialistischen Republik geht und wer diese Fahrt getrosten Mutes antreten darf», war aber nicht zu beantworten, solange Unklarheit über die politische Position und die praktische Bedeutung der Arbeiter- und Soldatenräte bestand. Den Spartakisten ging es um deren Allzuständigkeit und vorherrschende Macht. Die USPD wollte das nicht gelten lassen, aber sie akzeptierte sie als legitime Elemente revolutionärer Machtausübung. Der Widerspruch war so nicht aufzuheben und blieb bestehen.

Für Breitscheid waren die Räte der «Form nach [...] die Instanz, die die Macht besitzt, Regierung und Verwaltung auf dem rechten Weg zu halten. Sie haben dafür zu sorgen, dass die Regierung sofort Hand ans Werk legt, um das Fundament eines sozialistischen Gemeinwesens zu schaffen.»[47] Sein täglicher Umgang mit den Elementen der direkten Demokratie, wie sie in den ersten Tagen der Revolution entstandenen waren, zeigte ihm dann, wie schwer es war, ihnen einen adäquaten Platz im dynamischen Revolutionsgeschehen einzuräumen.

Der Journalist, kritischer Betrachter und Mahner, hatte während des Krieges auf das Recht der freien Meinungsäußerung oft verzichten müssen. Rückblickend sprach er von den vier langen Jahren, in denen «die Wahrheit eingekerkert» war und die Masse «von den eklen Gerichten leben» musste, «die man in den schmutzigen Küchen einer feilen Presse bereitete». Sein ureigenes Metier war damals den einschneidenden Beschränkungen des Belagerungszustandes unterworfen. Jetzt, «wo unseren Worten eine größere Freiheit gewährt ist, und die Ohren des Volkes offener sind», glaubte er in der völligen Ausnutzung der Pressefreiheit das rechte Mittel gefunden zu haben, mit dem sich der Boden für die sozialistische Republik vorbereiten ließ.[48] Sein in der Revolution aufs Höchste entfachter journalistischer Eifer, der auf dem unerschütterlichen Vertrauen in die Kraft des Wortes beruhte, kam dabei mehr als einmal an die Grenzen, die dem Volksbeauftragten bei der Ausübung seines Amts gezogen waren.

45 Breitscheid, «Wann?», a. a. O.

46 Ebd.

47 Breitscheid, «Es lebe die Freiheit!», a. a. O.

48 Breitscheid, «Wann?», a. a. O.

«Gehrock, hoher Stehkragen, edle Gesten!»

Breitscheid musste sich, ebenso wie die übrigen neuen Mitglieder des preußischen Rats der Volksbeauftragten, das Amt mit einem Mehrheitssozialisten – in seinem Fall mit Paul Hirsch – teilen.[49] Dieser konnte gegenüber dem ehemaligen Schriftsteller nicht nur die Autorität seiner gleichzeitig wahrgenommenen Stellung als Ministerpräsident in die Waagschale werfen. Er war dem Journalisten im Amt auch fachlich aufgrund seiner Erfahrungen als einer der ersten sozialdemokratischen Landtagsabgeordneten in Preußen überlegen. Dass Hirsch das Schwergewicht seiner Arbeit auf die Tätigkeit an der Spitze der Regierung legte, entband Breitscheid nicht von der mühsamen Pflicht, sich in allen wichtigen Fragen des Ressorts – vor allem der Personalpolitik – mit seinem Ministerkollegen zu verständigen. Da auch die Polizei zum Dezernat von Hirsch gehörte, blieben für Breitscheid kaum noch wichtige Befugnisse übrig. Sein Amtsverständnis mit dem Titel eines Ministers verlangte wenigstens mehr äußere Würde. Dazu passt die ironische Beschreibung des späteren Reichskanzlers Wilhelm Marx, der Breitscheid bei einem Termin in Elberfeld mit den Spitzen der Rheinischen Provinz beobachtete, wo der frischgebackene Minister aus Berlin «ganz als Regierungsmann» auftrat: «Gehrock, hoher Stehkragen, edle Gesten!»[50]

Die revolutionären Verhältnisse in Berlin brachten es mit sich, dass vor den Zimmern Breitscheids und Hirschs in nahezu ununterbrochener Reihe Deputationen und Einzelpersonen mit Bitten und Anregungen darauf warteten, vorgelassen zu werden. Das konnte als Zeichen für die gewandelte Einstellung des Volks zum Staat gelten, der bisher als Obrigkeit wahrgenommen worden war. Die Revolutionäre buchten es als Erfolg, zumal beide Minister den Standpunkt vertraten, die neuen Inhaber der Exekutive dürften sich «doch nicht auf den Unnahbarkeitsstandpunkt des alten Regimes stellen».[51] Der neue politische Stil blieb allerdings nicht ohne Auswirkungen auf die tägliche Bewältigung seiner eigentlichen politischen Aufgaben.

Die Hauptschwierigkeit des «Regierens» unter den Bedingungen der Revolution bildete der aktive und passive Widerstand der monarchisch-konservativ gesinnten Bürokratie gegen die neuen sozialdemokratischen Träger der Macht. Dabei beschränkten sich die Bremser nicht auf den Kernbereich des Innenministeriums, wo vor allem die höheren Beamten den Absichten der Führung

49 Paul Hirsch (1868–1940), erster Ministerpräsident des Freistaats Preußen von 1918 bis 1920.

50 Zit. in: Rudolf Morsey, *Die Deutsche Zentrumspartei*, Düsseldorf 1966, S. 127, Anm. 8.

51 Hellmut Von Gerlach, *Meine Erlebnisse*, S. 80.

entgegenarbeiteten. In unverblümter Weise machte sich die Reaktion auf der Ebene der kommunalen Selbstverwaltung bis hinauf zur Provinzialverwaltung bemerkbar, wo eine Verfügung Breitscheids die Arbeiter- und Soldatenräte zu Kontrollorganen der örtlichen Behörden gemacht hatte. Breitscheids Erwartung, die Form der Kontrollausübung werde sich «je nach örtlichen Verhältnissen bei loyalem gegenseitigem Zusammenarbeiten unschwer finden lassen», erfüllten sich nicht. Im Gegenteil. Die Verfügung öffnete den Kompetenzstreitigkeiten Tür und Tor. Breitscheids Versuche, auf beide Seiten besänftigend einzuwirken, misslang auf der ganzen Linie.

Sehr viel entschiedener trat er in einem exemplarischen Streitfall auf. Hier musste entschieden werden, ob die Räte befugt waren, anlässlich des Empfangs der heimkehrenden Truppen die rote Fahne auf dem Regierungsgebäude zu hissen. Im Zusammenhang mit einer Anfrage des Stettiner Oberpräsidenten wegen eines ähnlich gelagerten Vorfalls verwies er auf die Anregung des Kommandanten von Berlin, nach dessen salomonischem Beschluss die deutsche Flagge mit rotem Wimpel aufzuziehen war. Erst nachdem sich verschiedene örtliche Räte mit diesem Kompromiss nicht zufriedengeben wollten, forderte er die Regierungspräsidenten dazu auf, den Wünschen des Arbeiter- und Soldatenrats, wenn er «auf die Führung einer roten Flagge auf dem Regierungsgebäude entscheidenden Wert legt, zu entsprechen».

Dieser frühe Flaggenstreit zeigt, wie sehr das preußische Innenministerium unter Breitscheids Führung in den ersten, von der Offenheit der Situation geprägten Wochen, auf die Wünsche der konservativen Beamtenschaft Rücksicht nehmen musste. Auf die Forderungen der Räte ging er oft erst dann ein, wenn deren Druck zu groß wurde. Aus eigener Initiative hat er wenig zur Stärkung ihrer Position unternommen. Entschiedener trat er nach einem gegenrevolutionären Putschversuch vom 6. Dezember auf, als er die Ansprüche der Räte gegenüber der Verwaltung im Lande verteidigte. Doch beschränkte er sich dabei auf die Unterstützung der Arbeiterräte in erster Linie gegenüber der Reichsregierung.

Ansätze zu einem dritten Weg zwischen der von der SPD vertretenen Politik des demokratischen Parlamentarismus auf der Grundlage der Nationalversammlung und der Forderung der Spartakisten nach einer bolschewistischen Rätediktatur hat er in seiner Amtszeit nicht mehr aufgegriffen. Kautsky und Hilferding[52] wiesen einen anderen Weg, indem sie den Räten durch die Stärkung ihrer Kontrollfunktion eine fest umrissene Aufgabe bei der Demokratisierung der Verwaltung zuschrieben. Breitscheid ging damit theoretisch konform.

52 Rudolf Hilferding (1877–1941), USPD/SPD, u. a. Reichsfinanzminister.

Während er aber im Dezember mit dem Diktum «So geht es nicht weiter!» gegen die Politik des «Sachverstandes» polemisierte, wie die Reichsregierung sie trieb, unterwarf er sich als preußischer Minister selbst dem Gesetz der Sachzwänge.

Der Kampf um die Macht

Die bisherigen Anhänger der USPD brachten für die Diskrepanz, die sich zwischen Anspruch und Wirklichkeit in der Politik ihrer Partei auftat, wenig Verständnis auf. Bei den Wahlen liefen sie in Scharen zur SPD. Breitscheid sah seine Partei «in der Rolle des hilflosen Greises auf dem Dach» und fasste die Fehler, die die Niederlagen der USPD verschuldeten, bündig in dem Satz zusammen: «Wir haben keine Politik». In dem Bewusstsein, wieder einmal eine Parteispaltung einzuläuten, sah er die Partei Mitte Dezember vor die Alternative gestellt: «Entweder treten wir aus der Regierung aus und bekennen uns rückhaltlos zu Spartakus. oder wir bleiben in der Regierung und ziehen unsere Grenzen auch gegen links. Die Politik der Unklarheit und des Schwankens führt uns zur absoluten Bedeutungslosigkeit.» [53] Er ließ keinen Zweifel daran, dass er inzwischen das Regierungsbündnis dem revolutionären Kampf vorzog. Die Frage lautete nun für ihn nicht mehr: rote oder schwarz-rot-goldene Revolution? – sondern nur noch: Beteiligung an der Macht oder machtferne Kritik der Herrschenden.

Offensichtlich waren die Mehrheitssozialisten fest entschlossen, die einmal erworbene Macht zu behalten. Sie wurden darin auch für die Zukunft durch die Erfolge, die sie in den Arbeiter- und Soldatenräten errangen, bestärkt. Für die USPD gab es keine andere Möglichkeit mehr als die Regierungsbeteiligung, um – so Breitscheid – «für den Sozialismus zu retten, was noch zu retten ist».[54] Der Umgang mit der Macht hatte die eigenen politischen Maßstäbe verändert. Sein anfänglicher Glaube an die Macht des Worts und sein früheres Vertrauen auf die moralische Wirkung der politischen Demonstration hatte sich in der täglichen Erfahrung mit dem Beharrungsvermögen des politischen Apparats weitgehend verbraucht. Von rechts drängten mit ihren Forderungen die Mehrheitssozialisten, auf der anderen Seite zogen die radikalen Spartakisten. Dabei geriet Breitscheid immer mehr auf die Bahn der Anpassung an den Regierungspartner, der als einziger über ein schlüssiges Konzept zur Bewältigung des revolutionären Wirrwarrs verfügte. Er beugte sich jetzt auch der Forderung nach

53 Breitscheid, «So geht es nicht weiter!», in: *Sozialist* Nr. 50 vom 12. Dez., S. 3.

54 Breitscheid, «Der 16. Februar», in: *Sozialist* Nr. 49 vom 5. Dez. 1918, S. 2.

schleuniger Abhaltung der Nationalversammlung und hielt es für «unmöglich, wegen des Termines an die Gewalt zu appellieren. Man würde uns nicht verstehen», fuhr er fort, «und unsere Position wäre von vornherein äußerst schwach».

Daher bleibe nichts anderes übrig, als «entschlossen und rückhaltlos in den Wahlkampf einzutreten.» Realpolitische Kalkulationen, verbunden mit Rücksichten auf die Stimmung in der Partei ließen ihn vorerst auf dem Weg der Regierungsbeteiligung fortschreiten. Weiterhin unterzeichnete er Verfügungen, die sich wenig darum kümmerten, ob seine Politik mit den theoretischen Kombinationen der «Marx-Orthodoxie» über die Rolle der Räte im Einklang stand. Statt sich mit ideologischen Spitzfindigkeiten zu plagen, reiste der gebürtige Rheinländer in diesen Wochen nach Köln, um dort ebenso wie im schlesischen Breslau, wo er ebenfalls schon tätig werden musste, die lodernden Feuer des rheinischen und des schlesischen Separatismus löschen zu helfen. Ob Preußen in seiner jetzigen Gestalt die Revolution überdauern werde, solle die Nationalversammlung entscheiden, wiegelte er ab.

Als die USPD in den kritischen Tagen der Berliner Matrosenmeuterei nach dem 24. Dezember den rechten Zeitpunkt zur Verwirklichung ihrer eigenen Vorstellungen über Ziel und Zweck der Revolution gekommen sah, war es dafür bereits zu spät. Breitscheid, der bisher alles unternommen hatte, um den Eklat zu vermeiden, musste erkennen, dass die latente Krise, die von Anbeginn in den Regierungen des Reichs und in Preußen schwelte, zur Lösung drängte. Breitscheid musste für sich, auch als preußischer Innenminister, entscheiden, ob er auf dem bisher beschrittenen Weg der Anpassung weitergehen wollte. In der hitzigen Atmosphäre der letzten Dezembertage vollzog er die Wendung seiner Partei zum Radikalismus mit.

Am 29. Dezember 1918 traten die Unabhängigen aus der Reichsregierung aus. Breitscheid hatte schon zwei Tage zuvor gesprächsweise sein eigenes politisches Schicksal von dem seiner Parteigenossen in der Reichsleitung abhängig gemacht. Er blieb noch bis zum 3. Januar 1919 im Amt, dann demissionierte er zusammen mit den übrigen Unabhängigen. In den entscheidenden Organen hatten die Vertreter der USPD die Mehrheit verloren. Resigniert verließen sie das Feld – kampflos.

Auf die Episode der Regierungsbeteiligung zurückblickend, sah Breitscheid deren Ende als das letzte Glied in einer Kette schwerer Fehler, die die Unabhängigen in der Zeit von November bis Ende Dezember 1918 begangen hatten. Nicht der Kompromiss mit den Mehrheitssozialisten, vielmehr die Unausgeglichenheit der unabhängigen Politik, die unklare Einstellung zur Macht überhaupt führte schließlich zur Selbstausschaltung der Partei. Ihre Weigerung, im Zentralrat mitzuarbeiten, war für ihn Ausdruck eines verbreiteten Irrtums, Verfassungs-

15 Als Revolution mit Goldrand kehrte Jahre später die Erinnerung an den 9. November 1918 zurück: Volkserhebung statt Revolution. Arbeiter und Matrosen halten die Rote Fahne, symbolische Farbe des revolutionären Sozialismus. Die Arbeiterschaft war gespalten zwischen Sozialdemokraten und Kommunisten, die wirkliche Revolution blieb aus. Die politische Schwäche wurde zum Merkmal der Weimarer Republik, die sich am Ende selbst entmachtete und sich den Feinden der Demokratie auslieferte.

bestimmungen höher zu bewerten als die Macht selbst, während es doch gerade in Zeiten des Umbruchs darauf ankomme, «jede Stellung zu beziehen und zu behaupten, auf der sich […] auch nur die allergeringste Wirkungsmöglichkeit eröffnet».[55]

Schon wenige Tage später, am 6. Januar, fühlte er sich aufgerufen, nach dieser Einsicht zu handeln, als Spartakisten und radikale Berliner Unabhängige die Abberufung des Polizeipräsidenten Eichhorn zum Anlass nahmen, die Gewalt auf die Straße zu tragen. Breitscheid fürchtete, die Revolution könnte im Blut ersticken. Als Vermittler zwischen den Aufständischen und der Regierung versuchte er, die Selbstzerstörung der Revolution aufzuhalten und die eigene Partei

55 Breitscheid, «Nach der Trennung», in: *Sozialist* Nr. 1 vom 4. Januar 1919, S. 1.

wieder ins politische Spiel zurückzubringen. Doch er – und mit ihm die übrigen Mitglieder der USPD-Zentrale, die sich ebenfalls in die Vermittlungsaktionen eingeschaltet hatten – scheiterten am Widerstand beider Seiten. Zwischen dem neuen, von Friedrich Ebert beauftragten sozialdemokratischen Militärmachthaber Gustav Noske und den zum Handeln um jeden Preis entschlossenen Radikalen war eine Versöhnung nicht mehr möglich.

Wichtiger als der unüberbrückbare Gegensatz, der nun KPD und SPD trennte, war für Breitscheid die im Januaraufstand klar zutage tretende parteipolitische Isolation, in die die USPD geraten war. Erst recht nach dem Ausscheiden der Unabhängigen aus der Regierung ging es ihm weiter darum, die Einheit der sozialdemokratischen Kräfte als ein einheitliches Ganzes über die gewaltsamen Auseinandersetzungen hinwegzuretten. Die «einheitliche Arbeiterbewegung», ja, «die eine große sozialdemokratische Partei» sollte das Ziel sein.

Im Januar-Aufstand hatte sich erneut bestätigt: Statt mit den übrigen sozialdemokratischen und sozialistischen Parteien und Gruppen die Verständigung zu suchen, warf sich die Führung der SPD der Gegenrevolution in die Arme. Bereits im Dezember war ihre «verhängnisvoll starke Neigung zu unproletarischem und unsozialistischem Handeln» deutlich geworden.[56] Dann kamen die Januarereignisse, und weiterhin kamen dieselben Methoden auch im März bei der Niederschlagung des nächsten größeren Aufstandes gegen die Regierung zur Anwendung.

Breitscheid sah das Verhängnis vor allem im Vorgehen Noskes,[57]der sich einseitig auf die Gefahr von links konzentrierte und den antisozialdemokratischen Wehrverbänden freie Hand beim Kampf gegen echte und vermeintliche Putschversuche der Spartakisten ließ. Das Ausufern des Bürgerkrieges in eine allgemeine und starke gegenrevolutionäre Bewegung würde am Ende des so begonnenen Kurses stehen. «Glaubt irgendjemand im Ernst», fragte Breitscheid mit Blick auf die drohende Entwicklung, «dass die Offiziere der Freiwilligenverbände sich für die Herren Ebert und Scheidemann erhitzen? Die Ordnung, die sie im Auge haben, ist eine wesentlich andere als die sozialistische [...]. Zuerst marschierte man gegen die Spartakisten, mehr und mehr werden schon die Unabhängigen Ziel der Bewegung, und am Ende wird es dem Sozialismus und der Arbeiterbewegung schlechthin an den Kragen gehen.»[58]

Um es so weit nicht kommen zu lassen, sei es nötig, «dass auch die USPD von sich aus den Trennungsstrich zu den Führern der SPD ziehe, die Isolation also

56 Ebd., S. 3

57 Gustav Noske (1868–1946), erster sozialdemokratischer Reichswehrminister

58 Breitscheid, «Wohin geht die Fahrt?», in: *Sozialist* Nr. 15 vom 29. März 1919, S. 186.

zunächst vollende, indem sie sich nach rechts und links abgrenzte; denn ebenso verderblich wie der rechte Opportunismus der Sozialdemokraten sei der ziel- und zügellose Radikalismus der Spartakisten.»[59]

In seinen publizistischen Stellungnahmen zu den dramatischen Ereignissen des Jahres 1919 rückte die Absage an die kompromittierten SPD-Politiker nach vorn, noch vor die Auseinandersetzung mit den Kommunisten. Immer wieder wies er jetzt darauf hin, dass es mit Ebert, Scheidemann, Landsberg und Noske keinerlei Gemeinsamkeiten geben dürfe, weder in Gestalt einer vereinigten sozialdemokratischen Partei unter der Führung dieser Männer noch für die Bildung einer gemeinsamen Regierung. Dabei ging er nicht bis zum vollständigen Bruch mit der gesamten mehrheitssozialistischen Führung. Vorsichtig genug beschränkte er seine Attacken auf deren Vertreter in der Regierung. So hielt er eine erneute sozialdemokratische Koalitionsregierung im März für durchaus denkbar, wenn die Mehrheitspartei bereit wäre, auf die Teilnahme der bisherigen Volksbeauftragten zu verzichten. Diese wollte und konnte sich jedoch zu einem Revirement großen Stils unter dem Druck der Unabhängigen nicht entschließen.

Da eine Verständigung der sozialdemokratischen Parteileitungen so bald nicht zu erwarten war, sollte die USPD versuchen, auf andere Weise sowohl die Macht zu erobern als auch die Spaltung der Sozialdemokratie zu überwinden. Dazu bedurfte es einer Rückkehr zu der Taktik, die im Wesentlichen mit jener übereinstimmte, die man am 9. November 1918 aufgegeben hatte. Breitscheid beschrieb sie bereits Anfang Januar, als er über die künftigen Aufgaben der in Opposition stehenden USPD nachdachte: «Mit wachsamem Auge werden wir die Politik der Regierung verfolgen und ihre Anhänger auf jedes Abweichen von der sozialdemokratischen Linie aufmerksam machen. Wir werden das Klassenbewusstsein des Proletariats gegen jeden Versuch einer Abschwächung der revolutionären Idee aufrufen und dadurch die Möglichkeiten von Konflikten zwischen den Beauftragten und ihren Auftraggebern erhöhen.»[60] Die letzte Entscheidung delegierte Breitscheid demnach an die Massen. Doch war auf deren Gunst kein Verlass, sie konnte schwanken, nicht nur zwischen SPD und USPD; hier waren auch die kommunistischen Spartakisten ins Kalkül zu ziehen.

Für Breitscheid ging es indessen um einen weiteren Versuch, die sozialdemokratisch gesinnte Arbeiterschaft hinter der Fahne der USPD zu sammeln. Er hoffte, sie einer mehrheitssozialistischen Führung abspenstig zu machen, nachdem die Revolution mit den Wahlen zur Nationalversammlung und mit der Bildung einer parlamentarisch-demokratischen Regierung ihr Ende gefunden

59 Breitscheid, «Nach der Trennung», a.a.O., S. 4

60 Ebd., S. 3.

16 Karl Liebknecht (1871–1919), gemeinsam mit Rosa Luxemburg (1871–1919) Ikone des gescheiterten revolutionären Umsturzes im deutschen November 1918. Gegner einer demokratischen Republik. Befürworter einer Diktatur des Proletariats durch Herrschaft der Arbeiter- und Soldatenräte. Breitscheid setzte sich mit dieser Alternative kritisch auseinander und verwarf sie. In den kurzen Monaten seiner Amtsübernahme als preußischer Volksbeauftragter für Inneres wurde Breitscheid zum Befürworter der Nationalversammlung, die der Republik eine demokratische und freiheitliche Verfassung geben würde.

hätte. Die Installierung der bürgerlichen Republik mit dem «Bürger-Sozialisten» Ebert an der Spitze dürfe aber die Unabhängigen nicht daran hindern, entschlossen «wieder an den 9. November anzuknüpfen und die sozialistische Idee von den Schlacken zu befreien, die sich an sie während der letzten Monate angesetzt haben.»[61]

Dass die USPD unterdes zu einem Sammelbecken der sozialistisch-demokratischen Arbeiter werden konnte, bewiesen Breitscheid die Wahlen zur Nationalversammlung und die Kommunalwahlen vom 23. Februar 1919. Hier hatte sich «der gesunde Sinn der deutschen Arbeiterschaft» Bahn gebrochen. Die Politik des Belagerungszustandes tat das Ihrige, den Widerstand gegen die Mehrheits-

61 Breitscheid, «Der kommende Mann», in: *Sozialist* Nr. 24 vom 14. Juni 1919, S. 364.

sozialisten und ihre bürgerlichen Regierungspartner zu beleben. Damit die sozialistische Sammlung Fahrt aufnehme, war die Selbstverständigung der zur Führung berufenen USPD über Sinn und Ziel der von ihr entfachten zweiten revolutionären Bewegung nötig. Die Absplitterung der Kommunisten hatte eine gewisse Konsolidierung gebracht. Aber noch war die USPD «überhaupt keine Partei, sondern eine Vereinigung von Menschen, die nur in der Ablehnung einer bestimmten Politik übereinstimmten». Breitscheid sprach ihr rundweg ihre wichtigste Eigenschaft ab und sah die Zeit gekommen, durch Arbeit am Programm, weniger durch Organisation, Abhilfe zu schaffen. Zuerst sollte die Partei sich programmatisch selbst finden, um auf diesem Fundament die «Einigung des Proletariats» zu schaffen. Dem diente der Anfang März abgehaltene Parteitag der USPD.

Gemeinsam mit seinem Freund, dem marxistischen Theoretiker Rudolf Hilferding, leisteten Breitscheid in seiner Zeitschrift *Der Sozialist* und Hilferding in der *Freiheit*, dem Zentralorgan der USPD, inhaltliche Vorarbeit. Die beiden Intellektuellen beteiligten sich wechselweise mit Beiträgen am Blatt des jeweils anderen. Ihre unterschiedlichen Positionen vertraten sie auf dem Parteitag, während in den Straßen Berlins der Aufruhr tobte. Eine einheitliche Linie kam nicht zustande.

Exkurs: Die Diktatur des Proletariats

Breitscheid, der sich für die USPD an den Grundsätzen des Erfurter Programms orientierte, musste feststellen, dass die Begriffe «Sozialismus» und Demokratie nicht mehr dasselbe meinten, wie im Jahre 1891, dass sie in den Ereignissen des turbulenten Jahres 1919 einen historisch bedingten Bedeutungswandel erfahren hatten. Eine abstrakte Definition half nicht weiter. Während er betonte, dass man sich von den Mehrheitssozialisten durch einen «konsequenten Sozialismus und Internationalismus» unterschied, räumte er ein, dass dieser Unterschied wenig besage, da auch die «Plakatsozialisten» nicht zögerten, «ein Lippenbekenntnis zum Erfurter Programm abzulegen und sich möglicherweise auch mit den Richtlinien, die unser Parteitag aufstellt, einverstanden erklären werden.»[62]

Sein Glaubenssatz, es könne keine Demokratie außerhalb des Sozialismus geben, hatte ihn 1912 zur sozialdemokratischen Partei geführt. Daran hielt er fest. Als Merkmal einer künftigen, klassenlosen Gesellschaft war sie grundver-

62 Breitscheid, «Programmfragen», in: *Sozialist* vom 31.1.1919, S. 67.

schieden von der Demokratie als Methode des Klassenkampfes. Im letzteren Fall handelte es sich darum, die auf dem Boden des liberal-kapitalistischen Staats vorgefundene Methode des politischen Kampfs zu nutzen. Sie wies einen der Wege, die zur gesellschaftlichen und politischen Emanzipation des Proletariats führen konnten. Breitscheid räumte ein, er und mit ihm manch andere in der SPD hätten bisher, «mehr als es wünschenswert gewesen ist, darauf gehofft, dass diese formale Demokratie, die man die liberale Demokratie nennt, ein starker Hebel zum Sozialismus werden» würde. Indessen habe auch ihn das gegenwärtige Missverhältnis zwischen demokratischer und sozialistischer Republik von dieser Illusion befreit. Als Herrschaftsform sei die Demokratie im «Klassenstaat tatsächlich ein Hilfsmittel der Besitzenden und eine Kulisse, hinter der die Bourgeoisie ihre politischen Geschäfte besorgen kann.»[63] Aus diesem Vorbehalt folgte nicht notwendig die radikale Ablehnung des Parlamentarismus. Breitscheid selber hatte sich Ende Januar 1919 an den Wahlen zur Nationalversammlung beteiligt. Seinem abermaligen persönlichen Scheitern zum Trotz hielt er an der Auffassung fest, der revolutionäre Sozialismus müsse alle Wege, die auch nur den geringsten Erfolg versprächen, beschreiten. Die Nationalversammlung war eben nur einer.[64]

Damit war das Problem der Demokratie für ihn keineswegs gelöst; denn die USPD war davon überzeugt, mit der Revolution erst die Hälfte des Wegs zurückgelegt zu haben. Gerade in diesem Punkt unterschied sie sich grundsätzlich von der SPD, die aus ihrer Ansicht, die Revolution sei mit dem Wahltag des 19. Januar oder spätestens mit dem 6. Februar, dem Tag der Eröffnung der Nationalversammlung beendet, die Konsequenzen zog und die Räte, Träger der revolutionären Demokratie, abzuschaffen begann. Aus Sicht der sozialdemokratischen Mehrheit waren die revolutionären Kader nur noch «Bremsvorrichtungen und kostspielige Hindernisse jeder ordentlichen Verwaltung».[65]

Im Gegensatz dazu kam es der USPD darauf an, die materielle und rechtliche Stellung der Räte in Wirtschaft und Politik zu stärken, ohne dass damit der Grundsatz der Demokratie aufgegeben würde. Breitscheid dachte bei der Lösung des schwierigen Problems an eine Kombination aus Rätesystem und Parlamentarismus. Sein eigener Vorschlag zielte auf einen «Sozialistischen Rat der Republik», der als «Parlament der Arbeit» neben der bürgerlich-kapitalistisch dominierten Nationalversammlung in der Verfassung zu verankern sei und das Recht besitzen sollte, Beschlüsse des allgemeinen Parlaments mit dem

63 Breitscheid, «Die Politik der Unabhängigen», in: *Sozialist* Nr. 9 vom 1. März, S. 136.
64 Ebd., S. 134.
65 Breitscheid, «Die Zukunft der Arbeiterräte», in: *Sozialist* Nr. 6 vom 7. Febr. 1919, S. 81.

Veto zu blockieren und eigene Vorlagen auszuarbeiten. Auf diese Weise hoffte er, die Entwicklung zu einer sozial-liberalen Republik bremsen zu können, um sie durch sozialistische Impulse in eine andere Richtung zu biegen.

Ganz entschieden lehnte er kommunistische Pläne ab, die sich auch auf dem linken USPD-Flügel unter der Führung Ernst Däumigs[66] wachsender Sympathien erfreuten, mithilfe der Räte nämlich eine Diktatur des Proletariats nach bolschewistischem Muster zu errichten. In einer Gewaltherrschaft des Proletariats sah Breitscheid aber nichts anderes als die Ersetzung der Herrschaft einer Klasse durch ein neues Klassenregime. Ihm schien es zweifelhaft, dass sie «zu der uns als Ideal vorschwebenden Abschaffung der Klassenherrschaft und der Klassen selbst führen kann».[67] Auf dem Berliner Parteitag im März versuchte er deshalb, das Einschwenken des linken Flügels auf die kommunistische Linie zu verhindern und bot seine Vermittlerdienste an.

Doch schon wenige Wochen später, im April 1919, bewegte er sich selbst in Richtung des kommunistischen Konzepts. In Bayern war die Räterepublik ausgerufen worden, während in Berlin der zweite Rätekongress tagte. Die Stellung der Reichsregierung wurde immer schwieriger. In den Massen gewann, wie Breitscheid zu erkennen glaubte, der Rätegedanken als Ausweg aus dem Chaos an Boden. Der Rätekongress habe den Schrei der Massen nach dem Rätesystem artikuliert, «nach einer Verfassung, die den Arbeitenden den ausschlaggebenden Einfluss verleiht, das heißt eine Art von Diktatur des Proletariats errichtet». Sollte sich die Regierung den verfassungspolitischen Projekten des Kongresses widersetzen, so müsse man den Sozialismus ohne Rücksicht auf die bürgerlichen Parteien erkämpfen.

Zu ihm gelange man aber «nicht durch das Parlament der papierenen Demokratie, sondern nur durch das Rätesystem».[68] Breitscheid war überzeugt, jetzt die von Marx beschriebene historische Übergangsperiode von der kapitalistischen zur kommunistischen Gesellschaft zu erleben, in der das Proletariat mit umso größerer Berechtigung die Diktatur ausüben dürfe, als es ja die überwältigende Mehrheit besitze. Allerdings müssten die Massen selbst und nicht eine revolutionäre Avantgarde den Fortgang der Ereignisse bestimmen. Der Partei falle die Aufgabe zu, die Massen in ihrem Willen zur Macht zu bestärken. Sie übe nur ein Mandat aus, das ihr «im Einverständnis und im Namen des Gesamtproletariats» erteilt worden sei.[69]

66 Ernst Däumig (1866–1922), sozialistischer Politiker und Journalist.

67 Breitscheid, «Die Politik der Unabhängigen», a.a.O., S. 135.

68 Ebd., S. 234f.

69 Breitscheid, «Der 9. November», in: *Sozialist* Nr. 45 vom 8. Nov. 1918, S. 699.

Vom Verlauf des Rätekongresses, der mit der Forderung nach einer berufsständischen zweiten Kammer die «denkbar mildeste Form der Diktatur» errichten würde, war Breitscheid enttäuscht. Er hegte Zweifel, dass sich die Arbeiterschaft überhaupt noch mit einem reinen Kontrollrecht begnügen würde. Sollte die Regierung den Forderungen nicht schnell genug nachkommen, sah Breitscheid die Lösung in der Flucht nach vorn: «Dann gibt es nur noch einen Ruf, und das ist der: ‹Alle Macht den Arbeiterräten!›»[70]

Die erhoffte Radikalisierung der Arbeiterschaft blieb auch diesmal aus. Die USPD wurde jetzt- ob sie wollte oder nicht – von der Sorge bedrängt, die die näher rückende Unterzeichnung des Friedensvertrags der Regierung wie den Parteien im Reich bereitete. Voller Genugtuung verfolgte Breitscheid, wie die Regierung Scheidemann dem Fiasko ihrer Außenpolitik entgegenging. Scheinbar gelassen entgegnete er denen, die zur Regierungsbildung durch die Unabhängigen rieten, es sei eine «strafwürdige Torheit», wenn die Unabhängigen «auch nur einen Finger rührten, um im gegenwärtigen Moment zur Macht zu gelangen». Die Stunde der Partei sei erst gekommen, «wenn das Proletariat uns ruft».[71]

Seine Hoffnung, die Annahme des Friedensvertrags werde die Machtergreifung des Proletariats beschleunigen, kehrte sich rasch in Furcht vor den katastrophalen Folgen einer Ablehnung. Der Rücktritt Scheidemanns im Juni schien ihm jedoch der ungeeignetste Anlass, die Regierungskrise zur Belebung des revolutionären Bewusstseins der Massen zu nutzen. Vielmehr rief er den gescheiterten Ministern höhnisch zu, «sang- und klanglos von der Bildfläche zu verschwinden» und den Weg für den Friedensvertrag freizumachen. «Wenn der Friede da ist, werden wir dem Staatsschiff schon den richtigen Kurs geben können. Zunächst aber und vor allem: Wir wollen den Frieden!»[72]

Abschied von den «Räten»

Darüber geriet die Räte-Idee mehr und mehr in Vergessenheit. Ihr politischer Inhalt ging verloren. Der große Plan, sie über die Kontrollfunktion hinaus zu Trägern der politischen Macht zu machen, wurde schließlich, ohne dass Breitscheid noch einmal seine Stimme zu ihren Gunsten erhoben hätte, auf ein

70 Breitscheid, «Das Rätesystem», in: *Sozialist* Nr. 16 vom 18. April 1919, S. 235.

71 Breitscheid, «Die Unabhängigen und der Friede», in: *Sozialist* Nr. 20 vom 17. Mai 1919, S. 299

72 Breitscheid, «Wir wollen den Frieden!», in: *Der Sozialist* Nr. 25 vom 21. Juni 1919, S. 379.

Betriebsrätegesetz reduziert. Im Jahresrückblick zum ersten Jahrestag der Novemberrevolution tauchte der Begriff der «Räte» überhaupt nicht mehr auf. Was die Aussichten der Revolution anging, so lag es an der Partei, publizistische «Vorarbeit für den nächsten Moment kritischer Spannung zu leisten». Jedoch hatten die vergangenen Monate die Grenzen dieser Politik deutlich gemacht und Breitscheids These bestätigt, dass ein Sieg allein «von der Reife der Verhältnisse und der Reife des Volkes» abhing.

Dieser Zustand, so folgerte er echt marxistisch, sei im Wesentlichen ökonomisch bedingt, mit der Entwicklung der wirtschaftlichen und sozialen Verhältnisse eng verknüpft und daher weitgehend unabhängig vom Willen Einzelner. Die Revolution sollte andauern, aber ihre Kristallisationskerne, die Räte, waren verschwunden. Übrig blieben die Parteien und die bürgerliche Republik, mit deren Form sich Breitscheid vorläufig aber noch nicht abfinden wollte. Er sah deshalb keinen Grund, von der Forderung nach der Diktatur des Proletariats abzurücken. Da die Räte sie nicht auszuüben imstande waren, ging die Verpflichtung an die sozialdemokratischen Parteien zurück, denen immer noch der Weg über eine Diktatur offenstand.

Gegen Ende des Jahres 1919 forderte Breitscheid ein «rein sozialistisches Regime», das ohne Rücksicht auf die Mehrheitsverhältnisse im Parlament die Herrschaft der sozialistisch-demokratischen Minderheit errichten sollte. Wenn die Sozialdemokratie den Sturz des Kapitalismus wolle, dürfe sie ihn nicht «im uneingeschränkten Besitz seiner Machtmittel lassen». Sie durfte nicht davor zurückschrecken, «in günstiger Stunde die Herrschaft des Proletariats auch dann aufzurichten, wenn sie dem System des Parlamentarismus widerspräche».[73]

Diese Form der Diktatur verwies die USPD wieder zurück auf die Mehrheitssozialisten, ohne die ein solches Regime sich nicht aufrichten ließ. Breitscheid, der die Schwäche seiner Partei kannte, machte die Zustimmung der «großen Mehrheit des Proletariats» zur unabdingbaren Voraussetzung, da mit kleinen Minderheiten sich zwar Putsche, aber keine Revolutionen machen ließen. Doch lag gerade in der Notwendigkeit einer gemeinsamen Ausübung der sozialistischen Diktatur nach wie vor das Haupthindernis für ein strategisches Zusammengehen der beiden sozialdemokratischen Parteien. Die USPD glaubte sich in der Lage, den Mehrheitssozialisten ihre Bedingungen in ultimativer Weise aufdrängen zu können, während diese vorerst nicht daran dachten, die künftig so bezeichnete Weimarer Koalition aus Sozialdemokraten, Zentrumspartei und Demokraten (DDP) auseinander brechen zu lassen.

73 Breitscheid, «Die Eisscholle», in: *Sozialist* Nr. 41 vom 11. Okt. 1919, S. 635.

Breitscheid machte dann aber an der Jahreswende 1919/20 erste Abstriche an der bisher strikt eingehaltenen Abgrenzung zur SPD-Führung, als er erklärte, alles, was die USPD zur Einigung beitragen könne, sei der Verzicht auf weitere Anklagen. Damit sei's genug. Sollte die Sozialdemokratie ihre Fehler dann durch Taten ausgleichen – die Aufhebung des Belagerungszustandes, die Beseitigung des Militarismus und die Kündigung ihrer Koalition mit den Bürgerlichen – um so eine Atmosphäre zu schaffen, «in der über die grundsätzlichen Fragen, über das Problem von Diktatur und Demokratie, über den Sozialismus mit einiger Aussicht auf Erfolg diskutiert werden kann.»[74]

So viel gönnerhafter Konzilianz bedurfte es im März 1920 nicht mehr. Jetzt schienen die Ereignisse im Zusammenhang mit dem Kapp-Putsch die Sozialdemokratie zwangsläufig auf den Weg zu drängen, den Breitscheid ihr zugedacht hatte. Bei allem schweren politischen und menschlichen Schaden, den der Putsch dem Volk zugefügt habe, wollte Breitscheid nicht darauf verzichten, dem Schicksal für jene wilde Episode zu danken, die der Sozialdemokratie «eine politische Lektion von ungeheurem Wert erteilt» habe.[75] Den an der Revolution schon Verzweifelnden habe die Niederschlagung der Erhebung neuen Mut eingeflößt. Und «das Beste, was uns der 13. März gebracht hat, sei, dass er die Arbeiterschaft zu einer geschlossenen Phalanx zusammenschmiedete und zusammenschweißte.»[76]

Der gemeinsame Abwehrkampf von SPD, USPD und Gewerkschaften nahm in den Augen Breitscheids die Einigung der Sozialdemokratie wie in einer Generalprobe vorweg. Es kam jetzt nicht mehr darauf an, ob die Einigung sich von unten oder von oben vollzog, – durch Sammlung der sozialdemokratischen Anhängerschaft in der USPD oder durch Verhandlungen zwischen beiden Arbeiterparteien. Wichtig schien ihm einzig und allein, die in den Wirren des März zustande gekommene «Einheitsfront» zu erhalten und auszubauen. Die «historische Bedeutung des Augenblicks» konnte indessen von der USPD nicht in ihrem Sinne genutzt werden. Die Chance einer rein sozialistischen Regierungsbildung auf längere Sicht verstrich, sie scheiterte an Maximalforderungen des linken Flügels, während Breitscheid und das Parteizentrum mit weniger zufrieden gewesen wären. Sie erklärten sich schließlich mit den auf eine Staatsreform zielenden Bedingungen von SPD und Gewerkschaften einverstanden, «um die gewonnene Einmütigkeit nicht aufs Spiel zu setzen, und nicht durch neue Zersplitterung das Erstarken des Kampfgeistes zu gefährden». So verblasste auch der Gedanke der

74 Breitscheid, «Der Kampf um die Wahrheit und der Kampf um die Macht», in: *Sozialist* Nr. 47 vom 22. Nov. 1919, S. 733.

75 Breitscheid, «Bilanz», in: *Sozialist* Nr. 12/13 vom 31. März 1920, S. 209;

76 Ebd., S. 210.

Diktatur des Proletariats gegenüber der in Breitscheids Sinne näher rückenden Möglichkeit eines Zusammenschlusses der sozialdemokratischen Parteien und Gruppen. Bevor dieser aber Wirklichkeit werden konnte, bedurfte es noch der innerparteilichen Klärung.

Revisionismus und Parteispaltung

Trotz der prinzipiell ablehnenden Haltung, die Breitscheid gegenüber den deutschen Kommunisten einnahm, hatte er bisher gehofft, mit ihnen auf einer Linie strategischer Verständigung operieren zu können. Ähnlich gestaltete sich sein Verhältnis zur Linken in der eigenen Partei, die ungeachtet ihrer «Renaissance» in einer andauernden, auf theoretischen und vor allem taktischen Meinungsverschiedenheiten beruhenden inneren Krise steckte. Mit der Gründung der Kommunistischen Internationale griff in der USPD die Diskussion über die Unterwerfung unter den Führungsanspruch Moskaus in der sozialistischen Welt um sich und machte die innerparteiliche Flurbereinigung unumgänglich.

Während in Moskau die Komintern mit den berüchtigten 21 Richtlinien die bedingungslose Unterwerfung der USPD formulierte, brachte Breitscheid, der inzwischen ein Reichstagsmandat errungen hatte, von der Tribüne seine Sympathien für die Sowjetrepublik zum Ausdruck, die noch im Krieg mit Polen stand. Vom Gedanken internationaler sozialistischer Solidarität beseelt, rief er «unseren Brüdern in Sowjetrussland unsern Gruß und unsern Glückwunsch» zu. Dies sei «die einzige Art des Krieges, für die wir ein Verständnis besitzen»; denn hier handele es sich nicht um dynastische oder annexionistische Konkurrenzen, sondern um die «Verteidigung der revolutionären Errungenschaften.»

Gerüchten zufolge, die aus Moskau nach Berlin drangen, gehörte Breitscheid zu denjenigen Unabhängigen, die «auf dem Altar der Dritten Internationale geopfert werden» sollten.[77] Schon im Mai 1920 war bekannt geworden, dass das Exekutivkomitee der Dritten Internationale von den deutschen Unabhängigen den Ausschluss ihres rechten Flügels verlangt hatte, zu dem Breitscheid sich zählte. Das Moskauer Ansinnen wies er sogleich als unannehmbar zurück, «wie es für jede politische Organisation, die noch ein wenig Gefühl für die eigene Würde besitzt, unannehmbar wäre».

77 *Unabhängige Sozialdemokratische Partei Deutschlands. Protokoll der Reichskonferenz vom 1. bis 3. Sept. 1920 in Berlin*, Berlin o.J. (1920), S. 123

Wochen später begann er vom Gedanken des revolutionären Internationalismus russisch-bolschewistischer Prägung abzurücken. Er sprach jetzt vom «Nationalismus der russischen Revolution» und den besonderen Bedingungen der deutschen Revolution, deren Belebung er – allerdings nur im Rahmen einer weltumspannenden Krise des Kapitalismus – weiterhin für möglich und erstrebenswert hielt. Man habe «bisher in der Tat die Objektivität nicht voll gewahrt und zu ausschließlich das Gute in Russland gesehen und geschildert», räumte er ein. Mit der Annahme der Moskauer Forderungen auf dem außerordentlichen Parteitag in Halle habe sich die Mehrheit in der USPD «zum Werkzeug der Sowjetregierung» erniedrigt. Die Bedingungen atmeten nicht den Geist der «Diktatur des Proletariats, sondern der Diktatur über das Proletariat».[78]

Obwohl er wiederholt versicherte, weder die nationale noch die Parteiehre stehe gegenwärtig zur Debatte, hielt er es doch für «einigermaßen entwürdigend», dass im Exekutivkomitee der Internationale «die Vertreter von Aserbaidschan und von Afghanistan ebenso viel Stimmen haben sollen wie Deutschland» und die deutschen Vertreter dort «eine Rolle spielen sollen wie Füchse in einer studentischen Korporation oder wie Novizen in einem Nonnenkloster».[79]

In der großen Redeschlacht, die sich auf dem Parteitag von Halle abspielte zwischen Rudolf Hilferding und dem Komintern-Chef Jurij Sinowjew, dessen «ungewohnte asiatische Beredsamkeit» sogar dem redegewandten Breitscheid Bewunderung und Neid entlockte, unterstützte er Hilferding. Diesem folgend, verwarf er nun auch die Vorstellung eines baldigen revolutionären Zusammenbruchs in Deutschland. Die abermals drohende Spaltung der Sozialdemokratie setzte seiner Hoffnung ein Ende, aus der USPD eine entschieden sozialistisch-demokratische Massenpartei zu machen. Eine proletarische Sammlung von unten schien nicht mehr möglich. Für diese wäre die Spontaneität der Massen von entscheidender Bedeutung gewesen. Jetzt glaubte Breitscheid, auf deren Zustimmung nicht mehr im selben Umfang angewiesen zu sein; denn nun sollte die Phase «positiver Mitarbeit im guten Sinne des Wortes» beginnen, also die Mitarbeit im Parlament, das selbst den Massenwillen weitgehend ausdrückte.

Dabei wurde die Revolution, bisher konkreter Ausdruck radikaler sozialdemokratischer Politik, zur gedanklichen Hilfskonstruktion einer dialektischen Arbeitsmethode herabgestuft. Gemäß diesem Verständnis ermunterte Breitscheid die Delegierten des Parteitags, sie sollten «arbeiten in Einzelfragen, als

78 Breitscheid, «Unannehmbar», in: *Sozialist* Nr. 38/39 vom 25. Sept. 1920., S. 729.
79 *Protokoll Reichskonferenz Sept. 1920*, S. 124.

ob die Revolution noch in weitester Ferne stände, und trotzdem die Revolution vorbereiten, als ob sie tatsächlich für den anderen Tag oder die andere Woche zu erwarten wäre.»[80]

Politik auf dem Boden der Republik

Solche Konzessionen an die praktische Politik waren jetzt vertretbar, nachdem Breitscheid auch seine Einstellung zur Republik modifiziert hatte. Den Anstoß gab seine eigene, zunächst formale Integration in den politischen Betrieb republikanischer Parlamentsarbeit.

Schon im Februar 1920 war er Mitglied des Brandenburgischen Provinziallandtags und des Provinzialausschusses geworden. Bei den Reichstagswahlen im Juni des Jahres errang er endlich das lang ersehnte Mandat, das er bis zu seiner tatsächlichen Vertreibung durch die neuen Hausherren um Hermann Göring, behalten und ausgeübt hat. Kurz vor den Wahlen 1920 betonte er unter dem Eindruck der März-Ereignisse zwar noch, dass die «Aktion der Massen» weiterhin entscheidend bleibe für die Umwandlung der bürgerlichen Republik in eine sozialistische. Doch erklärte er dann auch, die USPD beteilige sich mit aller Energie an den Wahlen, nicht nur, weil sie das Parlament als Agitationsbühne betrachte. Vielmehr liege deren Bedeutung darin, dass hier eine Methode zur Verwirklichung des Sozialismus sich eröffne. Sie sei allen anderen – einschließlich der Diktatur des Proletariats – vorzuziehen, weil sie «die am meisten ökonomische ist, d.h. am wenigsten Kraft und am wenigsten Opfer erfordert». Breitscheid wollte jetzt nicht mehr von Diktatur sprechen, sondern zog es vor, sie eine «Alleinherrschaft des Proletariats» zu nennen. Auf seinem schrittweisen Rückzug aus der revolutionären Rhetorik wollte er offensichtlich nicht allein bleiben. Ironisch gemeint oder nicht, verwies er auch die Kommunisten auf die Vorzüge der Parlamentsarbeit, die jeden Abgeordneten zur positiven Mitarbeit zwang, «wenn er nicht zu einer etwas komischen Figur werden» wollte.

In der inneren und äußeren Krise der Republik geriet er – selbst inzwischen Parlamentarier geworden – auf diesen so beschriebenen Weg, der ihn immer weiter aus der grundsätzlichen Opposition gegen das System heraus in die faktische Integration führte. In Halle war der «Abbröckelungsprozess» offenbar geworden, der sowohl die Existenz der Partei als auch ihre Ziele bedrohte. Die

80 *Unabhängige Sozialdemokratische Partei Deutschlands. Protokoll über die Verhandlungen des außerordentlichen Parteitages in Halle vom 12. bis 17. Okt. 1920*, Berlin o.J. (1920), S. 288f.

bisherige Opposition der USPD gegen die bürgerliche Republik schrumpfte auf ein Minimum zusammen. Breitscheid verleugnete die Tendenz zur Anpassung, die auch ihn selbst erfasst hatte, nicht. Sie setzte sich in der Partei allmählich als Folge ihrer existenzbedrohenden Schwächung durch, die mit der Spaltung in Halle begonnen hatte. Als er nach der Niederlage der USPD bei den preußischen Landtagswahlen im Februar 1920 feststellen musste, dass die Wähler der Partei den Rücken kehrten und – wie er vermutete – ins Lager der Mehrheitssozialisten gewechselt waren, wollte er der Entwicklung nicht hinterherlaufen.

Der USPD war es nicht gelungen, den Arbeitern «die Existenznotwendigkeit einer nicht kommunistischen Partei neben der Mehrheitssozialdemokratie klarzumachen». Der in den Wahlen zum Ausdruck gekommenen Sehnsucht der Arbeiterschaft nach Einheit musste also die unterlegene Partei stärker entsprechen als bisher. In Erinnerung an seine Vergangenheit als liberaler Sezessionist rechtfertigte er nun mit ähnlichen Worten zunächst den inneren Anschluss an die größere Firma: «Die Form kann zerbrechen, es kommt auf den Geist an.»[81]

Der Prozess seiner Eingliederung in das verfassungsmäßige politische Lager der Weimarer Republik und sein Bemühen um die Vereinigung der beiden Parteien verliefen von jetzt an parallel. Das Zustandekommen des Kabinetts unter dem Zentrumspolitiker Joseph Wirth[82] im Mai 1921, einer Koalitionsregierung aus Zentrum, Sozialdemokratie und Demokraten, erleichterte ihm den Schwenk, den er im Herbst des Vorjahres begonnen hatte. Am 19. Mai, zehn Tage nach der Vereidigung des ersten Kabinetts Wirth, hatte Breitscheid im Garten der Reichskanzlei eine halbstündige Unterredung mit diesem über die wichtigsten Fragen der Innen- und Außenpolitik sowie die parteipolitische und personelle Zusammensetzung der neuen Regierung. Wirth habe, so Breitscheid in seinem Bericht an die Partei, immer wieder seinen guten Willen betont, und er selber habe «den bestimmten Eindruck, dass er sich bemühen will, auch unseren Forderungen nach Möglichkeit entgegenzukommen».

Auf diese Aussprache gestützt, konnte Wirth, der im Reichstag über keine eigene Mehrheit verfügte, seine Arbeit beginnen, während Breitscheid das Prinzip der USPD, bürgerliche Kabinette entschieden zu bekämpfen, unter Vorbehalt stellte.[83] Von Anfang stand Wirth aber unter dem Druck der Rechtsparteien, die sowohl in der Außen- als auch in der Steuerpolitik eine Kursänderung wünschten. Gerade auf diesen Gebieten bildete sich dann aber sehr schnell ein

81 Breitscheid, «Nach der Preußenwahl», in: *Sozialist* Nr. 8 vom 26. Febr 1920., S. 170.

82 Joseph Wirth (1879–1956), Politiker der Zentrumspartei, 1822/23 deutscher Reichskanzler.

83 Breitscheid, «Die Unabhängigen und die Regierung», in: *Sozialist* Nr. 20 vom 21. Mai 1921, S. 457 ff.

Konsens zwischen Wirth und der USPD-Mehrheit, deren rührigster Vertreter Breitscheid in der Reichstagsfraktion wurde. Im Zentrum dieser Politik stand die Erfüllung der Reparationsforderungen aus dem Versailler Vertrag und die Besteuerung des «Besitzes», die ganz auf der Linie der Sozialisten lag und die finanzielle Grundlage zur Abgeltung der alliierten Reparationsforderungen bilden sollte.

Breitscheid sah diesen Zusammenhang so weit berücksichtigt, dass sich die Partei den Geboten, «die uns die Stunde auferlegt», fortan nicht mehr entziehen konnte. «Die Verhältnisse haben uns für die nächste Zeit eine entscheidende Rolle in der deutschen Politik zugewiesen», schrieb er im *Sozialist.*[84] Auf diese Erkenntnis gestützt, konzipierte er seine Tolerierungspolitik gegenüber Wirth, der seinerseits mit der von Breitscheid geforderten «links gerichteten Politik» ein Verhältnis gegenseitiger Abhängigkeit einging. Im Verlaufe der von Wirth in Angriff genommenen Steuerreform machten sich im Kabinett wachsende innere Widersprüche bemerkbar, die auf ein Auseinanderbrechen oder die Erweiterung der Koalition nach rechts in Richtung Deutscher Volkspartei hinauszulaufen drohten. Die Entwicklung wies in Breitscheids Augen der SPD eine Schlüsselstellung in der Regierung zu. Ihre Haltung würde über die Aufnahme der Deutschen Volkspartei ins Kabinett und damit über Beibehaltung oder Abkehr von der gegenwärtigen Linie der deutschen Politik entscheiden. Als im Herbst 1921 die Regierungskrise ihren Höhepunkt erreichte, fasste Breitscheid die Lage aus Sicht der USPD zusammen: Dem Wunsch der SPD, die Koalition nach links zu erweitern, standen die Bedingungen von Zentrum und Demokraten entgegen, welche die Unabhängigen nur als Gegengewicht zur Volkspartei in die Regierung aufzunehmen bereit waren. Da diese jedoch eine Kooperation mit der USPD grundsätzlich ablehnte und deren Mindestforderungen einer sozialistisch-demokratischen Regierungspolitik zurückwiesen, bestand für die Unabhängigen weiterhin kein Anlass, dem Kabinett Wirth beizutreten, während gegen die weitere Tolerierung nichts einzuwenden war.

Ob die SPD dem Drängen nach Aufnahme der Volkspartei ins Kabinett auf die Dauer widerstehen konnte, blieb für Breitscheid die wichtigste Frage, die auch bei der Beurteilung einer möglichen Vereinigung der beiden sozialdemokratischen Parteien ins Gewicht fiel. Deshalb konzentrierte er sein politisches Bemühen jetzt darauf, einerseits die Sozialdemokraten in ihrem Widerstand zu bestärken und andererseits den Kurs der USPD so zu halten, dass für Wirth angesichts der Hilfe, die ihm die Unabhängigen von außerhalb leisteten, eine Verstärkung des Kabinetts durch die DVP obsolet wurde.

84 Ebd., S. 459.

Damit setzte Breitscheid sich allerdings in Widerspruch zum linken Flügel der eigenen Partei, der sich anschickte, auf dem Leipziger Parteitag im Januar 1922 die grundsätzlich ablehnende Haltung der USPD zur Beteiligung an bürgerlichen Kabinetten zu bekräftigen. Dem hielt er entgegen, ein solcher Parteitagsbeschluss mache es der Partei unmöglich, flexibel auf die jeweilige politische Lage der Republik zu reagieren, und hindere sie daran, «sich ohne Aufgabe ihrer sozialistischen Grundsätze den jeweiligen politischen Erfordernissen anzupassen […]. Schließlich sei man nicht dazu da, um immer wieder Bekenntnisse abzulegen, sondern, um Politik zu machen. Gelegenheit ist dazu reichlich vorhanden.»[85] Ein erstaunliches, wenn auch spätes Bekenntnis des ehemaligen Verfechters der reinen politischen Lehre aus seinem linksliberalen Lebensabschnitt.

Seiner aktuellen Mahnung lag nun eine völlig gewandelte Haltung zum Staat in seiner gegenwärtigen Form zugrunde. Bereits ein Jahr zuvor hatte er sich bereitwillig auf den Boden des Parlaments gestellt. Nun, im Sommer 1921, veranlasste ihn ein Antrag im Reichstag, die deutsche Handelsflagge künftig wieder in ihren alten Farben Schwarz-Weiß-Rot, ohne schwarz-rot-goldenen Zusatz wehen zu lassen, zu einer eindeutigen Verteidigung der Republik. Bisher hatte er sie als bürgerlich-liberale Verwässerung des sozialistisch-revolutionären Idealstaats verworfen.

Alte, aus seiner liberalen Vergangenheit stammende Wunden, brachen auf, als er in der Stellung der Demokraten, die den Änderungsantrag unterstützten, einen weiteren «Beweis für die politische Jämmerlichkeit des deutschen liberalen Bürgertums» erblickte. In einer flammenden Rede nahm er die Republik gegen ihre konservativen Gegner in Schutz, prägte dann aber mit Blick auf die eigene Parteilinke die Formel von der Republik, die nicht das allerletzte Ziel sei. Vielmehr konnte jetzt gelten: «[D]ie Republik ist nur das Gefäß, der Inhalt soll der Sozialismus sein.»[86]

Diese Formulierung schob die Entscheidung über die endgültige und vollkommene Gesellschafts- und Staatsverfassung in eine unbestimmte Zukunft. Sie lag ganz auf der Linie Breitscheidscher «positiver» Gegenwartsarbeit. Je unverhüllter sich in Parteien, Verbänden und in der Presse radikale antirepublikanische Tendenzen breitmachten, von deren schlimmsten Formen, bis hin zu Morddrohungen, er selbst nicht verschont wurde, umso entschiedener fühlte er sich zur Verteidigung der seit 1919 weiter entwickelten Form berufen. Seine Artikel und Reden markierten die fortschreitende Integration der USPD in den bürgerlich-demokratischen Staat.

85 Breitscheid, «Zur Frage der Koalitionspolitik», in: *Sozialist* Nr. 51 vom 24. Dez. 1921, S. 1099.
86 Reichstagsprotokoll vom 21.6. 1921, S. 4178.

Eine wichtige Station auf diesem Weg darf nicht unerwähnt bleiben: Gegen die drohende Gefahr einer «Stinnes-Koalition»,[87] die für Breitscheid nach der ersten Krise des Kabinetts Wirth im Herbst 1921 zur Zwangsvorstellung geworden war, glaubte er die Unterstützung der Kommunisten, die mittlerweile die Einheitsfronttaktik eingeschlagen hatten, weder in Form parlamentarischer und schon gar nicht außerparlamentarischer Aktionen in Anspruch nehmen zu dürfen. Auch eine sozialdemokratische Minderheitsregierung, die überdies nur mit einer höchst zweifelhaften Tolerierung durch die KPD rechnen konnte, erschien ihm in der gegenwärtigen Lage nicht als verlockende verfassungskonforme Alternative.

Seit dem November 1921 sah er deshalb nur eine Möglichkeit für seine außerhalb der Regierung taktierende Partei: weiterhin den Versuch zu unternehmen, das Kabinett Wirth am Abgleiten nach rechts zu hindern und gleichzeitig den Massen klarzumachen, dass, wenn dieser Versuch misslingen würde, «schärfste Opposition» zur Pflicht werde. Bei diesem Manöver, sowohl Neuwahlen als auch die große Koalition zu verhindern, ging er das Risiko ein, die eigene Partei einer neuen Belastungsprobe auszusetzen.

Die Stunde schlug im Februar 1922, als Wirth im Parlament die Vertrauensfrage stellte. Missbilligungsanträge der DVP und der Deutschnationalen einerseits und der Kommunisten und Unabhängigen trieben ihn zur Flucht nach vorn. Wirth verlangte Klarheit über den Spielraum, der ihm für die Fortführung seiner Reparationspolitik und der eng damit zusammenhängenden Finanzpolitik zur Verfügung stehen würde. So stellte er seinerseits die Vertrauensfrage, von deren Ausgang er sein weiteres Verbleiben im Amt abhängig machte.

Breitscheid und die USPD standen damit vor der Entscheidung, ob sie sich am Kesseltreiben gegen eine Regierung beteiligen sollten, deren Außenpolitik sie im Allgemeinen billigten. In der Fraktion kam es darüber im Februar zu einer mehrstündigen dramatischen Debatte.

Es zeigte sich, dass die Mehrzahl der Abgeordneten den außenpolitischen Kurs der Regierung nicht als Kompensation für ihr Durchgreifen im Eisenbahnerstreik anerkennen wollte. Die Abstimmung in der Unabhängigen Fraktion ergab eine Mehrheit für die Ablehnung des Votums für Wirth – bei ausdrücklichem Verbot der Stimmenthaltung, die sich die Fraktion für den zweiten Tag der Debatte verordnet hatte. Breitscheid, für den die Außenpolitik immer wichtiger wurde, sah in er krisenhaften Entwicklung für das Kabinett Wirth vor allem die Gefahr, die durch eine «Verlegung des Schwerpunktes der Regierung nach rechts hin drohten. Ein Rechtskabinett als Nachfolger Wirths schien ihm sicher; denn

87 Hugo Stinnes (1870–1924), Reichstagsabgeordneter der DVP, einflussreicher Industriemagnat.

die Majorität, die Wirth stürzen konnte, war seiner Meinung nach nicht in der Lage, eine neue Regierung zu bilden.»

Hier zeichnet sich bereits das Dilemma auch späterer Regierungen der Weimarer Republik ab, deren Verfassung ohne ein konstruktives Misstrauen auskommen musste. «Alle Wahrscheinlichkeit sprach für ein rein bürgerliches Ministerium, auf das im Unterschied zu jenem des Herrn Fehrenbach die Deutschnationalen einen sehr starken Einfluss ausgeübt hatten.» In seinen Befürchtungen wusste er sich überdies mit Karl Radek, dem russisch-deutschen Wanderer zwischen den sozialistischen Welten einig, mit dem er wenige Tage vor der entscheidenden Abstimmung beim Chef der Ostabteilung des Auswärtigen Amts eine Unterhaltung über die deutsche Regierungskrise geführt hatte.

Bei der entscheidenden Abstimmung im Reichstag am 15. Februar verließ Breitscheid als Führer einer Gruppe von 13 Fraktionsmitgliedern der USPD den Plenarsaal. Sie entzogen sich damit dem Fraktionszwang, der sie verpflichtet hätte, gegen Wirth zu stimmen. Das Verhalten der Fraktionsminderheit legte noch einmal die inneren Gegensätze in der Partei frei. Breitscheid selbst verteidigte sich formal und berief sich auf den Fraktionsvorsitzenden Georg Ledebour,[88] der die Abweichler «ausdrücklich auf diesen Weg hingewiesen» habe. Während Rosenfeld[89] vom linken Flügel in diesem Zusammenhang die wahrhaft entscheidende Frage aufwarf, «ob wir noch eine revolutionäre Partei seien oder zur Reformpartei herabsinken wollen», unterstützte Wilhelm Dittmann die sachlichen Argumente Breitscheids. Dessen Warnung vor der außenpolitischen Tragweite eines negativen Abstimmungsergebnisses finde ihre Rechtfertigung darin, «dass sich Genosse Breitscheid mit einer Hingabe, deren sich die Partei freuen müsse, der Vertretung der Partei in der Außenpolitik widme.»[90]

Der «Disziplinbruch» setzte seiner «Politik der freien Hand» gegenüber dem Kabinett Wirth ein Ende. Breitscheid hatte sich mit diesem Schritt auf den Boden der parlamentarischen Demokratie Weimarer Prägung gestellt. Die Kompliziertheit der Mehrheitsverhältnisse und die außergewöhnliche internationale Lage beschleunigten seine Eingliederung in das komplexe Räderwerk des parlamentarischen Systems. Jetzt, da er die verfassungsmäßigen Grenzen politischen Handelns in der bürgerlichen Republik anerkannte, war auch die Bahn für die Vereinigung der beiden sozialdemokratischen Parteien frei.

88 Georg Ledebour (1850–1947), sozialistischer Politiker und Journalist.

89 Kurt Rosenfeld (1877–1943), sozialistischer Politiker und Anwalt.

90 «Bericht über die Diskussion der Berliner Funktionärskonferenz der USPD», in: *Freiheit* Nr. 87 vom 21. Febr. 1922.

Fusion statt Sammlung

Mitte Juni 1922, einen Monat vor dem Zustandekommen der Fraktionsgemeinschaft zwischen SPD und USPD, tauchte die Frage auf, ob man angesichts der galoppierenden Teuerung den Brotpreis dem Mechanismus des Markts überlassen wollte, was besonders die kleinen Einkommen hart traf. Die Auseinandersetzung darüber spielte Breitscheid mehrere Bälle in die Hand. Geschickt fügte er sie zu einem taktischen Spiel, von dem er annehmen durfte, dass es jenen Gruppen im politischen Publikum, auf die es ihm besonders ankam, in gleicher Weise gefallen würde.

Scheidemann, der Vielgeschmähte, hatte gerade einen Giftanschlag lebend überstanden. Er erfreute sich auch aus diesem Grund zunehmender Solidarität Breitscheids, die der Person ebenso wie der Republik und der sie stützenden Mehrheitspartei galt. Ihn erkor er zu seinem Helfer. In einer Rede Scheidemanns auf einer Berliner Versammlung der SPD hatte Breitscheid «eine ganze Reihe von offenen und versteckten Spitzen gegen die eigene Parteileitung, gegen die Koalitionsregierung und gegen den Präsidenten Ebert» entdeckt. Breitscheid wertete das als Symptom einer Absetzbewegung vom allzu koalitionsfrommen Kurs. Seiner Meinung nach lagen hier «die Möglichkeit einer Überbrückung der Kluft zwischen den beiden sozialistischen Gruppen».[91]

Darüber hinaus erschlossen sich aus der strittigen Frage es Brotpreises weitere Gesichtspunkte, die er als Rechtfertigung für die Fortführung des von ihm und Hilferding eingeleiteten Kurses in seine Argumentation einbauen konnte. Die SPD hatte in Übereinstimmung mit Scheidemanns Forderung nach einer konsequenteren sozialistischen Politik ihr weiteres Verbleiben in der Regierung von der Annahme der Umlage abhängig gemacht. Selbst wenn der keineswegs sichere Fall eintrat, dass Zentrum und Demokraten ebenfalls für das Projekt stimmten, hing wegen der Mehrheitsverhältnisse im Reichstag sein Zustandekommen immer noch von den Unabhängigen ab. Versagten sich diese, weil ihnen das Verfahren nicht weit genug ging, so schienen ihm Neuwahlen die unausweichliche Folge. In dem anschließenden Wahlkampf würden sich SPD und USPD wieder als Konkurrenten gegenüberstehen, zumal die Unabhängigen für sich in Anspruch nehmen konnten, die SPD in einer Frage der Sozialpolitik übertrumpft zu haben. Eine Unterstützung der Vorlage hingegen bot der USPD nach Meinung Breitscheids mehrere Vorteile. Sie gab der Partei Gelegenheit zu zeigen, dass USPD und SPD trotz aller sonstigen Differenzen in einer Linie gegen den

91 Breitscheid, «Wider den Brotwucher!», in: *Sozialist* Nr. 23/24 vom 17. Juni 1922, S.253 ff.

«Brotwucher» standen. Außerdem ging man Neuwahlen aus dem Wege, die den Gegensatz zwischen den beiden sozialdemokratischen Parteien wieder geschürt hätten. Schließlich bedeutete sie weiterhin einen Akt der Tolerierung Wirths.

Der Mord an Walther Rathenau, dem Minister der «Erfüllungspolitik», am 24. Juni 1922 wirkte auf die Protagonisten der Einigung der beiden sozialdemokratischen Parteien wie ein Fanal. Trotz der Befürchtung, die Gesetzentwürfe zum Schutz der Republik könnten auch zu Zwangsmaßnahmen gegen seine Partei führen, sprach sich Breitscheid – wieder mit Hinweis auf die drohende Reichstagsauflösung und den damit verbundenen Streit zwischen den Sozialdemokratischen Parteien – für ihre Annahme aus. Der Gedanke der sozialistischen Einigung bekam nun ganz entschieden den Sinn einer Vorbereitung auf die «organisatorische Verschmelzung» der beiden Parteien, wobei Breitscheid die Einbeziehung der Kommunisten, die «unter der Moskauer Diktatur nach wie vor ihre besonderen Wege gehen», nicht nur für überflüssig, sondern für gefährlich hielt. Die Zwangsläufigkeit der Entwicklung, die voranzutreiben er geholfen hatte, stand jetzt fest, als er schrieb: «Da wir uns zu dem Prinzip der Einheitsfront bekannt hatten, waren wir gebunden, so zu handeln, wie wir gehandelt haben. Wir waren nur so lange frei, als uns nicht die höhere Gewalt der Tatsachen unser Verhalten diktierte.»[92]

Auf dem Parteitag, der vom 20. bis 23. September 1922 in Gera stattfand und die letzte Stufe auf dem Weg zur Fusion der beiden Parteien bildete, nachdem auch die USPD auf einer Reichskonferenz am 9. Juli die prinzipiellen Hindernisse für eine Regierungsbeteiligung – sogar an einem bürgerlichen Kabinett – aus dem Wege geräumt hatte, fasste Breitscheid die Grundlinien seiner damaligen Anschauung zusammen. Politik hieß jetzt, nach vorn zu blicken: «Wir treiben keine Konjunkturpolitik. Wir haben auch nicht die Sünden der SPD vergessen, wir stehen treu zur Politik, die wir getrieben haben. Glaubt Ledebour, daß er einen Einfluss auf die großen proletarischen Massen ausüben kann, wenn er sich jetzt von uns trennt und eine Sekte gründet? Die Methoden der SPD gefallen uns vielleicht nicht, aber sie ist eine Partei der Massen des Proletariats und damit des Sozialismus.»[93]

Bereits auf ihrem Parteitag in Görlitz ein Jahr zuvor hatte die SPD der Koalitionsbildung mit bürgerlichen Parteien (und hier besonders mit Blick auf die Deutsche Volkspartei) unter weitgehenden Kautelen zugestimmt: allen voran der Verteidigung der Republik, dem Ausbau der Sozialpolitik, der Völkerver-

92 Breitscheid, «Am Vorabend der Einigung», in: *Sozialist* Nr. 27/28 vom 29. Juli 1922, S. 403.

93 Breitscheid, «Die Rückwärtsrevidierung des sozialdemokratischen Programms», in: *Sozialist* Nr. 30 vom 23. Juli 1921, S. 665 f.

ständigung und Erfüllung des Versailler Vertrags im Rahmen des Möglichen. Breitscheid machte für den erreichten Grad sozialdemokratischer Einigungspolitik eine ironische Anleihe im Reich der Fabeln: «Aus dem reißenden Wolf ist ein umgängliches Haustier geworden. Die Umsturzpartei hat sich zu einem Verein für Sozialreformen entwickelt.»

Der Nürnberger Vereinigungsparteitag am 24. September 1922 setzte den Schlusspunkt unter eine Entwicklung, die sich, je näher sie dem von Breitscheid erstrebten Ziel kam, immer mehr Fahrt aufgenommen hatte. Sie endete mit der Auflösung der USPD und dem Übertritt der Mehrheit ihrer Mitglieder zur SPD.[94]

Im Überblick: Der Sozialist

Nach seinem gescheiterten Versuch, mit der Demokratischen Vereinigung einer bürgerlichen Demokratie im Kaiserreich zum Durchbruch zu verhelfen, hatte Breitscheid in der Sozialdemokratischen Partei rasch Fuß gefasst. Der Wechsel kam weder für ihn noch für die Genossen überraschend, hatte der Publizist und Parteiführer doch schon auf seinem Weg in den größeren politischen Betrieb hinlänglich auf sich aufmerksam gemacht und mit seiner These überzeugt, dass der Kampf um die Entwicklung zur parlamentarischen Demokratie mit Aussicht auf Erfolg am besten in der SPD geführt werde. Unter den wachsamen und wohlwollenden Augen Karl Kautskys, des Wächters über die marxistische Orthodoxie, bewegte sich der Ankömmling aus dem radikaldemokratischen bürgerlichen Lager vorwiegend auf dem linken Flügel der Partei. Auch hier verschaffte er sich in dem von ihm redigierten Pressedienst der *Sozialistischen Auslandspolitik*, später während des Krieges als Wochenschrift unter dem Titel *Der Sozialist* herausgegeben, machte er sich bald einen Namen als außenpolitischer Fachmann der Partei, während er in Kautskys Blatt die Themen der internationalen Politik und Grundsatzfragen des Parlamentarismus bearbeitete. Zu einem in der Wolle gefärbten Marxisten wurde er damit allerdings noch nicht.

Das kam erst im Verlauf des Krieges, als sich die SPD über die Bewilligung der Kriegskredite zerstreiten und in Mehrheitsflügel und Unabhängige spalten würde. Breitscheid spielte fortan, neben Hugo Haase, Georg Ledebour und anderen einflussreichen Sozialisten, eine wichtige Rolle in der Führung der neuen, abgespalteten Partei, die ursprünglich nichts anderes sein wollte als die alte sozialdemokratische Vorkriegspartei. Die Radikalisierung, die auch Breitscheid

94 Rund 85.000 Mitglieder der USPD machten die Vereinigung nicht mit.

erfasste, ergab sich im Verlauf der deutschen Novemberrevolution 1918/19 und in den teils blutigen Auseinandersetzungen um die künftige Ausgestaltung der neu zu gründenden Republik.

Für Breitscheid eröffnete sich für wenige Wochen die Möglichkeit, zum ersten und auch zum letzten Mal in seinem politischen Leben als Handelnder Politik zu gestalten und zu verantworten. Von einer aktiven Teilnahme am revolutionären Geschehen konnte allerdings nur bedingt die Rede sein. Breitscheid fand sich mit einem Mal als Innenminister des Landes Preußen in ein Amt gerufen, das den zeitgemäßen Amtstitel eines Volksbeauftragten für Inneres trug. Entsprechend provisorisch und unübersichtlich waren seine Zuständigkeiten, seine Abhängigkeit von Teilen der alten Macht in der weiter existierenden Bürokratie und den konkurrierenden Ansprüchen anderer Inhaber der neuen revolutionären Gewalt. Zur Ironie der Geschichte gehört, dass Breitscheid als erbitterter Gegner des alten Preußens jetzt gegen separatistische Bestrebungen in der ehemaligen preußischen Rheinprovinz, seiner früheren Kölner Heimat, vorgehen musste, um dort zunächst den Status quo zu erhalten.

Dies waren noch die geringeren Aufgaben, die er zu bewältigen hatte. Auf einer anderen, weiter in die Zukunft der Republik weisenden Ebene, spielte sich die nicht nur ideologisch geprägte, sondern von handfesten Machtinteressen bestimmte Auseinandersetzung um die künftige Gestalt der Republik ab: sollte sie bürgerlich-liberal, parlamentarisch, rechtsstaatlich sein oder unter dem Diktat eines proletarisch-sozialistischen Rätesystems eine neue Form und neue Inhalte gewinnen. Aus den nur unvollständig nach außen dringenden und schlecht verstandenen Vorgängen im bolschewistischen Russland hofften die einen eine Blaupause für Deutschland zu gewinnen. Anderen waren sie ein Gräuel, und sie handelten danach in den Straßen von Berlin, Hamburg, München. Breitscheid schwankte vorübergehend zwischen mäßiger Sympathie für das russische Spartakus-Modell und einer kaum begeisterten Teilnahme an den Vorbereitungen für die Nationalversammlung, aus der die neue demokratische Republik hervorgehen sollte.

17 Das Kapital der Arbeiterpartei. Zu Beginn der Weimarer Republik hatte die SPD 147 Parteizeitungen und dies trotz des Papiermangels, der Neugründungen behinderte. Während des Krieges war die Redaktion des Zentralorgans *Vorwärts* in ihrem Verhältnis zum Parteivorstand von Krise zu Krise getaumelt. Grund war das kritische Abweichen der Redakteure von der Linie des Burgfriedens und der Kriegskredite. Der *Vorwärts* geriet immer mehr unter die Regie der USPD. Breitscheid, der im Krieg die Trennung aktiv mitvollzogen hatte, wurde in der wieder vereinigten SPD-Fraktion im Weimarer Reichstag deren Vorsitzender.

Nordstern.
Die junge Generation.
Deutsche-Brüsseler-Zeitung
Demokratisches Wochenblatt.
Social-Demokrat
Organ des Allg. deutschen Arbeiter-Vereins
Der Geächtete.
Agitator.
Das Volk.
Organ des Central-Komites für Arbeiter.
Eine sozial-politische Zeitschrift.
Neue
Rheinische Zeitung
Organ der Demokratie.
Gesellschaftsspiegel.
Zeitung des Arbeiter-Vereines zu Köln.
Freiheit, Brüderlichkeit, Arbeit.
DER ROTHE TEUFEL
Der Volksstaat
Das Volk.
Vorwärts
Der Social-Demokrat.
Organ des Allgemeinen deutschen Arbeiter-Vereins.
„Trotz alledem!"
Voigtländischer Anzeiger & Tagblatt.
Die Verbrüderung.
Der Sozialdemokrat
Organ der Sozialdemokratie deutscher Zunge.
Zum Abschied.
Der Reichsbürger.

Immer mehr rückte unterdessen die mögliche Wiedervereinigung der Sozialdemokratie in den Mittelpunkt. Sie war im Verständnis jener, zu denen Breitscheid gehörte, die Voraussetzung für die Rettung der Republik, die im Chaos am Rande des Bürgerkriegs zu versinken drohte. Noch immer berief sich Breitscheid auf das «Proletariat» als Zuflucht für unumgänglich gewordene Entscheidungen zum sozialistischen Umbau der Republik.

Unter schmerzhaften Geburtswehen vollzog sich die Wiederherstellung der sozialdemokratischen Einheit. Die USPD als Hort der radikalen Friedenspolitik wurde nach dem schmachvollen Ende des Kriegs nicht mehr gebraucht, sie hatte ihre historische Mission zwar nicht erfüllt, wurde aber von den Wählern mehr und mehr ignoriert zugunsten einer Sozialdemokratie, die in der Übernahme von Regierungsverantwortung in den verschiedenen Weimarer Koalitionsformaten ihre Loyalität unter Beweis stellte. Sie hatte dabei auch die Kriegsfolgen zu berücksichtigen, die ihr das zusammengebrochene Ancien Régime hinterlassen hatte. Dieser Aufgabe musste sich im nun folgenden Jahrzehnt Breitscheid stellen. Er gehörte jetzt als eine der herausragenden Führungsfiguren zur Partei der Ordnung, die sich der Bewahrung der von links und rechts herausgeforderten Republik verschrieb.

Der Republikaner (1920–1933)

Als «Leitstern des Sozialismus in der Außenpolitik» erschien Breitscheid dem britischen Botschafter in Berlin und Kenner der deutschen Politik, Lord d'Abernon, während der ersten Jahre der Republik. Gewiss war er Leitstern, wenn man darunter seine Rolle des Wegbereiters auf dem schwierigen Terrain der deutschen Außenpolitik nach 1919 verstehet. Für die Zeitgenossen war er eine der unbestrittenen Autoritäten in der öffentlichen Diskussion um die auswärtige Politik des Reichs sowie bei der Bestimmung des außenpolitischen Kurses seiner Partei, die – traditionsgemäß den Schwerpunkt ihrer Arbeit in der Innenpolitik suchend – ihm schon bald den Titel ihres Auslandspezialisten verlieh. Als Parlamentarier und Parteipolitiker durfte er sich nicht darauf beschränken, in der verdünnten Atmosphäre kritischer Spekulation und Abstraktion zu verharren und seine Überlegungen auf die Öffentlichkeit gleichsam herableuchten zu lassen. Wenn er mehr als den schwer messbaren journalistischen und rhetorischen Erfolg wollte, musste er versuchen, innerhalb des durch die Institutionen begrenzten Rahmens seinen Platz zu finden und zur befestigen.

Deutsch-französische Annäherungsversuche

In seiner Auseinandersetzung mit den Moskauer Forderungen an die USPD im Jahre 1919 hatte Breitscheid zwar die unterschiedlichen Bedingungen für die Weltrevolution in den einzelnen Ländern als Hauptargument angeführt. Unüberhörbar schwang durch die ideologischen Argumente hindurch der Ton verletzten Stolzes. Der deutsche Sozialist wollte sich nicht den Hegemonialforderungen der russischen Kommunisten beugen. Ein Jahr war erst vergangen, seit er die sowjetrussisch-deutsche Waffenbrüderschaft beschworen hatte, die nicht nur die Weltrevolution ermöglichen, sondern obendrein das durch den Friedensvertrag vielleicht polnisch gewordene Danzig wieder in ein deutsches zurückverwandelte.

Nun aber, im Herbst 1920, schien ihm das russische Begehren nach Einheit allzu gefährliche außenpolitische und militärische Verpflichtungen der Deutschen gegen Frankreich zu enthalten, für dessen Streben nach Sicherheit und Wiedergutmachung er schon im Januar bei der deutschen Öffentlichkeit um größeres Verständnis geworben hatte. In Halle zog er für seine eigene Politik daraus die Konsequenzen, als er mit dem Hinweis auf den Argwohn Frankreichs auch eine parteipolitische Bindung nach Osten ablehnte. Er hielt es für erfolgversprechender, mit den antikapitalistischen Kräften im Westen wieder ins Gespräch zu kommen, wobei allerdings das Hoffen auf die Weltrevolution bald hinter Bestrebungen zurücktrat, den Versailler Vertrag zu revidieren und ihn in «ein Instrument wirklicher Gerechtigkeit» zu verwandeln.

Die Abkehr von der sozialistischen Lösung kommunistischen Zuschnitts führte ihn nicht sogleich auf den Weg der internationalen Solidarität der Staaten, wie sie im Völkerbund Gestalt annehmen sollte. Den hielt Breitscheid vorläufig für eine «Organisation zur Ausbeutung und Unterdrückung politisch und wirtschaftlich schwacher Völker». Von ihm war eine Revision genau so wenig zu erwarten, wie von der amtierenden französischen Regierung, gegen deren Besatzungs- und Sanktionspolitik er energisch protestierte. Im Namen seiner Partei sprach er die Erwartung aus, sie werde sich, falls sie das Rheinland zum «Aufmarschgebiet für irgendwelche weiteren militärischen Operationen gegen das übrige Deutschland, besonders für die Besetzung des Ruhrgebiets», machen würde, «sicher ein paar Zähne daran ausbrechen».[1]

Solche Erklärungen konnte die Reichsregierung nur bedingt als Solidaritätserklärung auffassen, da Breitscheid hier den nationalen Notstand andeutete, dessen Verhinderung der Sinn sozialdemokratischer Politik war. Als positives Ziel war ihr dabei die Verständigung zwischen der unter den Kriegsfolgen am schlimmsten leidenden Arbeiterschaft in beiden Ländern gesetzt.

Die außenpolitische Lage Deutschlands verschlechterte sich zusehends und zehrte am letzten Rest sozialistischer Eigenständigkeit in seinen Diskussionsbeiträgen. Die Schichtung der Streitfragen, die sich aus dem Versailler Vertrag ergaben, wurde zur Aufgabe aller Gutwilligen. Bereits im August 1921 hieß er «jede einigermaßen Erfolg versprechende Methode, die Kluft zwischen Deutschland und Frankreich zu verkleinern», willkommen.[2] Wenige Monate später tadelte er die mangelnde Einsicht derjenigen, die verkannten, welche Bedeutung «die Beziehungen zwischen Deutschland und Frankreich für den Frieden der Welt und

1 Reichstag, Bd. 545, S. 1056, 28. Sitzung vom 6. Nov. 1920; ebd., S. 1236, 34. Sitzung vom 24. Nov. 1920.

2 Breitscheid, «Stimmungen und Verstimmungen», in: *Freiheit* Nr. 388 vom 20. Aug. 1921.

die Wiederherstellung Europas haben»,[3] um sich schließlich im November 1922 gegenüber der Regierung Cuno zu der pathetischen Formulierung aufzuschwingen: «Es ist die Lebensfrage für uns, es ist die Lebensfrage für Europa, für die Welt, ob eine Verständigung zwischen Deutschland und Frankreich zustande kommt.»[4]

Das war am Vorabend des Ruhrkampfes gesprochen, der Deutschland, falls nicht in letzter Minute die eine oder die andere Seite einlenkte, in einen neuen Konflikt zu stürzen drohte. Breitscheid hatte zuvor jedoch in Zusammenarbeit mit dem Reichskanzler Joseph Wirth[5] eine Politik ganz im Sinne jener konsequenten Verständigung versucht, von der er zunächst annehmen durfte, dass sie Deutschland wenigstens vorübergehend aus den ärgsten Nöten herausführen und vielleicht sogar in eine Phase außenpolitischen Aufschwungs lenken würde.

Im Februar 1920, forderte Breitscheid die Regierung auf, «zu versuchen, auf dem Wege der Verhandlungen einen Ausgleich zwischen den formalrechtlich unantastbaren Forderungen der Entente und der Unmöglichkeit ihrer Erfüllung zu finden.»[6] Dieser frühe Ansatz enthielt bereits alle Elemente der dann von Wirth konsequent befolgten Erfüllungspolitik. Aktueller Anlass war die Auslieferungsfrage, die Bestrafung deutscher von Frankreich verschiedener Kriegsverbrechen beschuldigter Offiziere. Auch Breitscheid war nicht der Meinung, dass Frankreich zu diesem Vorgehen berechtigt sei. Aber er tadelte Noske,[7] der es auf eine Kraftprobe ankommen lassen wollte. Stattdessen schlug er der Regierung vor, die Verpflichtungen aus dem unterzeichneten Vertrag rückhaltlos anzuerkennen und nur auf tatsächliche Unmöglichkeit der Ausführung aufmerksam zu machen.

Breitscheid setzte sich für «eine Politik des ernsten Erfüllungswillens» und der Entschlossenheit ein, den Verpflichtungen aus Friedensvertrag und Ultimatum nachzukommen, soweit es irgendwie im Bereich der Kräfte und Möglichkeiten stand. Das schien ihm geeignet, den Forderungen der französischen Rechten den Boden zu entziehen und damit, wenn schon nicht in Deutschland, so doch in Frankreich die Gegner der Verständigung moralisch zu schwächen; denn deren Ruf nach einer offensiven Auslegung des Friedensvertrags könne nur so lange anhalten, wie man in Deutschland den Eindruck erwecke, man wolle die im Vertrag übernommenen Verpflichtungen umgehen.

Diesen Teufelskreis der in beiden Ländern sich gegenseitig befeuernden chauvinistischen Ressentiments wollte er durchbrechen. Dabei musste er die

3 Breitscheid, «Neuer Kurs in der Außenpolitik?», in: *Freiheit* Nr. 463 vom 4. Okt. 1921.

4 *Reichstag*, Bd. 357, S. 9114, 374. Sitzung vom 24. Nov. 1922.

5 Joseph Wirth (1879–1956), Zentrum, von 1921 bis 1922 Reichskanzler.

6 Breitscheid, «Kritische Stunde», in: *Sozialist* Nr. 7 vom 14. Febr. 1920, S. 122.

7 Gustav Noske (1868–1946), von 1919 bis 1920 sozialdemokratischer Reichswehrminister.

Feindschaft der Deutschnationalen, die zu solch umfangreichen Vorleistungen nicht bereit waren, in Kauf nehmen, und er ging zugleich das Risiko ein, trotz weitestgehender Erfüllung die französische Rechte nicht zufriedenzustellen. Dennoch überwog zunächst die Hoffnung, die französischen Nationalisten beschwichtigen zu können, wenn man ihnen nur zu geben versuchte, was ihnen nach dem Vertrag zustand und damit eventuell ihrem Verlangen nach Sanktionen zuvorkam. Zugleich machte er sich zum Fürsprecher des von ihm als berechtigt anerkannten französischen Sicherheitsstrebens, soweit es sich auf die Entwaffnung erstreckte, was wiederum ganz im Sinne seiner sozialistischen Innenpolitik lag. Die Grenze des französischen Sicherheitsverlangens musste aber da liegen, wo überspitzte Forderungen die deutschen Militärs und deren politische Verbündete auf den Plan riefen. Das würde die um der Erhaltung des Friedens willen gebotene Verständigung zwischen beiden Ländern verzögern, wenn nicht unmöglich machen.

Dass es gerade ihm als Vertreter der Erfüllungspolitik neben dem Nahziel einer deutschen Entlastung auch um die Wiederannäherung der beiden Nationen ging, machte er im Verlauf seiner Rückkehr in die SPD immer deutlicher. So berichtete er im August 1922 begeistert über den Wandel der politischen Atmosphäre, die er bei einer Redetournee anlässlich der Gedächtnisfeiern für Jean Jaurès[8] in Frankreich gespürt haben wollte. Aus dem Beifall zu seinen Ansprachen, die nicht allein von Sozialisten gehört wurden, las er den «Wunsch der Anwesenden, ihren Willen zur Verständigung und zum Frieden zu bezeugen». Dabei war ihm der Beifall der Bürgerlichen zu seinen Versöhnungsreden genauso willkommen wie der seiner französischen Parteifreunde.

Obwohl das Verhältnis zu Frankreich im Mittelpunkt der deutschen Außenpolitik stehen musste und Breitscheid vor einem Ausweichen Deutschlands angesichts der Beschwerlichkeiten dieses Weges nach Italien oder England warnte, räumte er Großbritannien gleichwohl in seinen Überlegungen rund um die Erfüllungspolitik einen wichtigen Platz ein.

Nicht die «Zuversicht auf antifranzösische Stimmungen in London», sondern die Schaffung eines Klimas, in dem Lloyd George[9] gewissermaßen als der «Wortführer Europas» mildernd auf die französische Politik der Verhärtung einwirken konnte, war der Grundgedanke. Kurz vor der Konferenz von Genua, die letztlich die Grenzen der Erfüllungspolitik offenlegte, forderte er die deutschen Politiker auf, durch Beweise des guten Willens die Position des englischen Ministers auf dem Feld der Diplomatie zu stärken. Lloyd George,

8 Jean Jaurès (1859–1914), französischer Sozialistenführer

9 David Lloyd George (1863–1945), britischer Premierminister

«der die europäischen Zusammenhänge erkennt und der die Gewalt durch die friedlicheren Mittel des ökonomischen Liberalismus ersetzen möchte», wurde für ihn zu einer Schlüsselfigur eines am Ende sich selber harmonisierenden Europas; denn «wie die Dinge stehen, fällt das englische Interesse mehr oder weniger mit dem Gesamteuropas zusammen und zuletzt auch mit demjenigen Frankreichs.»[10]

Wie wenig ihm aber daran lag, das Projekt einer deutsch-französischen Verständigung zugunsten eines engeren Zusammengehens mit England oder irgendeiner anderen Macht aufzugeben, zeigt seine Stellungnahme zum Verlauf der Genua-Konferenz und insbesondere zum Sonderabkommen von Rapallo.[11]Dabei mag der geringe Erfolg Lloyd Georges in Genua zu Breitscheids verstärkter Frankreich-Orientierung beigetragen haben, wie sie sich nun im Zusammenhang mit seiner Kritik am Rapallo-Vertrag entwickelte.

Von der deutschen Öffentlichkeit als Rückkehr zur souveränen Politik durchweg begrüßt, stieß der Vertrag bei Breitscheid auf harte Ablehnung. Für ein spektakuläres Engagement mit der am Rande Europas stehenden Macht hatte er kein Verständnis. Rapallo war ein Fremdkörper in einem Konzept, in dem die «langsame Entgiftung der Atmosphäre» zwischen Deutschland und Frankreich Priorität besaß. Die drohende Verstimmung des potenziellen Partners im Westen durch einen augenfälligen Erfolg an einer anderen politischen Front Deutschlands minderte in seinen Augen den Wert des Abkommens mit Russland.

Zwar begrüßte er die Normalisierung der diplomatischen und wirtschaftlichen Beziehungen zu Russland als Erfüllung alter sozialdemokratischer Forderungen. Er billigte den Inhalt des Vertrags. Doch schob er den Zeitpunkt des Abschlusses vor, um gegen eine sich abzeichnende Ostorientierung der deutschen Politik Stellung zu beziehen. Deutschland hatte sich um die Verminderung der Reparationslasten zu bemühen, die ihm von Frankreich auferlegt waren. Auf die Lösung aus dieser Verpflichtung mochte die «Freundschaft mit Russland – mag sie wirtschaftlicher oder politischer Natur sein – [...] von ungeheuer geringem Einfluss» bleiben. Deshalb forderte er jetzt offen «in erster Linie eine Verständigung nach dem Westen hin».[12]

Den Einmarsch französischer und belgischer Truppen ins Ruhrgebiet im Januar 1923 [13]konnte er als Bestätigung seiner Zweifel am Wert des Rapallo-Vertrags auffassen. Der Versuch, französischen Sanktionen im Ruhrgebiet durch

10 Breitscheid, «Lloyd George oder Poincaré?», In: *Freiheit* Nr. 39 vom 24. Jan. 1922.

11 Der Vertrag von Rapallo wurde am 16.4.1922 zwischen dem Deutschen Reich und der Russischen Sozialistischen föderativen Sowjetrepublik geschlossen.

12 *Reichstag*, Bd. 357, S. 9356.

13 Die Besetzung des Ruhrgebiets durch französische und belgische Truppen zog sich bis 1925 hin.

18 Die französische Gewaltpolitik der militärischen Ruhrbesetzung 1923 sollte an der Gewaltlosigkeit des Widerstands scheitern. Im Reichstag begründete Breitscheid, warum auf mittlere Sicht die Politik der Verständigung mit Frankreich weitergehen musste. Nicht zum ersten Mal in der Geschichte, so seine Argumentation, empfinde ein siegreiches Volk Furcht vor dem besiegten. Der Ausweg aus dem Dilemma führte in die Vertragspolitik von Locarno, der Breitscheid unter Stresemanns Regie zum Erfolg verhalf.

Bekundung ehrlichen Erfüllungswillens zuvorzukommen, war offensichtlich fehlgeschlagen.

Die Erfüllungspolitik im bisher definierten Rahmen sollte weitergehen und wieder eine konkrete Form in einem «positiven Angebot» der deutschen Regierung an Frankreich annehmen, für dessen berechtigte Sicherheitswünsche er weiter um Verständnis warb; denn – so ermahnte er die Abgeordneten des Reichstags – gerade in der gegenwärtigen Auseinandersetzung dürfe man nicht vergessen, «dass nicht zum ersten Male in der Geschichte ein siegreiches Volk Furcht vor dem besiegten empfindet».[14]

Seine Ermahnung zur Besonnenheit zeigt, wie sehr es ihm darauf ankam, die Tür zur Wiederaufnahme der Verständigungspolitik offenzulassen. Sie entsprang letztlich der Furcht vor einer Radikalisierung der Außenpolitik. Die Pro-

14 *Reichstag*, Bd. 359, S. 10597.

klamierung des passiven Widerstandes würde die antirepublikanischen Kräfte im Innern stärken. Um diesen die Grundlage für ihre Agitation zu entziehen, stimmte er jetzt selber in die erbitterten Proteste gegen das französische Vorgehen ein, wobei er nicht unterließ, in einer Phase höchster nationaler Erregung wiederholt und ausdrücklich auf die patriotische Zuverlässigkeit der SPD hinzuweisen.

Hatte die Partei auf diese Weise zwar die innenpolitischen Anfechtungen des Ruhrkampfes überstanden, so sah sie sich nun einer weiteren Belastungsprobe ausgesetzt. Es drohte die Unterschrift unter die Kapitulation, vor der die Rechte zurückschreckte, wohl wissend, dass derjenige, der die Beendigung des passiven Widerstandes erklärte, schwere Popularitätsverluste hinzunehmen hätte. Diese Sorge betraf vor allem die Deutsche Volkspartei, die unter anderem Rat bei dem Münchner Kardinal Faulhaber[15] suchte, der in einem Gespräch erklärte, ein «Arrangement mit Frankreich» laufe «auf eine, wenn auch nicht unterschriebene Kapitulation hinaus. Und auf die Frage, ob der Reichskanzler Stresemann kapitulieren, oder dies einer «Regierung Breitscheid» überlassen solle, meinte der Kardinal unzweideutig, «dass unter allen Umständen der erste Weg gewählt werden muss, denn es handele sich nicht darum, ein Übel zu vermeiden, sondern von zwei Übeln das kleinere zu wählen.»[16]

Der passive Widerstand im Ruhrgebiet wurde schließlich von einer «Regierung Stresemann» unter Einschluss der Sozialdemokratie aufgegeben. Breitscheid war es nicht gelungen, die deutsch-französische Politik in seinem Sinne umzusetzen. Unter den Bedingungen des wirtschaftlichen und militärischen Ausnahmezustands konnten außenpolitischen Pläne nicht gedeihen. Die Politik, die sich mit der parlamentarischen Demokratie im Innern arrangiert hatte, um durch die Verständigung mit Frankreich den außenpolitischen Spielraum des besiegten Reichs wiederherzustellen, stieß an ihre Grenzen.

Kritik am Auswärtigen Amt

Die in der parlamentarischen Demokratie waltende institutionelle Verschränkung von Exekutive und Legislative versetzten Breitscheid, der nunmehr als Parlamentarier der Legislative angehörte, in ein spannungsreiches Verhältnis zur offiziellen deutschen Außenpolitik mit ihrem Sitz im Auswärtigen Amt. Sein

15 Michael von Faulhaber (1869–1952), Erzbischof von München und Freising.

16 Bericht v. 23. Sept. 1923, Stresemann-Nachlass, Bd. 2, 00161

späteres fachliches Engagement im Rahmen dieses Ministerium änderte daran wenig. Im Gegenteil: Für den Sozialdemokraten erwuchsen aus der besonderen Beschaffenheit des Amts und dem eigenen Standort in manchen praktischen Fragen der Außenpolitik eigentümliche Verwicklungen.

Nach der bereits im Krieg sich vollziehenden Rückstufung der Geheimdiplomatie alten Stils sah er die Stunde zur Verwirklichung seiner schon vor 1914 verkündeten Forderung gekommen. Die auswärtige Politik sollte auch in Deutschland demokratisiert werden. Den «moralischen Zusammenbruch vom August 1914» führte er auf die Abstinenz der internationalen Sozialdemokratie auf dem Gebiet der Außenpolitik zurück. Seine Mahnung galt nun besonders den Arbeiterparteien, über das Parlament einen größeren Einfluss auf die Außenpolitik ihres jeweiligen Landes zu nehmen.

Umso heftiger wehrte er sich in der Folgezeit gegen restaurative Tendenzen in der offiziellen deutschen Außenpolitik. Voller Bitterkeit konstatierte er im Februar 1919, dass auch auf diesem Gebiet «die Revolution in den allerersten Anfängen stecken geblieben» sei.[17] Obwohl er seine Auffassung über die Modalitäten eines künftigen Umschwungs auf diesem Gebiet änderte, hielt er am Kern seiner Forderungen der ersten Stunde bis zum Scheitern der Republik fest.

Die weitgehende Ausschaltung des Reichstags von den Beratungen, wie die Regierung den im Londoner Ultimatum vom 5. Mai 1921 vorgelegten Reparationsforderungen der Alliierten zu begegnen habe, beklagte er lebhaft. Im Auswärtigen Ausschuss sei den Parlamentariern bestenfalls «bereits abgelaufene Weltgeschichte» serviert worden, statt sie an der Vorbereitung der Entscheidungen zu beteiligen.

Ebenso eindeutig war seine Kritik im Zusammenhang mit dem deutsch-französischen Notenwechsel, der dem Abschluss des Locarno-Pakts vorausging, als er dem behutsam auf den Pfaden der klassischen Diplomatie wandelnden Stresemann vorhielt, eine «Volksvertretung in einem demokratischen Staat» müsse «die Gelegenheit haben, ihre Meinung über die einzuschlagende Politik auch in Statu nascendi zu sagen». Solche Äußerungen wurden in der Erfolgsphase der deutschen Außenpolitik seltener, kehrten dann aber Anfang der 1930er-Jahre wieder, so bei den Verhandlungen über die Abrüstungs- und Reparationsfragen in Genf und Lausanne im Jahre 1932, wo er bei aller Zustimmung zur außenpolitischen Zielsetzung Brünings vor der Gefahr zunehmender Geheimdiplomatie warnte.

Die Grundlage für den von ihm geforderten neuen außenpolitischen Stil sollte eine umfassende personelle Erneuerung des Auswärtigen Amts sein. Seine

17 Breitscheid, «Wahrheit in der auswärtigen Politik», in: *Freiheit* Nr. 85 vom 17. Febr. 1919.

Frage, wann endlich einmal im Außenministerium die große Reinigung vorgenommen werde, wurde in den kommenden Jahren zur Standardformel seiner Kritik, mit der er keinen Außenminister der Weimarer Republik verschonte. Vornehmlich nahm er – von den sachlichen Erfordernissen der auswärtigen Politik ausgehend – die jährlichen Etatberatungen in Ausschuss und Plenum zum Anlass, eine personelle Erneuerung sowohl der Bürokratie als auch des Außendienstes in die Debatte einzuführen. Allerdings ging er selbst während der Revolution nicht so weit, die volle Gleichberechtigung der Frau auch auf diesem Gebiet voll durchsetzen zu wollen.

Es war die weitgehend unverändert übernommene soziale Struktur des Personalbestandes im Amt, die aus seiner Sicht die vorherrschende konservative Grundhaltung und einen antiquierten politischen Stil konservierte. Wenn er deshalb dieses Ministerium sarkastisch als «ein Museum wilhelminischer Altertümer» bezeichnete, so spiegelt das spitze Urteil sowohl sein starkes Ressentiment gegen die durch Adel oder Besitz privilegierte Beamtenkaste als auch seine politische Gegnerschaft zu der dort eingewurzelten konservativen Gesinnung. In beiden Richtungen ritt er leidenschaftliche Attacken auf die Institutionen der deutschen auswärtigen Politik, zu durchgreifenden Veränderungen haben sie nicht geführt.

Einer der Hebel, von dem er sich eine Lockerung der festgefügten Sozialstruktur erhoffte, waren die Gehälter im konsularischen und diplomatischen Dienst. Die dort unumgänglichen und mit hohen Kosten verbundenen Repräsentationspflichten – so argumentierte er – könne niemand allein aus seinem Gehalt bestreiten. Schon vor der Auswahl durch das Auswärtige Amt seien bereits die personalpolitischen Weichen gestellt, da dieser Umstand Bewerber aus begütertem Hause begünstige und fachlich geeignete Interessenten ohne eigenes Vermögen von vornherein ausschloss. Die solcherart zementierte «Plutokratisierung» des Auswärtigen Dienstes, wo Adelige und Angehörige der feudalen Corps den Ton angäben, verbürge den reaktionären Stil der deutschen Außenpolitik, der nicht ohne Folgen für den politischen Inhalt bleibe.

Daher betonte er die Notwendigkeit, auch den republikanischen Elementen und hier vor allem den Söhnen aus Arbeiterfamilien und der Schicht des mittleren Beamtentums den Weg zum Zentrum der deutschen auswärtigen Politik zu ebnen. Von diesen erhoffte er sich nicht nur eine aktive Mitarbeit an der internationalen Verständigung, die er sich seit 1920 aufs Panier geschrieben hatte, sondern sie schienen ihm ebenso geeignet, die erforderlichen Kontakte zu den sozialdemokratischen Kräften im Ausland zu verstärken. Folgerichtig pries er das Institut der Sozialattachés als eines der progressivsten im gesamten Amt, ohne dass es ihm allerdings gelang, den diplomatischen Gehilfen durch seine

Interventionen auf Dauer einen gesicherten Status zu verschaffen. Das Ergebnis seiner Bemühungen um die personalpolitische Reorganisation des Auswärtigen Amts blieb schließlich so gering, dass er später resigniert jungen Sozialdemokraten, die die diplomatische Laufbahn einschlagen wollten, im privaten Gespräch davon abriet, diesen für Außenseiter allzu entbehrungsvollen Weg zu gehen.

Seine Resignation vor der etablierten Macht der diplomatischen Bürokratie war indessen nur eine Nebenerscheinung der generellen Anpassungstendenz einer Partei, die im Lauf der Jahre einen erstaunlichen Scharfblick für das «kleinere Übel» entwickelt hatte. Je mehr Breitscheid seit 1926 in das große diplomatische Geschäft seines Landes hineinwuchs – und sei es auch nur als parlamentarischer Helfer im zweiten Glied der Genfer Konferenz – umso eifersüchtiger erwies er sich im treuhänderischen Umgang mit dem ihm anvertrauten politischen Wissen. Obwohl gerade der Völkerbund wie kein anderes Beginnen auf dem Feld der internationalen Politik bewusst das Interesse der Öffentlichkeit auf sich zog, wollte er ihm besonderen Schutz vor der Neugier der in Genf «zahlreich versammelten, nach Sensationen lüsternen Presse», angedeihen lassen. Er schwang sich seit Mitte der 1920er-Jahre zum Schulmeister der Genfer Zeitungsleute auf, die nach seiner Meinung «mit etwas weniger Aufmachung und etwas mehr Objektivität» berichten sollten.

Dem aus seiner Mitgliedschaft in der deutschen Delegation herrührenden gouvernementalen Übereifer entsprach in der Schönwetterperiode Weimars noch eine gewisse Gespaltenheit seines Verhältnisses zu den regierungsamtlichen Institutionen.

Jenseits der Parteigrenzen – Breitscheid und Stresemann

Vor dem Hintergrund des widersprüchlichen Verhältnisses Breitscheids zum Auswärtigen Amt erscheint eine Erörterung seiner Beziehung zu Stresemann an dieser Stelle angebracht, weil der langjährige Außenminister der Weimarer Republik in den politischen Überlegungen Breitscheids eine feste, quasi-institutionelle Größe darstellte. Stresemann war für die SPD zum Garanten eines außenpolitischen Kurses geworden, den sie sozusagen als ihren eigenen betrachtete. Von einer Parisreise im Mai 1925 zurückkommend, über deren Ergebnis er wie üblich Stresemann unterrichtete, musste er sich im Reichstag zum Vorwurf der Rechten äußern, er habe diesen politischen Besuch in der französischen Haupt-

19 Gustav Stresemann (1878–1929), Reichskanzler und Außenminister in der Weimarer Republik, Vorsitzender der Deutschen Volkspartei, die mit der SPD-Fraktion Breitscheids die Weichen für die Verträge von Locarno (1925) stellte. Verständigung mit Frankreich und dafür als Erfüllungspolitiker und Verräter beschimpft. So bereitete er den Beitritt der Republik zum Völkerbund vor, dem Breitscheid als parlamentarischer Delegierter angehörte.

stadt als der geheime Busenfreund des Außenministers unternommen. Er konnte sich seiner Pflicht zur Erwiderung zwar mit dem ironischen Hinweis entledigen, dass ihm dazu die seelischen und körperlichen Voraussetzungen fehlten. Da aber Stresemann seinerseits nicht mit Andeutungen sparte, Breitscheid könnte vielleicht der nächste Außenminister werden, blieb es nicht beim einmaligen Versuch der Gegner, seine Loyalität zur eigenen Partei in Zweifel zu ziehen und die Glaubwürdigkeit der SPD-Politik insgesamt vor den Wählern infrage zu stellen.

Schließlich glaubten sogar die Deutschnationalen – Gipfel der Ironie – sie sollten ihn im Sommer 1925 in ihre Verschwörung gegen den Außenminister und dessen zielstrebig nach Locarno führende Politik einweihen, um ihm nach gelungener Tat das Amt anzutragen und auf diese Weise an sich zu binden.

Dieser Plan scheiterte, aber die Rechtsextremen lagen weiterhin auf der Lauer. Sie unterstellten ihm, seine innenpolitische Distanzierung vom Vorsitzenden der Volkspartei sei nur eine vorgetäuschte Opposition, auf die ein «warmer Händedruck mit dem Freund Stresemann» folge, der alles wieder gut mache. Mit Stresemann und Breitscheid verbanden die Rechten die Politik der deutsch-französischen Verständigung, die sie bekämpften und durch Gerüchte diffamierten. Belege für Angriffe dieser Art bot das scheinbare Missverhältnis zwischen der Unterstützung, die Breitscheid Stresemann generell auf außenpolitischem Gebiet gewährte und der Kritik, die er in Einzelfragen der Innenpolitik anmeldete. Die Polemik übersah bewusst, dass sich Breitscheids Attacken in erster Linie gegen die Konzessionen des Außenministers an die Deutschnationalen oder die DVP richteten. Breitscheid wollte sie eher als Warnung vor allzu engen, die Verständigungspolitik gefährdenden Bindungen nach rechts, als auf die Person Stresemanns zielende parteipolitische Attacke verstanden wissen. Nur da, wo Stresemann durch koalitionspolitische Zugeständnisse das große, ihn mit der SPD verbindende Konzept zu gefährden drohte, erhob Breitscheid seine Stimme. Dann prophezeite er den baldigen Untergang dieser unausgeglichenen Regierungsbündnisse, und in seinen Reden schwang ein Unterton parteipolitischer Eifersucht auf die über den Weg des «Bürgerblocks» zu Regierungsämtern gekommenen Deutschnationalen mit.

Bezeichnend für die Grenzen, innerhalb deren sich seine oft sarkastischen Vorwürfe an die Adresse Stresemanns bewegten, ist eines seiner Urteile über dessen außenpolitische Reden. Ihr Aussagewert sei ja nach Ort und Zeit verschieden. Die besten halte er aber, «wenn er den Augen seiner deutschnationalen Magister einigermaßen entrückt» sei, wobei es freilich nicht ausbleibe, dass er in Genf anders als in Berlin spreche.

Trotz mancherlei Differenzen – vor allem auf innenpolitischem Gebiet – und unterschiedlicher Motive, die der Außenpolitik beider Männer zugrunde lagen, bildete sich zwischen ihnen im Lauf der Jahre ein persönliches und politisches Vertrauensverhältnis heraus – und zwar im gleichen Maße, wie Breitscheid sich aus der ideologischen Befangenheit der deutschen Außenpolitik im Rahmen einer sozialistischen Weltpolitik löste und zum Verfechter der Verständigungspolitik wurde, während Stresemann den beschränkten Nationalismus seiner Partei durchbrach und sich zum «Vernunftrepublikaner» entwickelte.

Für Breitscheid und die SPD war er der Minister, der einer von der Sozialdemokratie mitformulierten außenpolitischen Linie folgte und deshalb mit ihrer Unterstützung rechnen konnte. Umgekehrt brauchte Stresemann den parlamentarischen Rückhalt bei der SPD. Die guten Beziehungen, die Breitscheid besonders zu den französischen Politikern der Linken hatte, machten den Sozialdemokraten zu einem der wichtigsten Mittelsmänner im weiten diplomatischen Umfeld.

Der Außenminister honorierte die Dienste mit der Berufung Breitscheids in die deutsche Delegation beim Völkerbund. Er baute darauf, dass ihm der weltläufige Parlamentarier mit den nützlichen internationalen Beziehungen auch in Genf ein loyaler Helfer sein konnte. Darin wurde er nicht enttäuscht, und schon sehr bald überwogen die Vorteile für Stresemann. Breitscheid sah sich dafür mit dem Titel des «beigeordneten Bevollmächtigten» dekoriert. Konnte er aber bisher als der außenpolitische Experte seiner Partei durchaus eigene Vorstellungen im Ausland entwickeln, so empfand er die goldenen Ketten des Auftrags in Genf zunehmend als Hemmnis. Stresemann seinerseits betonte, dass die in Berlin «vorherrschenden Gegensätze zwischen Oppositions- und Regierungsparteien [...] in Genf bei den Arbeiten der Delegation völlig verschwunden» seien.

Einige Monate vor dem Zustandekommen dieser einvernehmlichen Koalition 1929 erschien im *Vorwärts* eine Karikatur. Sie zeigte Stresemann, wie er vor seinen deutschnationalen Koalitionspartnern, als sensenschwingende und mistgabelbewehrte Bauern dargestellt, auf ein Burgtor zueilt, aus dem Breitscheid herausschaut: «Ein armer bedrängter Reichsaußenminister bittet um Schutz vor seinen Koalitionsfreunden.»[18] Der siegreiche Wahlausgang gab Breitscheid einige Wochen später tatsächlich die Möglichkeit, den schützenden «Burgherrn» zu spielen.

Repräsentant Deutschlands im Ausland

Auf der Londoner Konferenz im August 1924 war er als einer der beiden deutschen Parteienvertreter zugelassen. Doch gab er sich hier, anlässlich seines ersten größeren Auftritts auf der Bühne der internationalen Politik, nicht mit der Statistenrolle zufrieden. Durch seine zweieinhalbstündige persönliche Unterhaltung mit dem radikalsozialistischen französischen Politiker Édouard Herriot,[19] der mit Rücksicht auf die Stimmung im eigenen Land zuerst vorsichtig taktieren musste, trug er durch die Weitergabe seiner Informationen an Stresemann dazu bei, dass das offiziell ausgeklammerte Thema des besetzten Ruhrgebiets auf einer höheren Ebene gesprächsreif wurde.

Bereits im Juni hatte er in Paris zunächst mit Léon Blum,[20] Briand und Loucheur[21] sowie mit Herriot selber die in London wiederkehrenden Fragen erörtert.

18 *Vorwärts* vom 3. Febr. 1928, als Ausschnitt im Stresemann-Nachlass, Bd. 64, 09 342.

19 Édouard Herriot (1872–1957), französischer Politiker, u.a. Premierminister und Präsident der Nationalversammlung.

20 Léon Blum (1872–1950), französischer Sozialist, mehrfacher Premierminister.

21 Louis Loucheur (1972–1931), französischer Geschäftsmann und Lobbyist.

Dass er damals nicht in offizieller Mission, sondern in seiner Eigenschaft als sozialdemokratischer Parlamentarier unterwegs war, hatte sein Unternehmen erleichtert; denn – wie er übrigens in Übereinstimmung mit dem deutschen Botschafter in Frankreich meinte – mit einer offiziellen deutsch-französischen Kontaktnahme zu jenem frühen Zeitpunkt hätte Herriot der Rechten im eigenen Land eine gefährliche propagandistische Waffe in die Hand gegeben. Er vermied deshalb alles, was seinem Aufenthalt den Charakter eines amtlichen Auftrags hätte verleihen können, und adressierte die regelmäßigen Berichte, die er über seine Sondierungen nach Berlin schickte, zunächst an seine Frau in Berlin, die sie persönlich an das Auswärtige Amt weiterleitete.

Sein nahezu freundschaftliches Verhältnis zu den Männern der französischen Linken sicherte ihm Zugang zu vertraulichen Besprechungen über die bevorstehende Bildung des Kabinetts Herriot. Sogar um seine Meinung über ein mögliches Kartell der Linken befragt, konnte er sich nur mit dem Hinweis auf die rein innerfranzösische Bedeutung der Angelegenheit einer prekären Stellungnahme entziehen. Gerade in dieser kritischen Phase der deutsch-französischen Beziehungen konnten auch weniger wichtige politische Äußerungen leicht ihren Urhebern entwischen und hüben wie drüben in den Händen der Gegner zu gefährlichen Sprengsätzen gegen die Verständigungspolitik werden. Der französische Außenminister Aristide Briand lud Breitscheid zum vertraulichen Frühstück ein, um sich mit ihm über die Probleme der deutsch-französischen Beziehungen nach Locarno auszutauschen. Über mehrere solcher Besprechungen fertigte er Aufzeichnungen an, die er Stresemann zukommen ließ und öfter noch durch mündliche Berichterstattung ergänzte.

Als Stresemann im dritten «Kabinett Marx»[22], in dem mittlerweile auch die Deutschnationalen saßen, Außenminister blieb, wollte Breitscheid auf eine weitere Teilnahme in der Delegation verzichten. Stresemann versicherte, dass sich an der Außenpolitik nichts ändern würde und dass gerade ein Fernbleiben des sozialdemokratischen Vertreters die französische Rechte zu gegenteiligen Spekulationen veranlassen würde. Der offene Ausbruch der parteipolitischen Gegensätze schien ihm dennoch unvermeidbar. Erst der Aufforderung von Fraktion und Partei, die davor warnten, dass man den voraussichtlichen Misserfolg der Genfer Tagung mit der Weigerung der Sozialdemokratie in einen ursächlichen Zusammenhang bringen würde, fügte er sich.

Der plötzliche Zwang, in Genf eine Außenpolitik vertreten zu müssen, die mit dem Geruch des verhassten «Bürgerblocks» behaftet war, gab nicht allein den Ausschlag für Breitscheids anfängliche Halsstarrigkeit. Auch sein Fraktions-

22 Wilhelm Marx (1863–1946), der am längsten amtierende Reichskanzler der Weimarer Republik.

kollege Hermann Müller räumte ein, Breitscheids Handlungsspielraum könnte als Mitglied der Delegation zu sehr eingeschränkt sein. Er vertraue aber darauf, dass Breitscheid «über diese Schwierigkeiten gewandt hinwegkommen» werde. Nach seiner Rückkehr in die Mehrheitspartei beherrschte Breitscheid die Kunst des politischen Kompromisses, doch die Pflicht, sich in Genf als Repräsentant einer Regierung unterordnen zu müssen, die er zu Hause bekämpfte, kostete ihn einige Überwindung.

Im darauffolgenden Jahr 1928, wurde Hermann Müller[23] Reichskanzler, ein Jahr später Chef einer großen Koalition; gemeinsam mit Otto Wels und Wilhelm Dittmann wurde Breitscheid zum Fraktionsführer gewählt. Nun entlud sich sein angestauter Unmut über das Dilemma, mit dem er als Parlamentarier beim Völkerbund zurechtkommen musste. Im September stellte er den sozialdemokratischen Mitgliedern des Auswärtigen Ausschusses ein Exposé über die laufende Völkerbundtagung zu. Darin schrieb er, es sei «gänzlich ungeklärt, wie sich der Parlamentarier hier in Genf verhalten soll. Sagt er in den vielen privaten Gesprächen nur, was offizielle Meinung der Delegation oder der Beamten ist, so wird er zum Automaten. Äußert er selbständige Ansichten, so läuft er Gefahr, als gefährlicher Quertreiber hingestellt zu werden.» Man solle deshalb überlegen, ob man die Zusammensetzung der Delegation in dieser Form überhaupt noch beibehalten wolle, da die Parlamentarier ihre Parteizugehörigkeit nicht einfach vergessen könnten, was immer wieder zu Reibereien führe, solange die Delegierten sich nicht darauf beschränkten, nur das Mundstück der offiziellen Regierungspolitik zu sein».[24]

Ebenso energisch, wie er größere Selbstständigkeit für die an der Genfer Delegation beteiligten Parlamentarier forderte, wies er den Vorwurf der Illoyalität gegenüber dem Auswärtigen Amt zurück. An eine Treuepflicht, wie sie der Kodex der Ministerialbeamten erfordert, war er als Politiker freilich nicht gebunden. Soweit es das Interesse der von ihm vertretenen Politik gebot, verhielt er sich «loyal». Indessen scheute er nicht davor zurück, da, wo er im Sinne seiner Politik eine fundamentale Verbesserung der Gesamtlage zu erkennen glaubte, die «Amtspflicht» dem berechtigten Politischen Interesse unterzuordnen. So empfahl er dem französischen Vertreter beim Völkerbund im September 1927, der gegenwärtigen Regierung Marx «keine Zugeständnisse zu machen und die Wahlen abzuwarten», die in beiden Ländern eine Linksregierung und damit ein festes Fundament für eine groß angelegte Verständigungspolitik schaffen könnten.

23 Hermann Müller (1876–1931), von 1928 bis 1932 letzter Reichskanzler einer aus dem Parlament hervorgegangenen Koalitionsregierung

24 PVA, Nachlass. Hermann Müller.

Dass er damit weder seine Loyalitätspflicht allzu gröblich verletzte, noch die gemeinsame Linie mit dem verantwortlichen Chef des Ministeriums gefährdete, zeigt seine Unterhaltung mit Stresemann im selben Monat. Er teilte ihm den Inhalt eines Gesprächs mit Briand mit, der gesagt habe: «Wenn Sie in Deutschland eine nach links orientierte Regierung hätten, wäre die Rheinlandfrage in drei Monaten gelöst», worauf Stresemann seufzte: «Wenn Briand mir das doch schriftlich geben wollte![25]

Breitscheid, der diese Art von Mittlerdiensten nicht ungern übernahm und ausführte, blieb auch trotz mancherlei Unstimmigkeiten und seiner eigenen Unzufriedenheit mit dem Status der parlamentarischen Delegierten in Genf weiterhin einer der wichtigen Männer in der Kulisse der deutschen Außenpolitik wie auf der offenen Bühne des Reichstags. Es bleibt zu klären, ob er selbst jemals nach dem Amt des Außenministers gestrebt hat. In Deutschland und Frankreich galt er jedenfalls als einer der aussichtsreichsten Prätendenten auf den Ministersessel. Kombinationen und Vermutungen über einen möglichen Außenminister Breitscheid kursierten – in anzüglicher Weise auch von seinen Gegnern ins Spiel gebracht – nicht nur bei wohlmeinenden oder der Partei nahestehenden Zeitungen.

Jahre später hat er während der Haftzeit im Konzentrationslager Buchenwald unter dem Eindruck schicksalhafter Gelegenheiten und verpasster Chancen im Gespräch mit seiner Frau bestritten, jemals die Hand nach dem Amt ausgestreckt zu haben. Das eigene Wissen um seinen Hang zu grüblerischer Selbstkritik und tief sitzender Skepsis mag ihn in den schwierigen Jahren außenpolitischer Aufbauarbeit davon abgehalten haben, noch einmal nach einem zum Handeln verpflichtenden Regierungsamt zu greifen.

Dazu kam seine negative Meinung über den elitären Charakter des Außenministeriums, in dem auch die politische Verantwortung nur von Männern wie dem finanziell unabhängigen Stresemann ausgeübt werden konnte. Ein Blick auf seine loyale Haltung gegenüber Partei und Fraktion liesse allerdings auch die Vermutung zu, dass er eine von diesen Stellen ergangene Aufforderung, in ein Amt mit besonderer Regierungsverantwortung zu wechseln, nicht abgelehnt hätte.

«Abrüstung des Geistes» – Völkerbund und Europa-Idee

Breitscheid plädierte aufgrund seiner vielfachen Auslandserfahrungen klar und deutlich für einen Eintritt Deutschland in den Völkerbund. «Die Alternative liegt klar: Völkerbund oder Krieg!», belehrte er die Zweifler, Zauderer und Gegner.

25 Brief Breitscheids an H. Müller vom 8. Sept. 1927, DZA Potsdam, Nachlass. H. Müller, Nr. 2, Bl. 76

Jenen, die mit Hinweisen auf den Artikel 16 der Völkerbundsatzung die Gefahr eines Krieges mit Russland an die Wand malten, hielt er entgegen, dass diese Vision umso mehr ihren Schrecken verlieren würde, je mehr Staaten sich dem Völkerbund anschlössen.[26] Ebenso wie dieses in der innenpolitischen Auseinandersetzung gebrauchte Argument diente auch seine Aufforderung an Russland, seine Furcht vor Deutschland zu überwinden und ebenfalls Mitglied zu werden, einer Politik, die er in gewissem Sinn als Korrektur zu Rapallo verstand.

Obwohl er immer wieder bestritt, dass sich Deutschland mit seinem Eintritt in den Völkerbund für die kommenden Jahre ausschließlich nach Westen orientiere, kam er nicht umhin, den möglicherweise gegen Russland gerichteten Charakter dieser Politik einzuräumen. Zwei Überlegungen standen dabei im Mittelpunkt. Die Bedrohung des europäischen Friedens, so argumentierte er, liege dort, «wo wir uns nach dem Westen hin abgrenzen. Diesen Gefahrenpunkt zu beseitigen, ist unsere wichtigste Aufgabe.»[27] Aus diesem Grunde müsse man die Verständigung auch über das Hilfsmittel des Völkerbundes suchen, wo die wichtigsten Gesprächspartner Deutschlands bereits saßen.

Eine engere Verbindung mit Russland hingegen könne Deutschland wegen des russischen Engagements in Asien womöglich in Gegensatz zu den dort interessierten Engländern bringen. Wenn er deshalb für eine «westliche Orientierung» warb, so hieß das zunächst nichts anderes, als «dort für Beruhigung zu sorgen, für die Herstellung eines erträglichen Verhältnisses, wo es nach Lage der Dinge am unmittelbarsten und dringendsten notwendig ist.»[28] Im Grunde hieß das für die deutsche Politik, sich zu entscheiden zwischen einer Ost- oder Westorientierung. Der Ausbaufähigkeit einer territorialen Verständigung im Westen standen die «unsicheren Aussichten» entgegen, «die eine engere Anlehnung an Russland eröffneten.» Mit seiner Frage, was denn «überhaupt der eigentliche Sinn des Schlagworts von dem deutsch-russischen Zusammengehen oder gar dem deutsch-russischen Bündnis» sei, legte er den Kern seiner Bedenken gegen eine allzu starke Bindung nach Osten offen, zumal wenn sie als Alternative zu Locarno und dem Völkerbund gedacht war: Es war seine Befürchtung, diese könnte am Ende einen militärisch aggressiven Charakter annehmen.

Die im Beitritt Deutschlands zum Völkerbund zum Ausdruck kommende Westorientierung sollte nach seiner Vorstellung nur «ein Anfang, ein erster Schritt auf dem Wege» sein, an dessen Ziel «– wir scheuen uns nicht, es auszusprechen – die europäische Zollunion und die vereinigten Staaten von Europa»

26 *Reichstag*, Bd. 387, S. 3397, 95. Sitzung vom 22. Juli 1925.

27 *Parteitag 1925 Heidelberg*, S. 249.

28 *Parteitag 1925 Heidelberg*, S. 250.

stehen mussten.[29] Zwar lag ihm daran, dem Gedanken des Internationalismus zu einer größeren Popularität zu verhelfen. Aber als Modell für ein künftiges Europa wollte er ihn nicht gelten lassen. Die Organisationsform der vereinigten europäischen Staaten durfte nicht mehr den Charakter einer bloßen Vertretungskörperschaft der verschiedenen Regierungen haben. Vielmehr hätten sich diese unter Aufgabe ihrer Souveränität in einen «Oberstaat» zu integrieren. Breitscheid forderte die Regierungen auf, mit der Idee der außenpolitischen Souveränität zu brechen. Erst dann könne auch der Völkerbund sein Ziel erreichen: «die Anerkennung der Existenz einer über den Staaten stehenden Ordnung wirklich zu fundamentieren, aus einer Sache gelegentlicher Verabredungen eine Sache wirklichen internationalen Grundsatzes zu machen.»[30]

Der internationalen Sozialdemokratie, die sich nicht mit dem kapitalistischen Völkerbund identifiziere, falle die Aufgabe zu, ihre eigenen Grundgedanken in ihn einzubringen: Demokratie und Solidarität. Sie solle ihn, gerade weil sie mit seiner gegenwärtigen Gestalt unzufrieden sei, «in eine neue Form hinüberführen», da er «heute das einzige Instrument für die organisierten Arbeiterschaften in der Richtung auf den Frieden hin» sei.[31]

Es entsprach der Einstellung Breitscheids, seiner Sicht der europäischen Probleme unter dem Aspekt des ethischen Internationalismus, dass er in den ersten beiden Jahren seiner Zugehörigkeit zur Delegation hauptsächlich in der Internationalen Kommission für geistige Zusammenarbeit mitwirkte. Als Berichterstatter dieser Abteilung, die sich die Verbreitung der Idee, der Grundsätze und praktischen Ziele des Völkerbunds zur Aufgabe gemacht hatte, sprach er im September 1927 vor der Bundesversammlung mit dem ihm eigenen Pathos über Wissenschaft und Kunst, die ihrer Natur nach die Vorreiter des Internationalismus sein müssten; wichtiger als die Verständigung der Männer seiner Generation auf diesem Feld sei die führende Beteiligung des Nachwuchses an der nun begonnenen «Abrüstung des Geistes».

Mit der Weltwirtschaftskonferenz, die im Mai 1927 in Genf tagte, rückten auch die konkreten ökonomischen Aufgaben des Völkerbunds in den Bereich seiner dortigen Kommissionsarbeit. Er war und blieb Anhänger einer liberalsozialen Freihandelsidee. Daher faszinierte ihn der Gedanke kollektiver Zollvereinbarungen mit dem Ziel einer allmählichen Beseitigung jener Wirtschaftsschranken, gegen die er in seinem Bericht über die Kommissionsarbeit vor der Vollversammlung Stellung bezog. Als er bei einer Pressekonferenz im Hotel

29 *Reichstag*, Bd. 388, S. 4628.

30 *Reichstag*, Bd. 394, S. 12502, 371. Sitzung vom 30. Jan. 1928.

31 *Zweiter Kongress der Sozialistischen Arbeiter-Internationale in Marseille vom 22. bis 27. Aug. 1925. Berichte und Verhandlungen*, Zürich 1926, S. 322.

Metropole, dem Standquartier der deutschen Delegation, die Kommissionsverhandlungen über die Wirtschaftskonferenz zusammenfasste, gab er sich mit dem Stand der Dinge überaus zufrieden. Es sei ihm gelungen, seinen Vorstellungen zur Verwirklichung der Empfehlungen der Konferenz Geltung zu verschaffen. Stolz berichtete er, nachdem er den anfänglichen Widerstand der Engländer, Amerikaner und asiatischen Staaten erwähnt hatte: «Sie haben aber alle klein beigegeben, sodass eine schöne Einmütigkeit erzielt worden ist, mit der wir uns zufrieden erklären können.»[32] Noch im folgenden Jahr blieb er so optimistisch, dass er «in beachtenswerten Ausführungen» – wie es im offiziellen Bericht der deutschen Delegation hieß – seine Überlegungen zur internationalen Wirtschaftspolitik in der Forderung gipfeln ließ, «die Wirtschaftspolitik der Staaten anstatt nach dem Grundsatz der Selbstversorgung nach dem Prinzip der internationalen Arbeitsteilung zu leiten».[33]

Aber bereits 1929, als die Empfehlungen der Sachverständigen die von der Politik gesetzten Grenzen erreicht hatten, als das Unbehagen an der Stagnation suggestive Schlagworte wie «wirtschaftliche Abrüstung» und «zollpolitischer Waffenstillstand» als Ersatz für die fehlenden Leistungen hervorbrachte, warnte er skeptisch vor den Erwartungen, die sich an eine neue Wirtschaftskonferenz richteten. Die einzige Hoffnung, die er noch auszusprechen wagte, war die, «dass die Idee der wirtschaftlichen Abrüstung nicht den Leidensweg und den Schneckengang der militärischen Abrüstung gehen wird, der uns hier in Genf leider nur zu gut bekannt ist. Was werden wird, wissen wir, wie gesagt, heute noch nicht. Aber dass etwas geschehen muss, scheint mir sicher, denn vergessen wir nicht, dass der Wirtschaftsfriede eine der wesentlichen Voraussetzungen des Völkerfriedens überhaupt ist, der das eigentliche Ziel und der Sinn aller Arbeiten des Völkerbundes ist.»[34]

Auf die Entwicklung der vergangenen zwei Jahre zurückblickend, konnte er keinerlei Fortschritte entdecken. Nur weil er den Völkerbund auch jetzt noch als Plattform verstand, von der aus lediglich Vorschläge zur gemeinsamen Arbeit an die verschiedenen Regierungen ausgesandt würden, konnte er dessen Existenz und seine eigene Mitarbeit weiterhin rechtfertigen. So warnte er selbst im Jahr 1931, als sich die Folgen der großen Wirtschaftskrise bedrohlich auf die Politik legten, etwa aus dem Völkerbund auszutreten. Wenn dieser sich auch immer weniger als Instrument der deutschen Politik nutzen lasse, behalte er doch seinen Wert für die Stabilisierung des internationalen Friedens. Seine Mitarbeit in Genf

32 Bericht über Pressekonferenz vom 21. Sept. 1927

33 Bericht AA an deutsche Auslandsmissionen vom 12. Okt. 1928.

34 Rundfunkrede Breitscheid, am 6. Sept. 1929.

hatte allerdings schon ein Jahr zuvor nachgelassen. An den Diskussionen über die nun nach vorn rückenden Abrüstungsfragen nahm er nur noch am Rande teil.

Im letzten Jahr seiner Beteiligung an der deutschen Völkerbunddelegation musste er einen Rückschlag in der bisher von ihm verfolgten Europapolitik hinnehmen. Gerade wegen seiner engen Verbundenheit mit den Ideen Briands war dessen Europaplan für ihn eine Enttäuschung. Dem Festhalten am Begriff der außenpolitischen Souveränität, stellte Breitscheid seine, von den jüngsten innenpolitischen Veränderungen in Deutschland maßgeblich beeinflusste Auffassung entgegen, nach der ein Zug in die internationale Politik kommen müsse, «der nicht dahin geht, jetzt mit Machtgedanken zu spielen, wo keine Macht vorhanden ist, sondern der den wirtschaftlichen Entwicklungen, den wirtschaftlichen Forderungen Europas und der Welt Rechnung trägt.»[35]

Seine Betonung der Wirtschaftsfragen im Zusammenhang mit dem europäischen Einigungsprojekt lag ganz im Sinne der deutschen Politik, wie auch sein Wunsch, an die Stelle der Souveränität die «Gleichberechtigung unter den Staaten» zu setzen, Deutschland begünstigte. Nach dieser Formel wären die Deutschland auferlegten Rüstungsbeschränkungen im gleichen Maße auf andere Länder anzuwenden gewesen. Mit beiden Forderungen rückte Breitscheid in einer Zeit innenpolitischen Notstands in die Nähe der Brüningschen Außenpolitik mit ihren mehr oder weniger offen verfolgten deutschen Aufrüstungsplänen.

Westliche Politiker gingen nach 1933 so weit zu behaupten, das Deutschland Hitlers zeige schließlich nur wieder sein wahres Gesicht aus der Vorkriegszeit, welches Männer wie Breitscheid, Stresemann und auch Brüning nur zeitweilig verdeckt hätten.

Von der Entwicklung auf dem Feld der internationalen Politik ernüchtert und die Konkurrenz der innenpolitischen Gegner fürchtend, schlug er in der Endphase der Weimarer Außenpolitik einen Ton an, der ihn in bedenkliche Nähe zu denen brachte, die eine Wiederaufrüstung Deutschlands als Ausgleich für jahrelang erlittenes nationales Unrecht und als Grundlage einer forcierten Revision ansahen. Sein Argument, die im Versailler Vertrag einseitig geregelten Abrüstungsbestimmungen zulasten Deutschlands könnten durch ein Nachziehen der übrigen Staaten ausgeglichen werden, drohte die vertrauensvolle Freundschaft mit Frankreich zu gefährden; ebenso wenig hätte sie ihn in den Augen der Nationalisten zu Hause auf die Augenhöhe gebracht, auf die er allerdings gern verzichten konnte. Mit ihrer Forderung nach deutscher Rüstungsgleichheit besaßen diese ohnehin ein Rezept, das eine europäische Verständigung nahezu unmöglich gemacht hätte.

35 *Reichstag*, Bd. 426, S. 3915, 127. Sitzung vom 11. Februar 1930.

Reichstagsfraktion und Partei

Breitscheid war während seiner Zugehörigkeit zur Reichstagsfraktion der USPD über den Rang einer «provisorischen Beihilfe» im Fraktionsvorstand nicht hinausgekommen. Aber seine häufigen Auftritte im Reichstag, seine führende Rolle im Umgang mit der Regierung und den anderen im Parlament vertretenen Parteien verwiesen auf die Autorität, mit der er informell ausgestattet war. Nach seinem zweiten Wechsel zur SPD blieb er mit Hermann Müller und Wilhelm Sollmann außenpolitischer Sprecher der Partei. Die Fraktion ließ ihn zu den großen Fragen der internationalen Politik ihren Standpunkt im Reichstag formulieren. Schließlich zollte sie ihm die formelle Anerkennung als Mitglied des Fraktionsvorstands, seit 1928 bekleidete er den Vorsitz, den er mit Otto Wels und Wilhelm Dittmann gemeinsam ausübte.

Auf die Willensbildung der Fraktion hatte er beständig Einfluss, wobei das Urteil über sein Durchsetzungsvermögen als Fraktionsführer schwankte. Nahezu alle Beobachtungen der Zeitgenossen sprechen von seinem ausgeprägten Hang zur kritischen Selbstüberprüfung, der ihm die parteipolitische Aufgabe nicht gerade erleichterte. Sein Erfolg in der Fraktion hing deshalb mehr von der Brillanz seines Vortrags und der Stichhaltigkeit seiner Argumente ab als von der Fähigkeit, seinen Zuhörern das Gefühl zu geben, einem Führer mit untrüglichem politischem Instinkt zu folgen. Breitscheid beschränkte sich meist darauf, die zur Entscheidung anstehenden Fragen von allen Seiten auszuleuchten. Der Zustimmung konnte er umso sicherer sein, wenn es ihm gelang, Otto Wels, die mit Hausmacht ausgestattete Führungspersönlichkeit auf seine Seite zu bringen.

Die Fraktion war für ihn Kernstück seines parlamentarisch-demokratischen Selbstverständnisses. Von ihr sollten die zur Partei gehörigen Minister politisch abhängen. Ihrerseits beanspruchte sie weitgehende Unabhängigkeit von den schwankenden Stimmungen der Partei. Zugleich erwartete sie Solidarität, soweit sie sich im Rahmen der «großen Richtlinien» bewegte. Die war Breitscheid bereit, von der Partei zu empfangen. Das galt indessen nicht für «Beschlüsse, die wir als Fraktion zu fassen haben» denn «der letzte Entschluss, die letzte Entscheidung liegt dort».[36]

Offensichtlich wurde diese fein gesponnene Position in der Partei akzeptiert. Auf dem Heidelberger Parteitag des Jahres 1925, pries er das Parlament als einen der «wesentlichsten Faktoren in der Staatsform, die wir geschaffen haben». Dort

36 *Sozialdemokratischer Parteitag 1931 in Leipzig, Protokoll*, Berlin 1931, S. 175f.

20 Breitscheid als Versammlungsredner vor Verteidigern der Republik im Berliner Sportpalast 1926. Der überparteiliche Wehrverband unter dem schwarz-rot-goldenen Banner war paramilitärisch organisiert und fungierte auch als Saalschutz gegen Störversuche von SA und Rot-Front. Der auf Gewaltlosigkeit eingestimmte sozialdemokratische Reichstagsabgeordnete tat sich ein wenig schwer mit den säbelrasselnden Uniformträgern.

war das über Breitscheid verbreitete auch sonst wo passende Bonmot zu hören, es würde «für einen Durchschnittsparteigenossen nicht leicht sein, [...] einen Standpunkt zu vertreten, von dem nicht von vornherein feststeht, dass er mit dem des Genossen Breitscheid übereinstimmt.» Den wahren Kern des doppeldeutigen Urteils bestätigen ihm nahestehende Genossen wie Friedrich Stampfer, der Breitscheids hervorragender Stellung in der Reichstagsfraktion immer wieder hervorgehoben hat.

Nach seinem Wiedereintritt in die SPD hatte er jahrelang mit dem Misstrauen zu kämpfen, das man dort generell ehemaligen Unabhängigen entgegenbrachte. Ebenso stand ihm – unausgesprochen -seine bürgerlich-liberale Vergangenheit und die mangelnde Integration des Akademikers in die Partei im Wege. So fehlte ihm bisweilen der nötige Rückhalt innerhalb der Parteibürokratie – bei den «Petrefakten», wie er sie verächtlich zu nennen pflegte. Erst auf den Leipziger Parteitag 1931 wurde er nominell Mitglied der engeren Parteiführung und als Beisitzer in den Parteivorstand gewählt. Später, in der Bitterkeit der Jahre im französischen Exil, beklagte er sich bei dem Leidensgenossen Wilhelm Hoegner darüber, als Inhaber dieses Amtes sei man damals «über die Vorgänge nur lückenhaft orientiert» gewesen. «Man hörte in den nicht allzu häufigen Sitzungen nur, was Wels vorzutragen für gut hielt. Das Büro erledigte vieles, ohne uns zu unterrichten, und Wels manches, von dem er auch seine Kollegen nicht in Kenntnis setzte.»[37]

Die Außenseiterposition innerhalb des Parteiapparats konnte er auch durch den Ausbau seiner Stellung in der Fraktion nicht wettmachen, da diese über weite Teile mit der Parteibürokratie personell verflochten war und eine fruchtbare Beziehung zwischen den beiden Gremien nicht entstehen konnte. Meinungsverschiedenheiten innerhalb der Fraktion oder zwischen ihm und der Parteileitung bemühte er sich auszugleichen. Er verstand seine Aufgabe als eine des Koordinators, und selbst in Angelegenheiten, die seine ureigenste Überzeugung berührten, vermied er nach 1922 den Eklat und beugte sich lieber «den Beschlüssen eines hohen Vorstandes».

Aus seinen häufigen Auftritten im Reichstag und in den Ausschüssen kann man den Schluss ziehen, dass er als der von der Fraktion autorisierte Sprecher auch einen erheblichen Anteil am Zustandekommen des parteioffiziellen Kurses gehabt hat. Allerdings dürfte seine Rolle bei der Entscheidung über strittige Fragen der Parteipolitik nicht über die einer Nachhilfe für jene hinausgegangen sein, die es verstanden, die wichtigsten Ämter in Partei und Fraktion zu besetzen und darauf ihre innerparteiliche Macht gründeten.

Dass Breitscheid trotzdem erheblichen Rückhalt in der sozialdemokratischen Reichstagsfraktion besaß, lag vor allem an seinen rhetorischen Fähigkeiten und der Wirkung, die er damit erzielte. Sachkenntnis und faszinierende Redekunst – beide im Wesentlichen schon vor seinem Eintritt in die SPD erworben – machten ihn zum markanten Sprecher der Fraktion im Reichstag. Dazu kam der unverkennbare aristokratische Habitus, der bei seiner Umgebung Bewunderung und Ablehnung zugleich weckte und ihm bald den Beinamen des «Lord Breitscheid» eintrug, der ihm halb schmeichelte halb Spott bereitete, und ihn hartnäckig durch die Jahre der Weimarer Republik begleitete.

37 Brief Breitscheids an Wilhelm Hoegner vom 23. Juli 1935, Privatbesitz Hoegner.

Berühmt und gefürchtet – Breitscheid im Parlament

Ohne Frage war Breitscheid einer der herausragenden Redner im Parlament – darüber hinaus bei zahllosen Anlässen und Gelegenheiten für öffentliche Reden in der Republik. Seine Auftritte glänzten auch durch sein Talent zur Polemik, mehr noch aber wegen seiner Klarheit und intellektuellen Schärfe. »Schlagfertig, gewandt, beschlagen, witzig und doch sachlich [...], weiß er seine Rede dramatisch aufzubauen und den Zuhörer von Anfang bis Ende zu fesseln. Ein pastoraler Unterton, ein leichtes Pathos und mitunter seine sarkastische Überlegenheit machten seine Reden suggestiv« – so beschrieb ihn Erich Dombrowski in der Sammlung ‹führender Köpfe› der Weimarer Republik.[38] Auch Emil Unger nennt ihn einen »grundgescheiten Kopf«, einen »faszinierenden Redner«.[39] Und Theodor Heuss, der Breitscheid nicht ohne Vorbehalt gewogen war, charakterisierte ihn rückblickend: »als Redner bewundert und gefürchtet, sich nie verhaspelnd, Satz für Satz druckfertig, völlig rational argumentierend, mit einer gepflegten Begabung zum kühlen, sarkastischen Hohn.«[40]

Seine Gegner in den parlamentarischen Debatten kamen nicht nur von rechts. Auch von links mit Vehemenz oder triefendem Spott. Ruth Fischer, Fraktionsvorsitzende der KPD, nahm bei manchen ihrer Auftritte Breitscheid persönlich ins Visier: «Wie weit die Selbstentblößung, die schamlosen Lakaiendienste einer Partei gehen können [...], hat heute der idealistische Breitscheid gezeigt. So schamlos hat noch kein Lakai der Bourgeoisie gesprochen. Er konnte der Worte nicht genug finden der Anerkennung für Herrn von Hindenburg – das ‹von› hat ordentlich geklungen; man hat gedacht, Breitscheid will auch den Adel haben.» Das Plenum quittierte die Attacke mit Heiterkeit.[41]

Ein Thema, dem er sich immer wieder in seinen Reichstagsreden widmete, war der bereits erwähnte Zwiespalt der Parlamentarier, die in Genf beim Völkerbund als Delegierte auch die Interessen ihrer jeweiligen Fraktion vertraten, sich andererseits aber als Boten des Auswärtigen Amtes missbraucht fühlten. 1928 nahm er im Reichstag zum wiederholten Mal dazu öffentlich Stellung. Dabei wurde deutlich, dass er auch als Genfer «Hilfsdiplomat» sich zu allererst der Legislative verpflichtet fühlte: «Sollen wir drei oder vier parlamentarischen Ver-

38 Zit. in: Behring, S. 108.

39 Unger, S. 131.

40 Zit. in Behring ebd.

41 Zit. in: Sabine Hering / Kurt Schilde: «Verehrtes Marionettentheater» – Ruth Fischer im deutschen Reichstag, in: Udo Arnold / Peter Meyer / Uta C. Schmidt (Hg.): *Stationen eines Hochschullebens. Festschrift für Annette Kuhn zum 65. Geburtstag*, Dortmund 1999, S. 371.

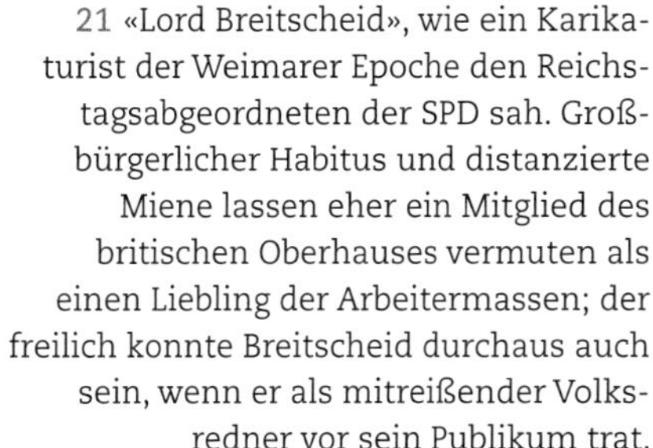

21 «Lord Breitscheid», wie ein Karikaturist der Weimarer Epoche den Reichstagsabgeordneten der SPD sah. Großbürgerlicher Habitus und distanzierte Miene lassen eher ein Mitglied des britischen Oberhauses vermuten als einen Liebling der Arbeitermassen; der freilich konnte Breitscheid durchaus auch sein, wenn er als mitreißender Volksredner vor sein Publikum trat.

treter dort ruhig sitzen oder höchstens Spalier bilden für die offiziellen Beamten des Auswärtigen Amts oder der Reichskanzlei? Nein, dazu sind wir uns in der Tat zu gut [...]. Wir müssen das Recht haben, uns zu unterhalten und Besprechungen jeder Art zu führen, und wenn wir, wie es außerdem der Fall ist, von jeder dieser Unterhaltungen den zuständigen beamteten Persönlichkeiten Mitteilung machen, so können diese beamteten Persönlichkeiten sogar sehr dankbar sein für das, was wir dort tun.»[42]

Aus Breitscheids Worten spricht das gekränkte Selbstbewusstsein des Reichstagsabgeordneten. Der überzeugte Anhänger des parlamentarisch-demokratischen Systems war auch auf der Genfer Bühne bestrebt, die Regierung abhängig von der Legislative zu halten und auszubauen. Diesem Anspruch verlieh er auf heimischem Boden, wo immer es nötig erschien, Nachdruck und forderte strikte Fraktionsdisziplin bei Abstimmungen im Reichstag.

Die Gelegenheit dazu bot sich, als die Regierung des Sozialdemokraten Hermann Müller mit der Entscheidung über den Bau eines ersten Panzerschiffs für die Reichsmarine konfrontiert war. Im Wahlkampf des Jahres 1928 hatten Sozialdemokraten die Parole «Kinderspeisung statt Panzerkreuzer» ausgegeben. Nun saßen sie mit in der Regierung, Hermann Müller, als Reichskanzler an der Spitze einer Großen Koalition.

42 *Reichstag*, Bd. 423, S. 461, 18. Sitzung vom 20. November 1928.

22 Rudolf Breitscheids Name stand für Glanz und Grenzen parlamentarischer Beredsamkeit und Überzeugungskunst. Seine von rheinischem Klang gefärbte kräftige Stimme ging über die Störversuche hinweg, die ihm in der Endphase der Weimarer Republik die Gegner von rechts und links entgegenschleuderten. Freunde priesen seine intellektuelle Schärfe und die meist an der Sache orientierte Argumentation.

Noch 1931 prangerte er erneut auf dem Leipziger Parteitag unter stürmischem Beifall der Mehrheit der Delegierten das abweichende Verhalten einer Minderheit von Abgeordneten bei der Abstimmung über den Wehretat und den Panzerkreuzer an. Um die sich abzeichnende Absplitterung der oppositionellen Gruppe, die später die SAPD[43] bildete, zu verhindern, legte er ein bemerkenswertes persönliches Bekenntnis ab, welches die Spannweite seines rhetorischen Repertoires charakterisiert. Selbstkritisch blickte er auf die Abspaltung der USPD im Weltkrieg zurück. Unter stürmischem Applaus gestand er «als einer der ehemaligen Unabhängigen: es war ein schwerer Fehler, dass wir uns seinerzeit von der Partei trennten […], es war ein Irrweg, wir haben einen Fehler begangen, eine so gewaltige Partei in ihrem Gefüge auch nur zu lockern. Sorgt dafür, Genossen, dass sich so etwas nicht wiederholt.»[44]

43 SAPD: Sozialistische Arbeiterpartei Deutschlands.
44 Ebd., S. 177.

Unterdes hatte die Krise des Parteienstaats bereits die nächste Stufe nach unten erreicht. Breitscheid hielt auf dem Parteitag das Referat zum Tagesordnungspunkt «Die Überwindung des Faschismus». Er warnte vor dem Abgleiten der Regierung Brüning in eine nationalsozialistisch-bürgerliche Koalition. Die zu verhindern sah er als vordringliche Aufgabe der Sozialdemokratie an.

Krise der Regierung – Krise der Partei

Der Streit um den Bau der Panzerschiffe, der die SPD zum Zerreißen angespannt hatte, war schon fast wieder Geschichte, trug aber wegen ihres grotesken Verlaufs zur Zerrüttung des Ansehens der parlamentarischen Demokratie bei. Was war geschehen an der Wende zum Beginn der 1930er-Jahre?

Mit seinem ungeduldigen Wunsch, den Bau der Schiffe zu beschleunigen, hatte der parteilose Reichswehrminister Groener die Lunte an den Zündstoff innerhalb der SPD-Fraktion gelegt. Dem Kabinettsbeschluss zur Genehmigung stimmten die sozialdemokratischen Minister zu und zogen sich dafür das lautstarke Stirnrunzeln ihrer Fraktion zu, die in ihrer nächsten Sitzung im November 1928 dem Parteiführer Otto Wels folgte und für die Einstellung des Baubeginns votierte. Sie verpflichtete damit zugleich ihre Minister, den Kanzler eingeschlossen, den eigenen Kabinettsbeschluss zu desavouieren, der zugunsten der Schlachtschiffe ausgefallen war.

Breitscheid stand vor der schier unlösbaren Aufgabe, die protestierenden Parteimitglieder im Land mit möglichst starker Kritik an dem Bauvorhaben zu besänftigen und zugleich die Koalition über den von ihm selber errichteten Stolperstein hinwegzuretten. Aus seiner Feststellung auf dem Magdeburger Parteitag, es handele sich beim Problem des Panzerkreuzers um eine der Fragen, die «die Partei aufs tiefste bewegen»,[45] zog er die taktische Konsequenz. Die Wogen mussten so schnell wie möglich geglättet werden. Nachdem der Reichswehrminister mit dem Rückzug aus der Regierung gedroht hatte, stand die Existenz der Koalition auf dem Spiel.

Die negative Haltung der Fraktion glaubte er ausbalancieren zu können, nachdem er eine Woche vor dem entscheidenden Antrag Informationen aus den Reihen des Zentrums und der Demokraten über deren voraussichtliches Abstimmungsverhalten bekommen hatte. Sie ließen ihm – Rettung in höchster Bedrängnis! – den Lufthieb der Fraktion gegen die Regierung weniger gefährlich

45 *Parteitag 1929 Magdeburg*, S. 160.

erscheinen. Für diesmal war die Krise abgewendet. Dass die Panzerkreuzerdiskussion die grundsätzliche Frage nach der Stellung der SPD zum Staat und dessen militärischer Macht aufwarf, überspielte er, indem er sich zum Anwalt der Reichstagsfraktion aufschwang, die sich von den sozialdemokratischen Regierungsmitgliedern übergangen fühlten.

Was bewog ihn aber dann im Jahre 1930, seinen Pragmatismus aufzugeben und den Bruch der großen Koalition einerseits so fatalistisch, zugleich mit nüchternem Kalkül geschehen zu lassen? Immerhin hatte er noch im März desselben Jahres an den befreundeten französischen Sozialisten Salomon Grumbach geschrieben: «Alles würde sehr viel einfacher sein, wenn eine parlamentarische Alternative für die jetzige Regierungsmehrheit existierte. Da das zunächst nicht der Fall ist, würde der Rücktritt der Regierung böse Konsequenzen haben können.»[46]

Im Dissens zwischen den sozialdemokratischen Ministern im Kabinett Müller und der Reichstagsfraktion setzte die Letztere sich durch. Mit der Ablehnung eines Kompromisses in der strittigen Finanzierungsfrage der Arbeitslosenversicherung brachten die sozialdemokratischen Abgeordneten dann aber erneut ihre eigenen Minister und den Regierungschef in ein Dilemma, das diesmal mit dem Rücktritt der letzten großen Koalition der Weimarer Republik endete.

Für den Rückzug der SPD aus der Regierungsverantwortung genügte Breitscheid die schiere Vermutung, dass auch der sogenannte «Brüning-Kompromiss» die Koalition auf die Dauer nicht gerettet hätte. Nach seiner Einschätzung waren sich «die bürgerlichen Parteien mit Schrecken der Gefahren bewusst» geworden, «die ihnen von der Demokratie drohen, wenn eine starke und selbstbewusste Arbeiterklasse in die politische Arena eingetreten ist». Schuld waren demnach die anderen, an erster Stelle die Volkspartei, wenn es zum Bruch der «Kameradschaftsehe» kam. Aus der Gesamtschau jener, die den weiteren Fortgang der Geschichte bis zum bitteren Ende erlebten, erscheint die harmlos klingende Kennzeichnung als unangemessen, wenn auch verständlich.

Schon ein knappes Jahr nach dem Start der Koalition unter dem Reichskanzler Müller hatte Breitscheid von den Grenzen der Zugeständnisse gesprochen, die man «an Koalition und ungünstige wirtschaftliche Verhältnisse zu machen in der Lage» sei, und in diesem Zusammenhang vor allem auf die Sozial- und Wirtschaftspolitik verwiesen, ohne allerdings konkrete Linien aufzuzeigen. In seiner Rede auf dem Magdeburger Parteitag stellte er die vielen unerfüllt gebliebenen Forderungen an die amtierende Regierung dem Erfolg gegenüber, den die Partei noch in der Zeit der Opposition errungen habe, als sie «im Großen und Ganzen die auf Abbau der Sozialpolitik gerichteten Pläne der Sozialreaktionäre

46 Brief vom 18. März 1930, PVA, Nachlass H. Müller.

23 Wahlkampf im Vertrauen auf den politischen Selbsterhaltungswillen demokratisch gesinnter Wähler. Im Hintergrund drohte die Reaktion. Bald waren es ganz neue destruktive Kräfte, die zunächst unterschätzt und dann nicht konsequent genug bekämpft wurden.

vereiteln konnte».[47] Mehr als die hier zum Ausdruck kommende Koalitionsmüdigkeit, in der er später die Ursache für das Zerbrechen der Regierung sah, bewog ihn die Erwartung, mit einer anderen Regierung in der Sozialpolitik besser voranzukommen und bis dahin auf eine günstigere Konstellation auf den Bänken der Opposition zu warten.

Hatten doch die Jahre der relativen Stabilität vor 1928 den Beweis erbracht, «dass auch in der Opposition positive Arbeit sehr wohl geleistet werden kann». Nun suchte er im Vertrauen auf den parlamentarisch-demokratischen Wechselmechanismus den einzigen scheinbar noch gangbaren Ausweg aus den widersprüchlichen Erwartungen an die Regierung Müller. Sie ließen ihn, bei aller Einsicht in die drohende Gefahr, eine schwankende, unentschlossene Haltung einnehmen. In der fraktionsinternen Auseinandersetzung um das Fortbestehen der Regierung fiel er

47 *Parteitag 1929 Magdeburg*, 3. 157 f., 165 f.

deshalb gegenüber den Vertretern der Gewerkschaften und des linken Parteiflügels, die den Bruch in Kauf nahmen, als bestimmender Faktor nicht ins Gewicht.

Nach der Regierungsübernahme durch Brüning verband Breitscheid das Schicksal seiner Partei noch enger mit der Republik, die immer weniger in der Lage war, ihre demokratischen wie ihre sozialen Versprechen zu erfüllen. Einen Tag vor dem Zustandekommen der ersten Präsidialregierung unter dem Zentrumspolitiker Heinrich Brüning traf er mit dem designierten Reichskanzler zusammen, um noch einmal die bekannte Stellung der sozialdemokratischen Fraktion zur Steuergesetzgebung und zur Arbeitslosenversicherung zu erläutern. Beide sprachen sich für die Wiederherstellung einer großen Koalition als bestmögliche Lösung aus. Eine Möglichkeit, sie zu verwirklichen, sahen sie allerdings nicht.

Zwar bewertete Breitscheid wenige Monate später das Gespräch mit Brüning als eine rein taktische Finte des Reichskanzlers. Bis zum Wahlausgang vom 14. September 1930 blieb die Wiederannäherung von Zentrum und Sozialdemokratie seine heimliche Hoffnung. Nur vor dem Hintergrund solcher Spekulationen erklärt sich sein merkwürdig widersprüchliches Urteil einer Regierung gegenüber [48], die sich von ihm vorwerfen lassen musste, sie begehe mit der Anwendung des Artikels 48 zur Durchsetzung ihrer Finanzpolitik «einen glatten Verfassungsbruch», und Brüning selber unternehme damit einen ersten Schritt «zu einer deutschen Abart des Faschismus».

Die Notwendigkeit, in der Zwischenzeit Opposition treiben zu müssen, schreckte ihn nach seinen eigenen Worten nicht im Geringsten, und der von ihm in der Folge öfter wiederholte Satz des Fraktionsvorsitzenden der Deutschen Volkspartei, es könne auf die Dauer nicht ohne und gegen die Sozialdemokratie regiert werden,[49] ersparte ihm die realistische Analyse der veränderten politischen Wirklichkeit. Deren Hauptmerkmal war nun der politische und ökonomische Ausnahmezustand, der die Regeln des parlamentarischen Verfahrens aushöhlte. Von seiner drohenden Bereitschaft, gegen ein künftiges «Beamtenkabinett», das «schon die verschleierte Diktatur» berge, «mit den Machtmitteln, die die organisierte Arbeiterschaft außerhalb des Parlaments» vorzugehen, um Parlamentarismus und Demokratie zu verteidigen, war ein Jahr später nicht viel mehr geblieben als die Selbstvergewisserung eigener, aber durchaus fragwürdiger Stärke.

Im Reichstag zeigte er sich zuversichtlich, die Sozialdemokratie werde auch diesen Schlag überstehen, ja schließlich – ohne dass er ihr den Weg dazu hätte weisen können – «aus diesem Sturm siegreich hervorgehen».[50] Als sich dann

48 *Reichstag*, Bd. 427, S. 4732, 153. Sitzung vom 2. April 1930.

49 *Reichstag*, Bd. 427, S. 4732.

50 *Reichstag*, Bd. 428, S. 6402, 201. Sitzung vom 16. Juli 1930.

während des Wahlkampfes im September 1930 eine Möglichkeit zum Kampf bot, zwang sich Breitscheid allerdings mit Rücksicht auf die Koalition in Preußen zu großer Zurückhaltung. Unter dem Sozialdemokraten Otto Braun herrschten dort noch halbwegs stabile Verhältnisse. Die Wahlen waren notwendig geworden, weil Brüning auf den vom Parlament angenommenen SPD-Antrag, die Notverordnung aufzuheben, mit der Auflösung des Reichstags geantwortet hatte. Die Nationalsozialisten waren nun zur zweitstärkste Partei aufgerückt und der SPD bedenklich nahegekommen.

Die «autoritäre Republik»

Hatte er den Bruch der großen Koalition mit der Illusion geschehen lassen, seine Partei nach einer kurzen Periode der Opposition unter veränderten Bedingungen wieder in die Regierung zu bringen, so musste Breitscheid nach der Septemberwahl seine Zuversicht auf eine baldige Regierungsbeteiligung vorerst begraben, ohne die Rolle des Oppositionsführers mit aller Konsequenz übernehmen zu können.

Unter dem Schock des überwältigenden nationalsozialistischen Wahlsieges verzichtete er darauf, der schnell akzeptierten Alternative – entweder Tolerierung der autoritären Herrschaft Brünings oder «offene Diktatur» der Nationalsozialisten, also «völlige Ausschaltung des Reichstags und der Volksvertreter», – eine dritte Möglichkeit taktischen Verhaltens entgegenzusetzen. Die Sozialdemokratie, stellte er resigniert fest, habe weder die Möglichkeit, die Verfassung «in ihrer ganzen Reinheit» wiederherzustellen, noch das Recht, die Bürgerlichen durch scharfe Opposition geradezu in die Arme der Nationalsozialisten zu treiben. Was also dann?

Von der SPD wie auch von Brüning lustlos geführte Sondierungen über die Wiederherstellung der großen Koalition scheiterten. Breitscheid hatte sie mit der Aufzählung einer Reihe zu beseitigender Hindernisse eingeleitet, während das Staatsschiff tiefer in pseudodemokratisches und sozialreaktionäres Fahrwasser geriet. Die gesellschaftliche Aufgabe der SPD verkennend, akzeptierte er die dem Brüningschen Konzept zugrunde liegende Trennung von Staat und Gesellschaft, die gefährliche Unterscheidung von Staats- und Parteiinteresse.

Mit dialektischer Gewandtheit stellte er auf dem Leipziger Parteitag des Jahres 1931 die Prinzipien demokratischer Regierungsweise auf den Kopf, als er den Delegierten gestand, «dass wir die Verletzung der demokratischen Form nur dulden, um den demokratischen Inhalt der Verfassung zu retten».[51] Obwohl er

51 *Parteitag 1931 Leipzig*, S. 103, bes. auch S. 172; vgl. Bracher, *Auflösung*, S. 391 ff.

im gleichen Zusammenhang von den Grenzen der Tolerierungspolitik sprach, öffnete er mit sophistischen Formulierungen die Tür zur weiteren Relativierung. Der damit aufgeworfenen Frage stand er ratlos gegenüber, warum nämlich – wenn es auf die Form anscheinend immer weniger ankam – die Partei den löcherig gewordenen Rock durch entschlossene außerparlamentarische Aktion nicht abstreifen sollte. Für Breitscheid und die SPD gab es taktische und grundsätzliche Gründe.

Während er in der weit zurückliegenden Krise des Jahres 1923 die Notstandsdiktatur für eine Regierung, an der die SPD beteiligt war, damals gerechtfertigt hatte,[52] war er nun bereit, dem Reichskanzler von Hindenburgs Gnaden die viel weiter gehende Diktatur zu überlassen. In einer Besprechung mit Brüning am 17. März 1931, als darüber diskutiert wurde, ob man nicht den Reichstag bis zum November vertagen könne, äußerte er offenherzig, «gegen diktatorische Vollmachten» würde die Sozialdemokratie keine Bedenken haben, «wenn sie nur vorher in die Pläne der Regierung wenigstens eingeweiht» würde.

Das autoritäre Regime Brünings duldend und die Diktatur seiner Nachfolger von Papen und Schleicher ertragend, wandte er sich, als mit der Ernennung Hitlers die schlimmsten Befürchtungen wahr zu werden drohten, gegen das, wie er es nannte, «Spiel mit der meiner Meinung nach unmöglichen Idee einer Diktatur des Proletariats».[53] Diese hatte sich schon einmal in den Tagen der deutschen Novemberrevolution als untauglich erwiesen. Sie war zum Alleinstellungsmerkmal der Kommunisten geworden und schon aus diesem Grund für die Sozialdemokratie nicht akzeptabel. In seiner berühmt gewordenen Rede am 31. Januar 1933, einen Tag, nachdem Hitler vom Reichspräsidenten zum Kanzler ernannt worden war, beschwor er die «Einheitlichkeit der Arbeiterschaft». Nicht gemeint war aber damit die «Einheitlichkeit mit der Kommunistischen Partei und deren Leitern». Stattdessen sollte die SPD versuchen, den Arbeitern den Blick nach links zu öffnen: «Seht, wohin wir gekommen sind durch die Zerrissenheit der Arbeiterklasse, durch das Verhalten der Kommunistischen Partei gegenüber der Demokratie und dem Parlament.»[54]

Die Gefahr eines Übergangs von der demokratischen zur autoritären Republik wurde unter der Kanzlerschaft von Papen und Schleicher akut. Breitscheid gab jetzt der verteidigungsbereiten Stimmung in weiten Kreisen der Arbeiterschaft mehr Raum, indem er immerhin das Wort von den «außerparlamentarischen Aktionen» in seine Reden aufnahm. Ansätze dazu gab es bereits im

52 Ebd., S. 254.

53 «Bereit sein ist alles! Rede des Genossen Breitscheid im Parteiausschuss der Sozialdemokratischen Partei Deutschlands am 31. Januar 1933», o. O., o. J. (1933), S. 12.

54 Ebd.

Dezember 1931, als er auf der Gründungsversammlung der «Eisernen Front» – dem Zusammenschluss von Gewerkschaften, Reichsbanner und sozialdemokratischen Sportorganisationen nach dem Muster der reaktionären «Harzburger Front» – als «neutraler», zwischen Gewerkschaften und Partei stehender Redner angekündigt wurde.

Eine am selben Tag vorgesehene Rede in Braunschweig sagte er wegen dieser Verpflichtung ab und trat die Aufgabe an Stampfer ab. Begeisterte Beifallsstürme brachen los, als dieser den Grund für Breitscheids Ausbleiben bekanntgab. «In ihrer Bedrücktheit schrien die Menschen danach, dass etwas geschehen sollte. Und nun war – so meinten sie – etwas geschehen. Das war leider ein Irrtum.» Unterdessen rechtfertigte der sozialdemokratische Fraktionsvorsitzende vor den Berliner Arbeitern die Suspendierung des Reichstags. Er gab die Schuld den Wählern vom September 1930 und warnte vor fatalistischer Hinnahme gegenüber dem Faschismus, allerdings nur mit dem allgemeinen Versprechen, die Partei werde «jene, die genötigt sind, draußen für uns unter Umständen ihr Leben in die Schanze zu schlagen, mit allen möglichen Mitteln und allem denkbaren Nachdruck unterstützen.»[55]

Dieser scheinradikalen, von der Stimmung des Augenblicks geprägten Zusicherung standen jedoch Äußerungen entgegen, die zeigen, wie wenig ihm daran lag, die Herausforderung durch die nationalsozialistische Bedrohung aktiv anzunehmen. Weiterhin hielt er an der Linie fest, die er im Juli desselben Jahres auf dem Kongress der Sozialistischen Arbeiter-Internationale in Wien vorgezeichnet hatte, als er das Desinteresse der deutschen Sozialdemokratie an Gewalt, Bürgerkrieg und Revolution bekundete. Erst wenn die andere Seite zur Gewalt griffe, müsse sie damit rechnen, dass die Arbeiter ihr mit der gleichen Waffe antworteten. Indem er seine Drohungen jeweils unter einen zeitlichen Vorbehalt stellte, überließ er das Gesetz des Handelns den Feinden der Republik. Seine wiederholten Mahnungen an die Regierung, sie möge durch entsprechende Maßnahmen gegen die rechtsextremistischen Privattruppen der permanenten Bürgerkriegsatmosphäre in Deutschland ein Ende bereiten, musste die Gegenseite geradezu ermuntern, den Kampf dort zu führen, wo die Verteidiger der Demokratie ihn am meisten fürchteten.

Seine Rede in der turbulenten Reichstagssitzung am 24. Februar 1932, die die Nationalsozialisten zur offenen Demonstration gegen die Republik benutzten, beendete er noch mit den waffenklirrenden Versen aus Ernst Moritz Arndts

55 Seine unterschwelligen Vorbehalte gegen das Reichsbanner hatte er mittlerweile aufgegeben; leicht irritiert hatte er 1924 in Perleberg einmal vor dem Bahnhof die Front des Reichsbanners abschreiten müssen, «das mich mit einem dreifachen Frei Heil! begrüßte. Was man nicht alles erleben und mitmachen muss!», zit. in: Hesse, *Von der Residenz zur Bauhausstadt*, S. 188.

24 Die Feinde der Republik fest im Visier: die Sozialdemokratie gegen Vertreter der untergegangenen Monarchie, gegen die neue Macht des Faschismus, im Ringen mit dem Bolschewismus. Im Kampf um die Republik fehlten der SPD zuletzt aber die bürgerlichen Bündnispartner.

«Vaterlandslied»[56]. Ein Jahr später, als Hitler aus der Hand des Reichspräsidenten die Berufung ins Kanzleramt erhalten hatte, klang Breitscheids Rede ebenso defensiv. In seinem Aufruf an die Parteimitglieder unter dem berühmt gewordenen Motto «Bereit sein ist alles!» machte er sich mehr Sorgen darum, die Nationalsozialisten könnten im vorzeitigen Losschlagen der organisierten Arbeiterschaft eine Provokation sehen und der Partei durch das Verbot von Zeitungen und Versammlungen die Aktionsfähigkeit entreißen. Er beschwor die Genossen, diszipliniert auf den wirklichen Verfassungsbruch Hitlers zu warten und «im Einzelnen gerüstet zu sein für die Stunde, in der wir gerufen werden».[57] Warum der von ihm für nutzlos erklärte Generalstreik zu einem späteren Zeitpunkt mehr Erfolg haben sollte, vermochte er auch diesmal nicht zu erklären.

Bis zuletzt verwandte Breitscheid seine ganze Autorität und seine bezwingende Beredsamkeit darauf, dem legal an die Macht gekommenen nationalsozialistischen Kanzler nicht durch übereilte außerparlamentarische Aktionen den Vorwand zum Verfassungsbruch zu liefern. In Treue zur Verfassung galt es deshalb diszipliniert auf den wirklichen Verfassungsbruch durch Hitler zu warten und «im einzelnen gerüstet zu sein für die Stunde, in der wir gerufen werden». Bis zum Beweis des Gegenteils galt Hitler als Kanzler einer «Rechtsregierung, die wir bekämpfen können und müssen, mehr noch als die früheren, aber es ist dann eben eine verfassungsmäßige Rechtsregierung.»[58]

Versperrte Auswege

Zwei Begebenheiten ragen aus der abschüssigen Bahn heraus, auf die sich Breitscheid seit 1930 begeben hatte. Ob sie wirkliche oder nur scheinbare Möglichkeiten waren, den Lauf der Dinge aufzuhalten und das Schlimmste abzuwenden, lässt sich schwer bestimmen, da sie trotz des vorübergehenden Aufsehens, das sie hervorriefen und Randereignisse der republikanischen Geschichte in ihrer Endphase blieben. Kristallisationskern des einen war eine Rede, die Breitscheid am 14. November 1931 in Darmstadt hielt, als er dort im Landtagswahlkampf der hessischen SPD auftrat. Der Satz, der sofort Schlagzeilen machte und in der anschließenden Polemik der beiden Arbeiterparteien ein häufig zitiertes Versatzstück bilden sollte, lautete: «Wenn es die kommunistische Partei mit ihrem

56 «Der Gott, der Eisen wachsen ließ, der wollte keine Knechte»; *Reichstag*, Bd. 446, S. 2278, 58. Sitzung vom 24. Febr. 1932.

57 Breitscheid, «Bereit sein ist alles!», a. a. O., S. 11.

58 Ebd., S. 10.

Beschluss, dem Terror einzelner Gruppen ein Ende zu machen, ehrlich meint, so könnte damit eins der vielen Hindernisse zwischen der Sozialdemokratie und der Kommunistischen Partei gefallen sein».[59]

Im engen Zusammenhang mit dieser Feststellung brachte er Zweifel an der weiteren Aufrechterhaltung der sozialdemokratischen Tolerierungspolitik gegenüber dem Minderheitskabinett Brüning zum Ausdruck, und zwar dann, wenn die Regierung künftig nicht energischer gegen den Terror der nationalsozialistischen Privatarmeen eingreifen würde. Vorangegangen war eine gegen die «linke Gefahr in der revolutionären Bewegung» gerichtete Entschließung des Zentralkomitees der KPD vom 13. November, das den Mitgliedern untersagte, von nun an einzelne unkoordinierte Terroraktionen zu unternehmen, weil solche anarchistischen «Spielereien mit Sprengstoff» den Erfolg des Klassenkampfes gefährdeten.

Unter dem unmittelbaren Eindruck dieser Verlautbarung stieß Breitscheid mit seiner Rede, die allgemein als Aufforderung zu einer sozialdemokratisch-kommunistischen Einheitsfront verstanden wurde,[60] auf ungesichertes politisches Terrain vor. Das Wagnis schien ihm umso mehr vertretbar, als sich die Rechte bereits im Oktober in Harzburg formiert hatte. Doch damit taucht auch schon die ebenfalls in der zeitgenössischen Diskussion gestellte Frage nach den Motiven und dem Zweck seines öffentlichen Nachdenkens auf.

Sicher war die Unzufriedenheit der sozialdemokratischen Anhängerschaft mit dem Tolerierungskurs seit dem Vorjahr gewachsen, und die radikal auf Opposition gestimmten, nach Aktion klingenden Parolen der kommunistischen Partei übten auf viele Arbeiter eine größere Anziehungskraft aus als die Argumente der SPD, die eine höchst unpopuläre Politik zu verteidigen hatte. Wenn die *Rote Fahne* deshalb drei Tage später unter der Überschrift «Die Einheitsfront, die siegen wird» schrieb, den sozialdemokratischen Führern stehe allmählich «das Wasser an der Kehle», und die SPD könne ihre Anhängerschaft nur noch «bei der Stange halten», indem sie endlich ihrerseits einige Schritte auf die KPD zugehe, so mag sich daraus ein Teil der Überlegungen Breitscheids erklären.

Aber die umstrittene Passage in seiner Darmstädter Rede war nicht nur in die vorsichtige Form einer Bedingung gekleidet, sondern in ihrer wesentlichen Aussage irreal gefasst. So war sie weniger, wie die *Rote Fahne* in ihrer polemischen Erwiderung triumphierte, ein Eingeständnis der Schwäche, die die SPD auf den von der KPD geforderten Kurs der Einheitsfront «von unten» verführte, sondern

59 In der Antwort der KPD wurde diese Passage als einfache Feststellung zitiert: «Durch den Beschluss […] ist ein schweres Hindernis […] gefallen.» *Die Rote Fahne*, Berlin, Nr. 209 vom 17. Nov. 1931.

60 Stampfer, «Vierzehn Jahre Republik», S. 608, *Berliner Tageblatt* Nr. 541 vom 16. Nov. 1931.

bestenfalls ein «Wink mit der Augenbraue», bei dem sich die sozialdemokratische Führung nichts vergab und weder sie noch die Kommunisten zu irgendwelchen weiteren Schritten verpflichtete.

Nach einer zweiten, von links und rechts verbreiteten Version, wollte Breitscheid, indem er sein «Angebot» an die KPD mit einer Ermahnung an die Adresse der Regierung verband, vor allem den Druck auf den Reichskanzler erhöhen. Diese Vermutung wurde genährt durch die Intervention von Wels und Breitscheid bei Brüning, dem die SPD-Führer wenige Tage nach den Wahlen in Hessen umfangreiches Material über das Wirken rechtsextremer Verbände mit der dringenden Aufforderung um Abhilfe zustellten.

Möglicherweise entsann sich Breitscheid seines eigenen Arguments, mit dem er ein Jahr zuvor den Anhängern die Tolerierungspolitik akzeptabel erscheinen ließ: die SPD könne «jederzeit der Regierung ihren Willen aufzwingen, ohne auch nur einen kleinen Teil der Regierungsverantwortung mit zu übernehmen.»[61]

Der katastrophale Ausgang der Hessenwahl und die schroffe Zurückweisung seiner Darmstädter Andeutungen durch die Kommunisten hatte das Terrain, auf dem die SPD der Regierung gegenübertreten wollte, schon wieder zu ihrem Nachteil verändert. Bei seiner Zusammenkunft mit dem Kanzler war die Drohung mit der Einheitsfront der Arbeiterparteien bereits gegenstandslos geworden und musste, wenn sie in diesem Gespräch überhaupt noch anklang, ihren Eindruck auf Brüning verfehlt haben.

Dass die beiden großen Arbeiterparteien von einer ernst gemeinten Verständigung weit entfernt waren, fiel auch anderen Zeitgenossen auf. So nahm der allerdings gewiss nicht unparteiische Carl von Ossietzky[62] in seiner *Weltbühne* bereits Anstoß daran, dass man gerade den zum rechten Parteiflügel zählenden Breitscheid als «Friedensboten» in einer so delikaten Angelegenheit auftreten ließ. Nicht nur die Wahl der Person, sondern auch der wenig versöhnliche Ton der sozialdemokratischen Parteipresse, die der kommunistischen Absage mit einer ebenso polemischen, lediglich auf Rechtfertigung der eigenen Stellung bedachten Kampagne antwortete, bestärkten die Zweifler.

Wenn Breitscheid in Darmstadt die Möglichkeit eines Ausgleichs mit der KPD gemeint hätte, dann war er jetzt angesichts der kommunistischen Starre und der Gefahr, von der bürgerlichen Presse als Bolschewistenfreund denunziert zu werden, zum Rückzug gezwungen. Darmstadt wurde zur Wende und zu

61 Nach SPK Nr. 11, Nov. 1930, S. 665

62 Carl v. Ossietzky (1889–1938), der Journalist und Pazifist war eines der ersten prominenten Opfer der Nazis.

einem Höhepunkt im Streit der Arbeiterparteien um die Bedingungen für eine Normalisierung. Zu unterschiedlich waren die Positionen – hier der Plan einer taktischen Abwehrfront nach rechts durch Übereinkunft der Spitzen, dort der Versuch, mit der Parole «Einheitsfront von unten" die Massen der sozialdemokratischen Arbeiterschaft in die KPD hinüberzuziehen.

Auch die «halbe Wendung» der KPD in der Einheitsfrontpolitik, wie sie sich im kommenden Jahr vollzog, brachte keinen entscheidenden Fortschritt in Richtung eines Kompromisses. Vergeblich warteten beide auf Zugeständnisse der jeweils anderen Seite. In seiner letzten großen Rede am Tag nach Hitlers Machtübernahme forderte Breitscheid noch einmal umfangreiche Vorleistungen. Nun war er es, der sich von Spitzengesprächen mit den kommunistischen Führern nichts versprach, solange sie die Idee der Demokratie und des Parlamentarismus verwarfen. Ohne sich mit den Gründen für das Anwachsen der kommunistischen Wählerschaft zu befassen, glaubte er diese durch eine verstärkte Werbung für die parlamentarische Demokratie zur SPD herüberziehen zu können. Die offiziösen Sondierungen Stampfers im Februar 1933, an denen Breitscheid vorbereitend beteiligt war, und sein eigener Kompromissvorschlag eines «Nichtangriffspakts» kamen zu spät.

Zu spät war es auch im Januar für ein weiteres Projekt, das mit dem Namen Schleicher im Zusammenhang stand. In der Logik der bisherigen sozialdemokratischen Politik, die jede Konzession an die Kommunisten ablehnte, andererseits aber zur Abwehr des Faschismus die halbautoritären Regimes von Brüning bis Papen ertrug, hätte es gelegen, wenn Breitscheid als Fraktionsführer kurz vor Schleichers Regierungsantritt Gegenleistungen für die Tolerierung dieses Kanzlers gefordert – und erreicht hätte.

Am 28. November 1932 druckte der *Vorwärts* die Meldung einer Nachrichtenagentur ab, in der von geplanten Gesprächen Schleichers mit Leipart[63] und Breitscheid die Rede war. Der Fraktionsführer, hieß es da, werde zwar die Angelegenheit noch mit seinen Parteifreunden beraten, aber «innerlich» sei diese Frage wohl schon erledigt; denn die «Sozialdemokraten denken nicht daran, irgendein Rechtskabinett oder eine bürgerliche Regierung zu tolerieren». Diese Darstellung, so schrieb der *Vorwärts*, gebe «die Sachlage durchaus richtig wieder». Tatsächlich hätten mittlerweile auch die Besprechungen stattgefunden. Was bei der Zusammenkunft tatsächlich beredet wurde, erfuhr die Öffentlichkeit erst im Januar des nächsten Jahres, als Breitscheid auf einer Parteiversammlung Schleichers abermaliges Ansinnen, den Reichstag auf unbestimmte Zeit zu suspendieren, zurückwies. Den Plan habe ihm der General mit der Frage vorgelegt,

63 Theodor Leiphart (1867–1947), führender Gewerkschafter.

ob die SPD deshalb «auf die Barrikaden gehen» würde. «Auf die Barrikaden will ich mich nicht festlegen», habe er ihm geantwortet, aber für die gesamte Arbeiterschaft wäre eine solche Handlung Veranlassung, mit allen ihr zur Verfügung stehenden gesetzlichen Mitteln gegen einen solchen Verfassungsbruch vorzugehen. Eine solche Provokation der Arbeiterklasse wird ohne Zweifel die stärksten Stürme hervorrufen.»[64]

Die brüske Ablehnung von Schleichers Vorschlags ist im Zusammenhang mit einer Reihe von Ereignissen zu sehen, die Schleicher als ehemaligen Reichswehrminister im Kabinett Papen mit der Sozialdemokratie auf unglückselige Weise in Verbindung gebracht hatten. Der Minister war Mitglied einer Regierung gewesen, der die SPD hartnäckig die Tolerierung verweigerte. So war Breitscheid einer Einladung des damaligen Kanzlers von Papen im November 1932 zu einem Parteiengespräch über die Lösungsmöglichkeiten der Regierungskrise erst gar nicht gefolgt. Die feindliche Indifferenz war die stärkste Form des Protestes, zu dem ein Mitglied des sozialdemokratischen Parteivorstandes noch fähig war. Dieser hatte wenige Tage vor dem preußischen Staatsstreich den Beschluss gefasst, «bei allem, was kommen möge, die Rechtsgrundlage der Verfassung nicht zu verlassen».[65]

Der «Preußenschlag», in den Augen Breitscheids das Ergebnis der Komplizenschaft Schleichers und Papens, war auch das Schlüsselereignis für seine Haltung gegenüber dem späteren Kanzler. Zusammen mit Stampfer hatte er noch zwei Tage vor der überraschenden Absetzung der preußischen Regierung durch Papen eine Einladung des gerade ernannten Reichswehrministers Schleicher angenommen. Trotz der Empörung über die Vorgänge, die zu dessen Aufstieg geführt hatten und obwohl Schleicher bei der SPD im «Ruf größter Unzuverlässigkeit» stand, entschlossen die beiden sich zu dem Besuch, von dem sie die eine oder andere Information vor allem im Hinblick auf die Zuspitzung der Lage in Preußen mitzunehmen hofften. Breitscheid kam jedoch im Verlauf des von Schleicher sehr jovial geführten Gesprächs lediglich dazu, Bedenken gegen dessen nachgiebige Haltung gegenüber den Nationalsozialisten vorzubringen.

Auf seine rhetorische Frage, ob nicht dasselbe wie 1923 beim misslungenen Münchener Hitlerputsch passieren könne, dass «sich die Kahr und Seisser mit den Nationalsozialisten einließen, um gleich darauf von ihnen überfallen zu werden», fragte Schleicher nur zurück, ob Breitscheid ihn denn für «so dumm wie Seisser» halte, was jener anstandshalber verneinte. Da der Minister so tat, «als ob er uns zum Vertrauten seiner Geheimnisse machen wollte», fühlten

64 SPK Nr. 1, Jan./Febr. 1931, S. 59.
65 Carl Severing, *Mein Lebensweg*, Köln 1950, Bd. 2, S. 347

sich die sozialdemokratischen Parteiführer nachträglich umso mehr getäuscht, als die Reichsregierung zwei Tage später ihren Coup gegen Preußen ausführte. Kampflos hatte sich der sozialdemokratische preußische Ministerpräsident Otto Braun seiner Absetzung durch Papen und Schleicher gebeugt. Die letzte Bastion einer demokratischen und stabilen Regierung in Preußen wie im Reich war gefallen.

Es hätte der rechtlichen Bedenken gar nicht bedurft, um Breitscheid gegen einen Mann einzunehmen, zu dem er aufgrund solcher Erfahrungen kein Vertrauen mehr hatte. Dass Schleicher außerdem der Breitscheid suspekten adligen Offizierskaste angehörte, mochte den Ressentiments des Sozialdemokraten zusätzliche Nahrung gegeben haben, die zusammen mit den politischen und rechtlichen Einwänden gegen das putschartige Vorgehen in Preußen auch zur Absage vom November 1932 führten. Den relativen Fortschritt, den die Kanzlerschaft Schleichers in der Sozialpolitik bedeutete, erkannte er erst nach dessen Sturz, als er die Schwerindustriellen, die Großagrarier und nicht zuletzt die Nationalsozialisten als die größten Widersacher des Generals ausmachte.

Nachdem taktische Bündnisse weder mit den Kommunisten noch mit den Konservativen zustande gekommen waren, blieb der Bürgerkrieg als letzte Möglichkeit zur Abwehr des Faschismus eine denkbare Option. Doch selbst im Januar 1933, nachdem Hitler schließlich an die Macht gekommen war, reichten die verfassungspolitischen Voraussetzungen, wie sie Breitscheid sich darstellten, für einen so dramatischen Schritt wohl nicht aus. Angesichts der fortdauernden bedrückenden Massenarbeitslosigkeit wollte auch niemand die tatsächliche Kampfbereitschaft der organisierten Arbeiterschaft in den Betrieben einer hochriskanten Belastungsprobe unterziehen und die letzte Verantwortung für einen ungewissen Ausgang übernehmen.

Der Tolerierungskurs der SPD

Mit seiner Einschätzung des Nationalsozialismus, den politischen Erklärungsversuchen und theoretischen Deutungen des Faschismus, lag Breitscheid nicht mehr und nicht weniger daneben als der Durchschnitt der sozialdemokratischen Führung, die Parteitheoretiker eingeschlossen. Hilferdings Lehre, die in der Zeit der relativen Stabilität die Ideologie für eine den realen Machtverhältnissen angepasste Politik lieferte, versagte in der politischen und ökonomischen Krise. Wenn Breitscheid, der auf dem Leipziger Parteitag 1931 einen aufklärerisch-optimistischen Weg zur «Überwindung des Faschismus» beschrieb, von

Morgenausgabe
Nr. 369 49. Jahrgang
Sonntag
7. August 1932
Groß-Berlin 15 Pf.
Auswärts 20 Pf.

Vorwärts

Berliner Volksblatt

Zentralorgan der Sozialdemokratischen Partei Deutschla

Vorwärts-Verlag G.m.b.H.

Warnung!

Wer mit dem Faschismus spielt, der spielt mit Deutschlands Untergang!

25 Die Speerspitzen der Eisernen Front im Wappenschild der SPD-Parteizeitung in dreifacher Abwehr gegen Rechts. Im Wahlkampf für die Reichstagswahl 1932 machte die Partei mobil gegen das reaktionäre Kartell der Harzburger Front – geholfen hat es ihr nicht, die NSDAP triumphierte.

sich selbst sagte, gerade wegen seiner Distanz zur Theorie gehöre er zu den «Bewunderern der Theoretiker», dann gestand damit leichtfüßig seine unkritische Übernahme Hilferdingscher Analysen ein.

Die ideologische Unzuverlässigkeit des ehemaligen Liberalen Breitscheid hatte ihn in früheren Jahren seiner SPD-Zugehörigkeit zur Zielscheibe seiner innerparteilichen Gegner gemacht. Nun kokettierte er mit seiner theoretischen Halbbildung. Gegenüber den linken Kritikern am Tolerierungskurs trumpfte er als Mann der politischen Praxis auf. Für seine Auseinandersetzung mit der innerparteilichen Opposition, vor der er seine persönliche Vergangenheit in der USPD einer Selbstkritik unterzog, erntete er nur kurz Heiterkeit und Zustimmungsrufe, bis seine Rede unvermittelt in einen scharfen Galopp gegen die «Theoretiker» wechselte. Während er von Leuten sprach, «die immer ein Marxzitat bei der Hand haben» und glaubten, «den Marxismus mit Löffeln gefressen zu haben»[66],

66 *Parteitag 1931 Leipzig*, S. 170. Zur Atmosphäre dieses Parteitags der Unduldsamkeit Drechsler, SAPD, S. 64 ff.

war er allerdings selbst nicht in der Lage, ein sozialistisches Konzept zu entwickeln, das über die Aufzählung vermeintlicher Schwächen des Faschismus hinaus einen Ausweg aus der Sackgasse der Tolerierungspolitik gewiesen hätte.

Ihm genügte die Feststellung, der Nationalsozialismus sei «für die Dauer keine Gefahr, weil er theoretisch so schlecht fundiert ist»; allerdings, so räumte er ein, sei der Faschismus «eine unendliche Gefahr in der wirtschaftlichen Situation, in der wir uns befinden, [...] eine große Gefahr angesichts der Demoralisierung in zahlreichen Kreisen unserer Bevölkerung.»[67] Breitscheid erkannte nicht, dass mit der faschistischen Bedrohung in der Krise, die die bürgerlich-kapitalistische Restauration begünstigte, eine Sinnentleerung der Weimarer Verfassung einherging. Für ihn war der «Mussolinismus der Typ des neuen Staatswesens», der das formale Weiterbestehen der Demokratie nicht unbedingt ausschloss. Folglich kam es nur darauf an, möglichst viel von dieser Form in die geradezu fatalistisch erwartete neue Ära hinüberzuretten.

Das Unvermögen, die Totalität der Gefahr zu erkennen, ließ ihn noch am Tage nach der Ernennung Hitlers zum Reichskanzler von der Annahme ausgehen, dass Hitler schon aus taktischen Gründen zum Regieren nach der Verfassung gezwungen sei. «Wenn Hitler den Weg der Verfassung beschreitet, steht er an der Spitze einer Rechtsregierung, die wir bekämpfen können und müssen, mehr noch als die früheren; aber es ist dann eben eine verfassungsmäßige Rechtsregierung», sagte er nur Stunden nach der Machtergreifung.

«Bereit sein ist alles»

Die Entscheidung über die Anwendung des außerparlamentarischen Widerstandes glaubte er umso weiter hinausschieben zu dürfen, als er sich der Kampfbereitschaft und der Widerstandskraft der Arbeiterschaft sicher wähnte. Er unterlag dabei dem gleichen Irrtum, wie er den nationalsozialistischen Willen zur Macht unterschätzte. Um diesen einzudämmen, hatte er 1931 an den Stolz des deutschen Volks appelliert, «das sich mit seiner Bildung und seinem selbständigen Urteil brüstet» und das gewiss nicht «unter ein Joch kriechen wolle, das zur Not von einem Volk von Analphabeten auf sich genommen werden kann».[68] Die Funktionäre sollten sich darum bemühen, den Massen die Hoffnung auf das Dritte Reich auszureden und stärker als bisher die Idee des sozialistischen

67 *Parteitag 1931 Leipzig*, S. 171.
68 Ebd., S. 106.

Zukunftsstaats in den Mittelpunkt ihrer Arbeit stellen. Damit sollte die Partei insgesamt jetzt schon beginnen. Dem widersprach allerdings die Hinnahme der sozialreaktionären Kabinette von Brüning bis Papen und blieb somit illusorisch. Am Ende nahm er seine Zuflucht zum Glauben an externe, von der eigenen Partei nicht mehr beeinflussbare Faktoren, die Hitlers Zähmung besorgen würden.

Da war zunächst das komplizierte Geflecht der deutschen Außenpolitik, das auch ein Reichskanzler Hitler nicht einfach zerreißen konnte. Dessen bisheriges Verhalten ließ Zweifel daran aufkommen, dass die «Hitlerianer und ihre Führer [...] die praktischen Konsequenzen aus ihren so laut vertretenen Ideen ziehen» würden.[69] So hatte er bereits auf dem Leipziger Parteitag argumentiert. Am letzten Januartag 1933 wiederholte er die These, verstärkt durch die Hoffnung auf die dem neuen Kabinett immanente Krise, an der es zerbrechen konnte. «Vielleicht kann in nicht allzu langer Zeit dieser Rausch einem Katzenjammer Platz machen, wenn sich mancherlei Hoffnungen sachlicher und persönlicher Art nicht erfüllen werden», orakelte er und verwies auf den Widerspruch, der sich einerseits aus dem Zwang Hitlers ergab, an die «irregeführten Proletarier in seinen Reihen» Zugeständnisse machen zu müssen, und andererseits dem Bestreben Hugenbergs, «die Rettung Deutschlands auf rein kapitalistischem Wege zu suchen». Außerdem machte er auf die «Aufpasser des Reichspräsidenten im Kabinett», aufmerksam, deren Aufgabe es sei, Hitler «Schranken zu setzen und Fesseln anzulegen.» Die Sozialdemokratie dürfe diese einander widerstrebenden Kräfte der neuen Regierung nicht durch voreilige Aktionen von außen zusammenschweißen.

Da indessen die Gegner der Demokratie mit Hitler ihren letzten Trumpf ausgespielt hätten und den Kanzler um jeden Preis zu halten versuchen würden, dürfe man auch nicht auf ein schnelles Ende des «Hitler-Systems» spekulieren. Der Erklärung Görings nicht ganz trauend, das Parlament werde weiterhin die Stelle bleiben, «wo der Wille des Volkes zum Ausdruck zu gelangen habe», spekulierte er auf den Effekt parlamentarischer Dialektik. Wenn nämlich das Zentrum gegen den von SPD und KPD eingebrachten Misstrauensantrag stimmen oder wenigstens Enthaltung üben würde, bliebe Hitler von der Abstimmungsniederlage verschont – aber nur diese würde ihm den willkommenen Vorwand zur endgültigen Ausschaltung des Reichstags geben.

Welch groteske Formen die Lähmung der Sozialdemokratie angesichts der nationalsozialistischen Machtergreifung angenommen hatte, zeigt seine Aufforderung an die Partei, das Zentrum wegen seiner Haltung zwar zu kritisieren,

69 Ebd., S. 94

ohne aber «aus Gründen, die nicht näher auseinandergesetzt werden brauchen», alle Brücken zu ihm abzubrechen. Diese als bekannt vorausgesetzten Gründe waren die letzte Illusion, der sich Breitscheid vor seiner Flucht aus Deutschland noch hingab.

Breitscheid meinte: Nach einer Übergangszeit, in der sich die SPD mehr oder weniger kampflos überrollen ließ, um wenigstens die Form – besser: die Hülle – der Republik zu erhalten, würde man einen politischen Neubeginn mit einer im Wesentlichen auf Zentrum und Sozialdemokratie beruhenden Regierung unternehmen.[70] Wenn nur die Form erhalten bliebe – so glaubte er – werde sich vielleicht sein Satz bewahrheiten, den er beim Abgesang auf das letzte Kabinett der großen Koalition im April 1930 geprägt hatte: «Die Kombinationen im parlamentarischen Leben sterben nie den endgültigen Tod.»[71]

Im Überblick: Der Republikaner

Rudolf Breitscheid gehörte sämtlichen frei gewählten Parlamenten der Weimarer Republik an, von der ersten Sitzung des Reichstags im Juni 1920 bis zur achten und letzten Legislaturperiode im März 1933, die mit der Annahme des Ermächtigungsgesetzes den Untergang der freiheitlichen Demokratie besiegelte. Am Ende des republikanischen Jahrzehnts, das er in den Reihen der Sozialdemokratischen Fraktion als ihr wichtigster Redner vor allem auf dem Gebiet der internationalen Politik mitgestaltete, hatte er ein Alter erreicht, in dem andere Berufspolitiker sich zur Ruhe setzten. Breitscheid und mit ihm zahlreiche politische Gefährten der Weimarer Republik mussten jetzt mit ansehen, wie das Feuer den Ort zerstörte, an dem sie ihren letzten Kampf um die Republik bereits verloren hatten. Um der Inszenierung des Scheinparlaments zur Selbstentmündigung durch das Ermächtigungsgesetz in der nahe gelegenen Kroll-Oper zu entgehen, rieten Genossen ihm zur Flucht. Als hoch gefährdete Symbolgestalt einer versinkenden Ära hatten sie ihn vor der Teilnahme gewarnt. Die Nachricht von der mutigen Rede des Parteivorsitzenden Otto Wels gegen die neuen Machthaber und dem Widerstand der Fraktion erreichte ihn, als er schon auf der Flucht außer Landes war.

Sein Wirken als Parlamentarier war demokratische Politik aus dem Geist der freien Rede, war rhetorisches Mittel in der Auseinandersetzung um die Idee der

70 Breitscheid, «Bereit sein ist alles!», a. a. O., S. 7.

71 *Reichstag*, Bd. 427, S. 4732, 153. Sitzung vom 2. April 1930

sozialen und selbstbewussten deutschen Republik. Seine Redekunst entsprach der Tradition und den Grundsätzen klassischer Bildung und war sich ihrer suggestiven Wirkung auf Anhänger wie Gegner bewusst. Jahre parlamentarischer Erfahrung verliehen ihm eine selbstbewusst zur Schau getragene Überlegenheit.

Anders als manche in der Wolle gefärbten sozialdemokratischen Berufspolitiker war er überzeugt, es besser zu können. Was ihn intellektuell herausragen ließ, machte ihn bisweilen unduldsam, meist aber auch unangreifbar. Den Hang zu Selbstzweifeln und Skepsis wusste er zu verbergen. Gegen den neuen Ton der Naziredner drang der kultivierte Redestil des erfahrenen Kenners der internationalen Verhältnisse am Ende seltener durch. Wenn gröberes Kaliber gefragt war, schlug häufiger die Stunde der jüngeren Generation auf der Rednertribüne.

Breitscheid und Stresemann – der sozialdemokratische Außenpolitiker und der Chef der Deutschen Volkspartei im Amt des Außenministers – beide waren Leitfiguren einer konstruktiven Revision der belasteten Nachkriegsordnung als Folge des Versailler Vertrags. Beide mussten ihre ideologischen Vorbehalte überwinden. So hatte der Sozialdemokrat die linksradikale Sackgasse verlassen und war aus Stresemann, dem ehemaligen Monarchisten, der Vernunftrepublikaner des demokratischen Staatswesens geworden. Grundlage ihrer Zusammenarbeit war die beiden eigene Einsicht in die Schlüsselrolle, die Frankreich für Deutschland spielte, wenn es wieder einen geachteten Platz in der internationalen Politik erringen wollte. Breitscheid, der den Ausgleich mit Frankreich zu seiner Lebensaufgabe machte, kamen die engen Verbindungen zu den Sozialisten in Paris zugute, die er in Stresemanns Sinne für die deutsche Diplomatie nutzbar machte. Das ging so weit, dass er durchaus nicht abstreiten konnte und dies auch nicht wollte, er führe im Reichstag parteipolitische Scheingefechte auf, um hinter den Kulissen mit dem Außenminister Verständigungspolitik zu treiben.

Breitscheid hielt sich einiges darauf zugute, beim Zustandekommen der Verträge von Locarno eine wichtige Rolle zu spielen. Den Friedensnobelpreis freilich erhielten die beiden Außenminister Deutschlands und Frankreichs, Stresemann und Briand. Die 1925 in Locarno zustande gekommene Vereinbarung über die gewaltfreie Regelung der strittigen Fragen im Westen machte den Weg frei für den Beitritt Deutschlands zum Völkerbund. Breitscheid hatte auch daran gebührenden Anteil und wurde als parlamentarisches Mitglied der deutschen Delegation Stresemanns wichtiger Partner in Genf. Für viele war er der künftige Außenminister im permanenten Wartestand. In die komplizierte Weimarer Koalitionsarithmetik hätte ein sozialdemokratischer Außenminister Breitscheid je länger je aussichtsloser eher selten gepasst.

Auf dem Feld der Innenpolitik profitierte er zwar von seinem außenpolitischen Renommee, doch kam er nur schwer gegen Vorbehalte an, die die Partei den ehemaligen Liberalen, den Rückkehrer aus der USPD und Akademiker mit bürgerlichem Habitus gelegentlich spüren ließ.

An ihm als Fraktionsvorsitzendem der SPD im Reichstag lag es an ihm, die zunehmenden Interessenkonflikte und inneren Widersprüche der sozialdemokratischen Politik in der Endphase der Republik auszugleichen. Im Dissens zwischen den sozialdemokratischen Ministern im Kabinett Müller und einer rebellischen Minderheit der Reichstagsfraktion drang Breitscheid auf Fraktionsdisziplin. Nur mit Mühe konnte er die Fraktion auf Kurs halten. Durch die Ablehnung eines Kompromisses in der strittigen Finanzierungsfrage der Arbeitslosenversicherung brachten die sozialdemokratischen Abgeordneten ihre eigenen Minister und den Regierungschef selbst in ein schwer nachvollziehbares Dilemma, das mit dem Rücktritt der letzten großen Koalition der Weimarer Republik endete.

Da Breitscheid die SPD als die «staatspolitische Partei» schlechthin verstand, die auch künftig noch Politik im und durch das Parlament treiben wollte, formulierte er seinen Abschied auf die Regierung Müller nicht als Grabrede. Er glaubte an die Wiederkehr einer günstigeren parlamentarischen Konstellation.

Seine erfolglosen Verhandlungen mit der auf Notstandsverordnungen gestützten Regierung Brüning und die fatalen Wahlen im September 1930 mit dem Durchbruch der NSDAP beraubten ihn dieser Illusion. Selbst Papens Preußenschlag vom 20. Juli 1932, der den Abgesang auf die Weimarer Republik einleitete, bewogen ihn nicht, im Schulterschluss mit dem Reichsbanner Schwarz-Rot-Gold und der Eisernen Front zum Befreiungsschlag zu blasen. Noch am Tag nach der Machtergreifung Hitlers rief Breitscheid zwar die Alarmbereitschaft aus, sah aber den Zeitpunkt zum Handeln immer noch nicht gekommen.

Die Zurückhaltung basierte auf einer defensiven Einschätzung: die Mitglieder der Eisernen Front seien noch nicht auf den Straßenkampf vorbereitet. Breitscheid wollte die Schutztruppe aus Gewerkschaften, Reichsbanner, Parteimitgliedern und Vereinen schonen für den richtigen Moment, den er erst gekommen sah, «wenn Hitler die demokratische Maske abwirft». Bis dahin mussten die ungeduldigen Verteidiger der Republik warten, bis die Führung das Signal zum Angriff geben würde. Breitscheid und mit ihm die Fraktion wichen in eine legalistische Einschätzung der Machtergreifung aus. Sie argumentierten, Hitler sei Reichskanzler geworden «auf legalem Wege, nicht durch einen Putsch, nicht durch einen Marsch auf Berlin». Das Beispiel Mussolinis verstellte ihm die Sicht auf die besonderen deutschen Verhältnisse. Man müsse Hitler den Weiterweg versperren, dabei aber «auf dem Boden der Verfassung» bleiben.

Breitscheid konnte allerdings auch nicht so tun, als habe er den anschwellenden Ruf aus den Gewerkschaften nach «außerparlamentarischen Aktionen» nicht gehört. Gefordert wurden Massenstreiks, Einzelstreiks und Demonstrationen mit dem Ziel, dass etwas anderes und mehr daraus würde als ein Marsch durch die Straße.

Ebenso wie er eine gewaltsame Auseinandersetzung bis hin zum Bürgerkrieg fürchtete, trieb ihn die Sorge um, wichtige sozialdemokratische Ressourcen könnten verloren gehen. Die SPD als die staatstragende, in Grenzen vermögende Arbeiterpartei der Weimarer Republik, hatte in einem solchen außer Kontrolle geratenen Konflikt durchaus etwas zu verlieren: Ihre traditionellen Kampfmittel, die Immobilien, die zahlreichen Parteiblätter, den Rückhalt durch die Gewerkschaften in den Betrieben.

In seiner rückwärtsgewandten Interpretation der Ereignisse schrumpften Hitler und die deutsche Spielart des Faschismus auf die Maße des alten, auf Klassenkampf fixierten kapitalistischen Gegners. Dass die nationalsozialistische Machtergreifung die Revolution selbst war, kam ihm und der Partei erst allmählich zum Bewusstsein. Es bedurfte weiterer Erfahrungen durch Flucht und Exil, Verfolgung, Verhaftung und Auslieferung nach Deutschland, wo Gestapogefängnis und Konzentrationslager ihn erwarteten. Bis schließlich aus banger Ahnung die Gewissheit wurde, dass hier mehr verloren war als ein Gefecht im Klassenkampf und dass er selbst zur tragischen Gestalt geworden war im verzweifelten Kampf um die Demokratie.

Am Abgrund (1933–1944)

Flucht aus Deutschland

Unbeirrbar, wie es schien, klammerte Breitscheid sich nach dem 30. Januar weiter an die Fiktion eines legalen, verfassungsgemäßen Regierungswechsels, wie er in die Zuständigkeit des Reichspräsidenten fiel. Das bewahrte ihn vor der heiklen Entscheidung, die bereitstehenden Kampfgruppen von Partei und Gewerkschaften zum außerparlamentarischen Widerstand aufzurufen, Aktionen, die als Schritt in den Bürgerkrieg sonst kaum mehr rückholbar gewesen wären.

Seine mutig klingende, aber auf Defensive gestimmte Brandrede über die Lage der Partei nach der Ernennung Hitlers zum Reichskanzler war fast schon Epilog. Für die stolzen Worte der Gewerkschaften, sie brauchten nur «auf den Knopf zu drücken», dann werde auch die Staatsmaschinerie stillstehen, brachte er jetzt Skepsis, sogar eine gewisse Verachtung auf. Breitscheid suchte sein Heil in einer Politik des Beschwichtigens und des Ausweichens, um die Partei vor einem Konflikt mit dem Regime und damit, wie er fürchtete, vor der Gefahr der Niederlage zu bewahren.

Bei den Parteiführern, die seit Mitte Februar das unter Görings Herrschaft stehende Berlin verließen, um zunächst eine neue Parteizentrale in München einzurichten, befand sich auch Breitscheid. Hier machte er sich mit dem Gedanken einer Flucht aus Deutschland vertraut, zu der ihm wohlmeinende Freunde rieten. Zusammen mit dem ehemaligen sozialdemokratischen Polizeipräsidenten von Berlin, Grzesinski, sollte er unter der Leitung des jungen bayrischen Reichstagsabgeordneten Wilhelm Hoegner am Wahlsonntag, dem 5. März, über die Grenze nach Salzburg fliehen. Jedoch waren ihm wohl in letzter Minute Zweifel an der Berechtigung dieses Schritts gekommen. Er ließ die Gelegenheit ungenutzt verstreichen und fuhr, wie der bereits vorübergehend nach Österreich übergesiedelte Wels, noch vor der ersten Sitzung des neugewählten Reichstags

26 Otto Wels (1873–1939), unbestrittener Führer der SPD in der Zeit der Weimarer Republik, Reichstagsabgeordneter und Chef der Sopade im Prager Exil. Unvergessen seine Rede, mit der er Hitler im Reichstag am 24. März 1933 bei der Verabschiedung des Ermächtigungsgesetzes entgegentrat: «Freiheit und Leben kann man uns nehmen, die Ehre nicht!» Breitscheid war um diese Zeit schon auf der Flucht ins Exil.

nach Berlin zurück, nachdem die dortigen Parteifunktionäre die Mitglieder des Parteivorstands zur Rückkehr gemahnt hatten.

In der Hoffnung, wenigstens die Parteiorganisation zu retten, schlug er den Weg des gewaltlosen Widerstandes ein, der zunächst nichts anderes war als der Versuch, das System zu überdauern. Dabei ersparte er sich Gesten der Selbsterniedrigung nicht, als er sich gegenüber dem Staatssekretär des Auswärtigen Amts, von Bülow, ausdrücklich von einer Anfrage im englischen Unterhaus distanzierte. Der Abgeordnete Wedgwood hatte den Außenmister aufgefordert, sich demonstrativ in Berlin nach Befinden und Aufenthalt einiger bereits verhafteter SPD-Abgeordneter zu erkundigen.

Damit nicht genug, verlangte Breitscheid entsprechende Schritte der deutschen Botschaft in London, weitere Interventionen dieser Art zu verhindern. Mit seiner Zurückmeldung in die Öffentlichkeit verhalf er der Regierung zu einem kostenlosen Alibi. Mit Genugtuung konnte sie ins Ausland berichten, dass sich

Breitscheid entgegen allen Gerüchten noch in Berlin aufhalte und sogar im Reichstag erscheine.

Tatsächlich hatte er sich in die Anwesenheitsliste für die konstituierende Parlamentssitzung am 24. März in der Kroll-Oper eingetragen. Sein Namenszug war ein Abschied von der Bühne des deutschen Parlaments, dessen Schicksal er seit 1920 entscheidend geprägt hatte. Der freie Zugang zum Reichstag war für Breitscheid ein kostbares Symbol. Er hielt an ihm fest, bis am Ende weder die äußere Gestalt noch der Inhalt zu retten waren.

Erst die drastischen Veränderungen im Innern des Parlamentsgebäudes, wo an den Wänden jetzt die Hakenkreuzfahnen hingen, sowie anschwellende Gerüchte über ein bevorstehendes Gemetzel der Nationalsozialisten unter den sozialdemokratischen Abgeordneten, ließen keinen Zweifel mehr daran, dass sich die Verhältnissee, unter denen zu streiten er gewohnt war, grundlegend verändert hatten. Jetzt wäre er wohl zum Handeln bereit gewesen, doch die Handlungsmöglichkeit, die ihm allein verblieben war, war die Flucht über die Grenze ins Ausland.

Zusammen mit Rudolf Hilferding, Wilhelm Sollmann, Toni Sender und anderen besonders gefährdeten Reichstagsmitgliedern ließ er sich von der Sitzung, in der Otto Wels die letzte freie Rede gegen Hitlers Ermächtigung halten würde, wegen Krankheit beurlauben. Am Abend desselben Tages gab er dem Drängen von Freunden nach, die erkannten, welche Provokation die Symbolfigur des Parlamentarismus für die nationalsozialistischen Fanatiker darstellen konnte. Entmutigt und kränkelnd machte er sich zusammen mit seiner Frau Tony im Fahrzeug einer Parteigenossin erneut auf den Weg nach Süden.

In München hielt er an, hörte die Meldungen über weitere Repressalien gegen die in Berlin verbliebenen Sozialdemokraten, zögerte abermals, den Schritt über die Grenze zu tun. Ahnte er, dass man ihm später den Vorwurf machen würde, er sei zu früh gegangen? Der «advokatischen Beredsamkeit» Alfred Fausts[1] schließlich gelang es, den Zweifelnden von der Notwendigkeit einer Fortsetzung der Flucht zu überzeugen.

Am Morgen des 31. März, kurz bevor man nach Salzburg fuhr, traf die Nachricht von der Schließung der bayrischen Grenze ein. Die Gleichschaltung der Länder hatte begonnen, und weiteres Zögern konnte die Verhaftung bedeuten. Also nahmen die Flüchtlinge noch am selben Tag den Zug nach dem württembergischen Friedrichshafen am Bodensee, über den die Breitscheids nunmehr per Schiff in die Schweiz zu entkommen suchten. Doch musste der Ausflugsdampfer nach Romanshorn zum Schweizer Ufer des Sees zunächst ohne sie

1 Alfred Faust (1883–1961), Redakteur und Sozialdemokrat.

ablegen. Zwar stand Breitscheids Name noch nicht in der Fahndungsliste, die dem am Zoll postierten SA-Mann das Heraussuchen ankommender politischer Flüchtlinge möglich gemacht hätte. Aber ein Zollbeamter, der sich der jüngst ergangenen Vorschrift erinnerte, nach der kein Reichstagsabgeordneter mehr die Grenze passieren durfte, sorgte für ihre Festnahme. Erst der hilfreichen List des konservativen Friedrichshafener Polizeipräsidenten, der die zeitbedingte Verwirrung des Stuttgarter Ministeriums ausnutzte und Breitscheids Reise dort als Kurreise deklarierte, war es zu verdanken, dass nach weiteren zwei Tagen bangen Wartens die Flucht gelang. In seinem letzten Gespräch mit Faust, der auf seine Frage nach der eigenen Zukunft erklärte, er werde in Deutschland bleiben, entgegnete er: «Da handeln Sie sicher richtiger als ich. Ich bin aber abgekämpft und um so viel älter!»[2]

Aufbau des Widerstands im Westen

Die Resignation, die aus seinen Worten spricht, gibt die Grundstimmung wieder, in der er schon lange vor und mehr noch nach seiner Flucht aus Deutschland lebte. Tiefer saß zu dieser Zeit der physische und politische Selbsterhaltungswille eines Mannes, für den die Politik zeitlebens mehr als reiner Broterwerb, vielmehr Bedürfnis und innerer Zwang waren. Mit grotesk anmutender Betriebsamkeit, die im Widerspruch zu seinen nunmehr begrenzten Möglichkeiten stand, träumte er, wohl auch ermutigt von der zwischenzeitlich in Prag eingerichteten sozialdemokratischen Auslandszentrale, von der Fortsetzung seines politischen Wirkens. Die Nähe des Hauptquartiers der Sozialistischen Internationale in Zürich genügte ihm aber auf Dauer nicht. Ihn drängte es in eine der westeuropäischen Hauptstädte, London oder Paris, nur nicht an der Peripherie in Zürich bleiben. So brach er schon Ende Mai zu einer zehntägigen Reise nach Paris auf, wo er künftige Arbeits- und Wohnmöglichkeiten erkundete, auch politische Gespräche mit den Angehörigen verschiedener Parteien führte und vor der Fraktion der französischen Sozialisten seine Sicht der internationalen Lage nach Hitlers Machtantritt erläuterte. Dabei warnte er vor militärischen Sanktionen Frankreichs gegen die nationalsozialistische Regierung in Berlin, deren latente Aggressivität man besser auf dem Weg der internationalen Abrüstung neutralisieren solle.

2 Vgl. Kurt Kersten, «Das Ende Breitscheids und Hilferdings», in: *Deutsche Rundschau*, Jg. 84, 1958; und Alfred Faust, «Das Schicksal Dr. Breitscheids», in: *Volksstimme*, 1948.

Ende Juni begab er sich auf längere Europafahrt, die ihn nach Lille, London, Amsterdam, Antwerpen und wieder nach Paris führte. Dass er in die französische Hauptstadt übersiedeln würde, stand vor Antritt der Reise schon fest, und so machte er den Abstecher nach London hauptsächlich, um der Aufforderung der dortigen sozialdemokratischen Emigranten, er möge sie bei ihrer Agitation gegen die rührigen kommunistischen Flüchtlinge unterstützen, nachzukommen.

Dass er einen bekannten Namen als Parlamentarier hatte, half ihm bei den englischen Parteifreunden gegen das insgeheim in kommunistische Hände gefallene Hilfskomitee für die Opfer des Nationalsozialismus, das von den Engländern unterstützt wurde. Nur wo die menschliche Not am größten war, wie im Fall des eingekerkerten Kommunisten Ernst Torgler,[3] übersprang er die Parteigrenzen und unterstützte auch dessen geflohene Helfer. Außerdem erschien im September desselben Jahres sein Name in der Sammlung der Zeugenvernehmungen, auf deren Grundlage der Londoner Untersuchungsausschuss zur Aufklärung des Reichstagsbrandes einen Gegenprozess veranstaltete.

Bei alledem hielt er engen Kontakt zur Exil-SPD in Prag, wo die Mehrheit des im April neugewählten Parteivorstands, dem Breitscheid jetzt nicht mehr angehörte, eine von Berlin unabhängige Politik zu entwickeln suchte. Seine Zusammenarbeit mit Prag ging so weit, dass er das Projekt einer Redetournee in die Vereinigten Staaten, das ihm selbst zwecklos und unsinnig erschien, schließlich doch auf sich nehmen wollte, «wenn die Parteileitung darauf besteht». Auch die letzte Entscheidung über die Wahl seines künftigen Wohnsitzes wollte er den Genossen in Prag überlassen. Die schriftliche Legitimation für die Amerikareise erbat er in zahlreichen Briefen ausdrücklich von der Sopade, wie sich die emigrierte Parteileitung nun nannte, um gegenüber dem Ausland «von vornherein klarzustellen, dass ich nicht etwa für den Berliner Rumpfparteivorstand arbeite», der mit seiner zustimmenden Haltung zu Hitlers «Friedensresolution» in seinen Augen jegliche politische und moralische Daseinsberechtigung eingebüßt hatte.[4]

Historische Parallelen zur Zeit des Sozialistengesetzes und der erfolgreichen frühkommunistischen Auslandsarbeit unter Lenin und Trotzki lieferten ihm aktuell Argumente, mit denen er die Aktivitäten der ins Ausland geflohenen Sozialdemokraten zu stützen suchte. Da er an einen schnellen Zusammenbruch der Regierung Hitler nun nicht mehr glaubte, richtete er sich auf eine «längere Frist» ein, in der es darauf ankommen würde, «nicht etwa Putsche oder ähnliche Unternehmungen in Deutschland» einzufädeln. Vielmehr sollten die emigrierten Führer «mit Hilfe von Literatur die Hitler widerstrebenden Kräfte

3 Ernst Torgler (1893–1963), kommunistischer Politiker, Mitangeklagter im Reichstagsbrandprozess.
4 Dazu Briefe vom 1., 7., 13., 17. und 21. Juni 1933.

zusammenhalten und zusammenfassen [...], dabei auch gleichzeitig der vielen Tausenden von Genossen gedenkend, die in die Emigration zu gehen gezwungen waren und hier nach geistiger Nahrung lechzen.»[5]

Mit der Sammlung der antifaschistischen sozialdemokratischen Opposition im Ausland, die sich von den anderslautenden Erklärungen der Berliner Genossen «nicht irre machen lassen» sollte, musste auf illegalem Wege von außen die Stimmung in der deutschen Arbeiterschaft gegen Hitler angefacht und geschürt werden. Breitscheid glaubte, dass von dem Zeitpunkt an, wo der *Neue Vorwärts* erst einmal nach Deutschland eingeschmuggelt werde, auch die «Masse der deutschen Arbeiter sehr bald auf unserer Seite stehen» werde und damit die «Voraussetzungen für den Wiederaufbau und das Wiedererstarken der Partei» gegeben seien.[6]

Die Vorstellung, in der Emigration erfolgreich den Widerstand gegen Hitler zu organisieren, entsprach zweifellos seinem wieder aufkommenden Bedürfnis aktiver Betätigung nach einer längeren Phase erzwungenen politischen Stillhaltens. Auch jetzt überstieg sein Vorstellungsvermögen von den Möglichkeiten des Kampfes und dessen psychologischen Voraussetzungen nicht das ihm geläufige Mittel gewaltloser Strategie und verbaler Gegenpropaganda. Das setzte freilich zwei wesentliche Bedingungen voraus: dass nämlich die Integrität und Arbeitsfähigkeit der Sopade im Prager Exil erhalten blieb und zum anderen die Arbeiterschaft in Deutschland sowohl den Willen wie die Möglichkeit zum Widerstand besaß. Beides traf, wie Breitscheid bald merken sollte, nicht zu.

Ausstoßung aus der «Volksgemeinschaft»

Die Zeit der Enttäuschungen setzte mit einer gewissen Verzögerung ein paar Monate nach der Flucht ein. Glaubte er bis dahin noch, die konservativen Beamten und Politiker der Reichsämter, mit denen er vor 1933 zusammengearbeitet

5 Nachlass Paul Hertz PVA Nr. 502

6 Erwiderung Breitscheids auf einen «Bruch in der SPD?» betitelten Artikel im Kattowitzer *Volkswillen* vom 13. Juni 1933.

27 Volksverräter – ausgestoßen aus der deutschen Volksgemeinschaft. Breitscheid gehörte bereits im August 1933 zu den ersten Politikern, Schriftstellern und Künstlern, an denen Hitler für ihre Verteidigung der Republik Rache nahm. Sie wurden als Volksverräter gebrandmarkt – dem schlimmsten Verbrechen im totalitären Staat. Seit ihrem ursprünglichen Gebrauch gegen die sogenannte Erfüllungspolitiker der Weimarer Republik erlebte die Schmähung eine unrühmliche Wiederkehr als Unwort des Jahres 2017.

Seite 1176 Illustrierter Beobachter 1933 / Folge 36

Volksverräter

ausgestoßen aus der deutschen Volksgemeinschaft!

Auf Grund des § 2 des Gesetzes über den Widerruf von Einbürgerungen und die Aberkennung der deutschen Staatsangehörigkeit vom 14. Juli 1933 hat der Reichsminister des Innern im Einvernehmen mit dem Reichsminister des Auswärtigen durch eine im „Reichsanzeiger" veröffentlichte Bekanntmachung vom 23. August 1933 zunächst folgende im Ausland befindliche Reichsangehörigen der deutschen Staatsangehörigkeit für verlustig erklärt, weil sie durch ein Verhalten, das gegen die Pflicht zur Treue gegen Reich und Volk verstößt, die deutschen Belange geschädigt haben:

Philipp Scheidemann

Otto We[illegible]

Wilhelm Pieck

Dr. Robert [illegible]ißmann

Dr. Rudolf Breitscheid

Heinz Werner Neumann

Albert Grzesinski

Bernhard Weiß

Dr. Joh. Werthauer

Dr. Alfred Apfel

Friedrich Stampfer

Ruth Fischer

Dr. Friedr. W. Foerster

Emil Gumbel

Helmuth v. Gerlach

Leopold Schwarzschild

Dr. Kurt Tucholski

Max Hölz

Willi Münzenberg

Ernst Toller

Georg Bernhard

Alfred Kerr

Heinrich Mann

Lion Feuchtwanger

hatte, würden Verständnis auf für einen Mann aufbringen, der als überzeugter Patriot und Sozialdemokrat die Heimat verlassen hatte, so sah er sich schon im Sommer 1933 schmerzlich eines besseren belehrt.

Es wunderte ihn zwar nicht, und dennoch kränkte es ihn, dass ihm die Nationalsozialisten vorwarfen, er treibe im Ausland antideutsche Propaganda. Noch mehr verbitterte ihn die Passivität derjenigen, die, ohne selber Nationalsozialisten zu sein, solche Anschuldigungen gegen die Emigranten zuließen, während sie selbst die Politik der Regierung deckten oder eifrig an ihr beteiligt waren. In einem Protestbrief an den parteilosen Außenminister Konstantin von Neurath[7] klagte er, dieser schweige zu den Verleumdungen des *Völkischen Beobachters*. Dort war in einer ganzseitigen Balkenüberschrift Breitscheid als «Spion Frankreichs» beschimpft worden. Demgegenüber berief Breitscheid sich auf seine loyalen Dienste als ehemaliger Völkerbundbeauftragter in der Zeit der Republik. «Wir wirken nicht gegen Deutschland und das deutsche Volk», schrieb er, «aber ich stehe nicht an zuzugeben, dass wir gegen die gegenwärtigen deutschen Machthaber und gegen die Taten ihrer Anhänger auftreten». Die antideutsche Stimmung im Ausland verschulde die Regierung selbst; dazu bedürfe es nicht erst der angeblichen Gräuelpropaganda der Emigranten. «Die Geschichte», so schloss er seinen Brief, den der Minister wegen des darin angeschlagenen scharfen Tons zu beantworten ablehnte,[8] «wird einmal ein vernichtendes Urteil nicht nur über diejenigen fällen, die Unrecht getan haben, sondern auch über die, die dem Unrecht stillschweigend zusahen.» Seine Vermutung, die Kampagne gegen prominente Emigranten diene zur Vorbereitung, ihnen die deutsche Staatsbürgerschaft zu entziehen, bewahrheitete sich wenig später am 23. August 1933.

Wie es in deutschen Blättern damals hieß, wurde Breitscheid mit zahlreichen anderen geflüchteten Politikern und Literaten «aus der Volksgemeinschaft ausgestoßen». Der zweite, politisch wie materiell schmerzhafte Schnitt zur Entwurzelung war getan. Damit einher ging die Einziehung des Vermögens – ein Akt, der den zuvor bereits eingetretenen Verlust nur legalisierte, nun aber sein Bewusstsein von der unmittelbaren Not, die mit seiner Abhängigkeit von der Hilfe anderer schon groß genug war, noch steigerte. Kurz zuvor waren Tony und Rudolf Breitscheid endgültig nach Paris übergesiedelt, wo sie vorerst eine Bleibe in der Wohnung des Kammerabgeordneten Viénot fanden.[9] Geschenke wollte er nicht annehmen, obwohl seine materielle Lage sich von Tag zu Tag verschlechterte.

7 Brief Breitscheids an Neurath vom 4. Aug. 1933.

8 Ebd., Randbemerkung des Ministers.

9 Brief an Hoegner vom 5. April 1934.

In der Schweiz hatte er bereits seine journalistische Arbeit wieder aufgenommen. Für das Züricher *Volksrecht* schrieb er einige Notizen, die nicht annähernd das Geld zum Leben einbrachten. Mit Sollmann, Redakteur bei der saarländischen Parteizeitung *Deutsche Freiheit*, stritt er längere Zeit vergeblich über die politischen und finanziellen Bedingungen einer Mitarbeit. Dabei lagen schon die Honorare der übrigen ausländischen Parteiblätter, die von ihm Artikel bezogen, so niedrig, dass er bestenfalls die Hälfte seines Lebensunterhalts damit bestreiten konnte. Erst im kommenden Jahr 1934 sicherte ihm die regelmäßige Verpflichtung für das Organ *Vooruit* der belgischen Arbeiterpartei in Gent ein Auskommen. Die Abwertung der belgischen Währung verschlang später einen Teil seines Verdienstes und trieb ihn von Neuem zur Suche nach weiteren schriftstellerischen Erwerbsquellen. Sarkastisch, sich einzig mit dem ähnlichen Schicksal der anderen tröstend, schrieb er im Februar 1935 an Hoegner: «Es ist wirklich eine Lust zu leben, wenn sich mit aller Deutlichkeit voraussehen lässt, wann die Existenzmöglichkeit aufhört.[10]

Es plagten nicht nur die materiellen Sorgen. Im gleichen Maße ließ ihn die persönliche Isolation die Misere der Emigration spüren. Das offizielle Deutschland hatte ihn verstoßen, der größte Teil der Freunde war über Europa verstreut. Der abgrundtiefe Pessimismus, den Breitscheid von jetzt an verbreitete, hielt diese mehr und mehr von einer regelmäßigen Korrespondenz mit ihm ab. Unter den Wenigen, die ihm mit einem über die Jahre bis 1938 aufrechterhaltenen Briefwechsel Mut zusprachen, war Paul Hertz. Neben seiner Mitgliedschaft im Sopade-Vorstand hatte dieser sich der aktiven sozialdemokratischen Splittergruppe «Neu Beginnen» genähert, der Breitscheid allerdings fernblieb.

Der tatkräftige Kampfgefährte aus der gemeinsamen Zeit in der SPD-Reichstagsfraktion, versuchte Breitscheid das Gefühl zu geben, weiterhin ein brauchbares Mitglied der Partei zu sein. Unterdessen bemühte dieser sich in Paris um persönliche Kontakte zu den französischen Sozialisten. Über gelegentliche Zusammenkünfte, die immer den Charakter des Offiziösen hatten, kam er jetzt aber nicht hinaus, und seine anfänglichen Hoffnungen endeten bald darauf mit dem deprimierenden Resümee des ersten Emigrationswinters: «Die trübe Witterung in einer dunklen Wohnung trägt nicht dazu bei, die trübe Gesamtlage vergessen zu machen, und die französischen Genossen haben so viel mit sich selbst zu tun, dass sie sich um unsereinen nicht kümmern.»[11]

Prag tat inzwischen ein Übriges, seine Hoffnungslosigkeit eher noch zu steigern. Otto Wels, nach wie vor einflussreichster Mann des emigrierten Vor-

10 Brief an Hoegener vom 15. Febr. 1935.

11 Brief an Hoegener vom 15. Nov. 1933; auch Briefe vom 17. Okt. 1933 und 14. Jan. 1936.

standes, dachte gar nicht daran, das Vertrauen, mit dem sich Breitscheid bislang in allen Fragen der Emigrationspolitik an den Vorstand gewandt hatte, zu erwidern. Breitscheids Argwohn, man habe sich ihm gegenüber wohl «zu absolutem Schweigen verpflichtet», bestätigte sich im August anlässlich der Konferenz, die die Sozialistische Internationale in Paris abhielt, um über Strategie und Taktik gegen Hitler zu beraten. Er muss damals schon unter dem Verdacht gestanden haben, in der Frage, ob und wie den deutschen Aufrüstungsbestrebungen zu begegnen sei, eine andere Haltung als Stampfer und Wels einzunehmen, denen die Erörterung dieses zum Umdenken zwingenden Themas offenbar lästig war. Die beiden Prager vermieden es, Hilferding und Breitscheid in Paris vor den Beratungen ins Vertrauen zu ziehen, obendrein schlossen sie beide von der Delegiertenliste aus.

Die offensichtliche Diskriminierung des prominenten Außenpolitikers und des Parteitheoretikers erregte bei den Delegierten der anderen Länder beträchtliches Aufsehen – dies umso mehr, als sich Breitscheid bei seinen letzten Erkundungsfahrten in die westeuropäischen Hauptstädte auf die Legitimation und den Auftrag des Prager Vorstands berufen durfte. Interventionen der Engländer bei Wels hatten keinen Erfolg.

Den Kongress verfolgten die beiden im Vorraum und auf den Gästeplätzen, von wo aus sie, ohne widersprechen zu können, den Ausführungen Stampfers folgen durften. Dieser vertrat, wie Breitscheid danach vertraulich an Hertz berichtete, «den törichten Standpunkt, wir dürften über deutsche Aufrüstungen nicht sprechen. Selbstverständlich bin auch ich gegen jede Propagierung eines Präventivkrieges, aber man kann den Krieg nicht besser verhindern, als wenn man etwaigen deutschen Aufrüstungen von vornherein entgegentritt. Stampfer hat eben seit 1914 nichts hinzugelernt. Er lebt fortgesetzt in der Furcht, wir könnten den Nazis einen Vorwand zur Anklage des Landesverrats geben.»[12]

Mit der Einsicht, dass es unmöglich sei, künftig mit der Zentrale in Prag erquicklich zusammenzuarbeiten, rundete sich das Bild von der Isolation ab, in der sich Breitscheid in Paris befand. Gab es für ihn überhaupt noch einen Ansatz zu einer über den innerparteilichen Streit hinausreichenden politischen Betätigung? Gleich nach der Flucht hatte er seine Hoffnung auf die illegale Arbeit gesetzt. Eine der Voraussetzungen zu ihrem Gelingen, die Integrität der ausländischen Ersatzorganisation, sah er inzwischen immer mehr schwinden. Es blieb die Hoffnung auf den Widerstandswillen innerhalb Deutschlands.

12 Brief an Hoegener vom 28. Aug. 1933.

Das Ende der Illusionen

Angesichts der innenpolitischen Festigung der nationalsozialistischen Herrschaft im ersten Jahr und der Errichtung der Diktatur unter Zustimmung der Mehrheit des deutschen Volks pries sich Breitscheid im April 1934 gegenüber Hoegner trotz aller düsteren Zukunftsaussichten und trotz der täglichen Misere des Emigrantendaseins glücklich, «dem Henker entronnen zu sein». Aber die zeitweilige Erleichterung des noch einmal mit dem Leben davongekommenen konnte ebenso leicht in Pessimismus umschlagen, «wenn man an das Verlassen Deutschlands vor einem Jahre denkt und sich im Übrigen klar macht, dass man sein Land nicht wiedersehen wird.»[13]

Die Aussichten auf den Erfolg des innerdeutschen Widerstandes hatten sich seit der Flucht aus seiner Sicht auf ein Minimum reduziert. Das Bild, das er sich 1934 von Deutschland machte, ließ keine Illusionen über eine baldige Veränderung der Lage zu. Er gab Hoegner recht, der auf die starke Position hingewiesen hatte, «die sich Hitler selbst in Arbeiterkreisen zu verschaffen gewusst hat. Die Führerlegende tut ihre Wirkung», antwortete er dem Freund in der Schweiz, «und der Deutsche von heute hat große Ähnlichkeit mit dem Muschik des vergangenen Russland, der auch immer an der Vorstellung festhielt, dass der Zar den besten Willen habe, aber in seinen Absichten durch seine Umgebung gehemmt werde.»[14]

Optimisten gegenüber, die glaubten, die Morde des 30. Juni 1934 im Zusammenhang mit dem sogenannten Röhm-Putsch[15] würden eine Welle der Empörung auslösen und den Zusammenbruch der Despotie einleiten, belehrte er über die Mentalität des deutschen Volks, dem er in seinen Briefen an die Freunde ein niederschmetterndes Zeugnis ausstellte: «Das deutsche Volk entbehrt fast in allen seinen Schichten des Rechtsgefühls und des Freiheitssinns. Es liebt die Gewalt, und der einzelne verabscheut sie nur, wenn sie gegen ihn selbst und seine nähere Umgebung angewendet wird. Kein Massenaufschrei gegen die Greuel [...]. Die Richter sehen der Beugung und Verhöhnung des Rechts ruhig zu. Die Reichswehr lässt ihren Kameraden Schleicher wie einen tollen Hund niederknallen und verscharren, und der Wehrminister beglückwünscht den Mörder zu seiner Rettungsaktion. Die katholische Kirche protestiert vorsichtig

13 Brief an Hoegener vom 5. April 1934.

14 Brief an Hoegner vom 25. Mai 1934.

15 Die Bezeichnung «Röhm-Putsch» steht für die Ermordung von Ernst Röhm (von 1931–1934 Chef der SA) und ca. 100 weiteren Mitgliedern der Organisation durch SS und SD auf Befehl Hitlers.

nur gegen die Ermordung der Katholiken, und sie ist fast ungehaltener über die Einäscherung Klauseners,[16] als «über den Mord selbst»[17] Und weiter: «Legitimierung der Morde durch ein Kabinett, in dem doch nicht nur Nazis sitzen, keine oppositionelle Regung in den Kreisen der Beamten, von denen manche – ich denke besonders an die Diplomaten — auf ihr Gehalt nicht angewiesen sind. Sie dienen dem blutbefleckten Regime weiter, treu bis zur Pensionsberechtigung, und es sind unter ihnen solche, die es mit ihrem ‹Gewissen› nicht verantworten konnten, der Weimarer Republik zu dienen. Es ist zum Speien – und zum Verzweifeln! [...] Können wir hoffen, mit den Menschen, wie sie sich jetzt enthüllt haben, etwas Neues aufzubauen, das Dauer verspricht? Ich möchte, dass ich mich täuschte, aber ich fürchte, dass auf Jahrzehnte hinaus Deutschland kein Land ist, in dem Menschen mit Rechtsbewusstsein und Freiheitsgefühl atmen können.»[18]

Vor diesem abgrundschwarzen Hintergrund konnte kaum Hoffnung gedeihen auf eine Erfolg versprechende Widerstandspolitik, die den subversiven Kampf gegen Hitler mit der Aussicht auf ein besseres, nachfaschistisches Deutschland moralisch wie strategisch hätte untermauern können. Die Voraussetzungen für einen Erfolg versprechenden Kampf gegen das totalitäre Regime in Deutschland hatten in Breitscheids Überlegungen einen vorläufigen Tiefpunkt erreicht.

Da spielte es auch keine Rolle mehr, unter welchen Umständen sich die Rückkehr der Emigranten vollziehen solle. Ein Präventivkrieg der europäischen Demokratien gegen das faschistische Deutschland sei keine Lösung, da «eine militärische Niederlage Hitlers die Zerreißung Deutschlands und das Ende einer einheitlichen Arbeiterbewegung bedeuten würde. Außerdem sei es «ganz unmöglich, dass wir ähnlich wie seinerzeit die französischen Bourbonen unter dem Schutz fremder Waffen in die Heimat zurückkehren.»[19]

Wenig Hoffnung schöpfte er auch aus seiner Fehleinschätzung der Röhm-Affäre, die er als Sieg der Reichswehr über Hitler missdeutete und ebenso wenig mit seinem Irrtum zu glauben, die Ernennung Schachts zum Wirtschaftsminister bedeute die fortschreitende Entmachtung Hitlers durch das Finanzkapital. Hier wollte er nicht von einem «Systemwechsel» sprechen, sondern warnte, dass «von einer Rückkehr zu den bürgerlichen Freiheiten nicht die Rede sein könne. Bestenfalls dürfe man eine ‹Kursänderung› vermuten, in der man aber keines-

16 Erich Josef Gustav Klausner (1885–1934), führender Vertreter des politischen Katholizismus.

17 Brief an Dittmann vom 24. Juli 1934.

18 Ebd.

19 Brief an Hoegner vom 25. Mai 1934.

falls auch nur einen Anfang eines Wiedererwachens der Demokratie zu sehen berechtigt sei.»[20]

Was ihm unter diesen Umständen als mögliche Haltung blieb, war die radikale und konsequente Verurteilung des Nationalsozialismus. Doch musste er davon ausgehen, dass in Deutschland dafür kaum noch genügend Verbündete zu finden waren. Dazu kam, dass bei der Auswahl seiner Mitstreiter unter den deutschen Emigranten die strengsten Maßstäbe an eine freiheitliche Gesinnung anzulegen waren, was den Kreis des Widerstands weiter einengte.

«Gespenstergespräche»

Die Beschränkung des Widerstands auf jene, deren Ziel eine völlige Wiederherstellung der «bürgerlichen Freiheiten» war, schloss wie in der Zeit vor 1933 die Bundesgenossenschaft sowohl der konservativen Kreise wie der radikalen Sozialisten aus. Breitscheid, der beide Möglichkeiten erörtert und verworfen hatte, nahm dabei in Kauf, dass ihm mit diesem Ausschlussverfahren zwar die Standortbestimmung der zuverlässig demokratischen Kräfte gegen Hitler gelang, dass er diese aber angesichts der Übermacht des Feindes und der ungünstigen Bedingungen in der Emigration der Bedeutungslosigkeit überantwortete.

Entschieden wandte er sich gegen in Prag gedeihende Spekulationen auf die mögliche Ablösung Hitlers durch eine mit der Reichswehr verbündete «kapitalistisch-monarchistische» Gruppe. Einer Militärdiktatur müsse man jegliche Mitarbeit versagen, auch wenn sie vielleicht der Sozialdemokratie und den Gewerkschaften Zugeständnisse machen würde. «Auch eine ‹reaktionär-konservative› Regierung könne sich schließlich nur mit Gewalt halten, und Füsilierungen würden vielleicht mit einem gewissen Schein des Rechts umgeben werden, aber die Gefahren für die, die demokratische oder sozialistische Opposition machen wollten, wären dieselben.»[21]

Otto Strasser,[22] der nach Prag geflüchtete nationalsozialistische Renegat und Verfechter eines sogenannten «Volkssozialismus» hatte, wenn er Hitler bekämpfte, das gleiche Ziel wie die Sozialdemokratie. Trotzdem durfte er nach Breitscheids Meinung niemals zum Verbündeten werden. Besorgt verfolgte er

20 Brief an Hoegner vom 29. Dez. 1934.

21 Brief an Hoegner vom 25. Mai 1934.

22 Otto Strasser (1897–1974), nationalsozialistischer Politiker

aus Paris die Kontakte von Wels und Sollmann zu dem Führer dieser Splittergruppe, deren Ideen sich bei der sudetendeutschen Sozialdemokratie einer gewissen Sympathie erfreuten. Breitscheid waren solche Verbindungen als «Versuch eines Brückenschlagens zu den Nazis» und Konzession an eine antidemokratische und antisemitische Ideologie suspekt, wie ihm andererseits auch «jedes Spielen mit dem Gedanken einer Zusammenarbeit mit der Reichswehr, mit den Deutschnationalen etc. [...] die Gefahr einer Annäherung an die konfusen Ideen eines Volkssozialismus in sich» barg.[23]

Ebenso ablehnend stand er der Person des ehemaligen Danziger Senatspräsidenten Hermann Rauschning[24] gegenüber, der erst 1939 nach Frankreich gekommen war und dort nun als entschiedener Hitlergegner auftrat. Breitscheid wollte ihm den jahrelang geübten Opportunismus nicht verzeihen, den er rundweg als Gesinnungslosigkeit bezeichnete. Auf dieselbe Weise würden später einmal Tausende versuchen, sich herauszureden, schrieb er – eine Vorahnung, die ihn davon abhalten würde, jemals nach Deutschland zurückzukehren, «selbst wenn eine grundlegende Änderung des Regimes erfolgen sollte».[25]

Wie im Winter 1932/33, als er sich mit der Frage Schleichers nach der Haltung der Sozialdemokratie zu einer autoritären Militärregierung konfrontiert sah, lehnte er auch jetzt wieder eine Erweiterung der antifaschistischen Front nach rechts ab. Damit geriet er in Gegensatz zu Tendenzen innerhalb der Exil-SPD, die die enge klassenmäßige Bindung der Partei lockerten. Er wollte weder die klassen- und parteiübergreifende Universalität anerkennen – dazu fehlte ihm das Vertrauen in die moralische Kraft des Volkes – noch war er bereit, einer sozialkonservativen Idee der Volksgemeinschaft, die dem Faschismus einen geläuterten Nationalismus entgegensetzte, das geringste Zugeständnis zu machen.

Von Fehlern, die er seinerzeit in Übereinstimmung mit der Parteiführung in der Auseinandersetzung mit dem Nationalsozialismus gemacht hatte, wollte er nichts wissen. Er verwies auf die Schriften Kautskys, die im Frühjahr 1934 herausgegeben wurden und sogleich heftigen Streit auslösten. Damit hoffte er, dem Vorwurf zu begegnen, die SPD habe «seiner Zeit nicht zum Kampf aufgerufen». Da er an die Vergangenheit nicht rühren wollte, nahm er an dem sich neu formierenden Versuch der Linken zur theoretischen Neubesinnung mit einem starken Hang zum sozialistischen Radikalismus keinen Anteil. Für das, «was

23 Briefe an Hoegener vom 19. Juli 1934) und 22. Okt. 1936.

24 Hermann Rauschning (1887–1982), bis 1933 Regierungspräsident der Freien Stadt Danzig.

25 Briefe an Hoegner vom 11. Dez. 1939 und 5. Febr. 1940.

man euphemistisch einen Richtungsstreit nennt», fehlte ihm, erst recht unter den Bedingungen der Emigration, jegliches Verständnis.[26]

Tatsächlich aber war die Auseinandersetzung, die sich an die programmatische Erklärung des Prager Parteivorstands vom Januar 1934 unter dem Titel «Kampf und Ziel des Revolutionären Sozialismus» anschloss, nur zum Teil ein theoretischer Streit um die richtige sozialistische Taktik. Zum anderen und vor allen Dingen stand die Frage nach dem politischen Mandat des Vorstandes und der Legitimation der Gruppen im Vordergrund. Abgesehen von der organisatorischen Seite der mit aller Macht aufgebrochenen und über Jahre sich ziehenden Diskussion, zeigte sich Breitscheid von den aufgeworfenen theoretischen Problemen wenig beeindruckt. Schon den Zweck des Prager Manifests selbst vermochte er nicht zu erkennen, erst recht muteten ihn die daran anknüpfenden theoretischen Streitereien wie «Gespenstergespräche» an.

Dass das Dokument lediglich «den Mißvergnügten und Wichtigtuern, die den Prager Parteivorstand ablehnen, Gelegenheit zu neuen Protesten gegen dessen Existenz geben würde», hatte er vorausgesehen. Die Opposition der Revolutionären Sozialisten unter der Leitung von Aufhäuser und Böchel war ihm ebenso verdächtig wie die der Gruppe «Neu Beginnen». «Es wird eben allenthalben in einem falschen Radikalismus gemacht», seufzte er in einem Brief an den weiterhin verehrten Karl Kautsky, den streitbaren Theoretiker im Amsterdamer Exil.[27]

Den Zwist der illegalen Gruppen empfand er als peinliches Spektakel vor den Augen der sozialistischen Parteien in den Gastländern, und er empfahl Prag, auch vor finanziellen Restriktionen gegenüber den Linksabweichlern nicht zurückzuschrecken, wenn man damit deren Drang zur Diskussion dämpfen konnte; denn schließlich trage man mit den nutzlosen «Programmschustereien» unter den herrschenden Verhältnissen lediglich Verwirrung in die Reihen der Antifaschisten.

Es scheint, als meldeten sich hier wieder die verborgenen Schuldgefühle seines eigenen früheren, zuerst linksliberalen, dann ultrasozialistischen Abweichlertums zurück. Die Argumente gegen die linke Opposition ähnelten stark denen aus der Zeit der Republik: sie sei eine Sekte, trete mit dem Anspruch auf Ausschließlichkeit auf, mache sich geistiger Überheblichkeit schuldig und sei letztlich doch nur das Produkt einiger in ihrer Eitelkeit verletzten Theoretiker. Die 1935 beginnende Diskussion über Ziel und Möglichkeiten des Widerstandes

26 Brief an Hoegener vom 7. März 1955.
27 Brief an Hoegener vom 23. Febr. 1934.

laufe «auf eine dialektische Übung hinaus, mit der sich kein Hund hinter dem Ofen hervorlocken» lasse.[28]

Offensichtlich hatte das mehrmalige Scheitern der Spaltungen und Parteiwechsel, die er im Laufe seines politischen Lebens vollzogen hatte und deren Korrektur oft nicht ohne persönliche und politische Verluste abgegangen waren, Spuren in seinem zu Parteidisziplin und zur Dogmatisierung neigenden Verhalten hinterlassen. Die Angst vor dem abermaligen Misslingen einer getroffenen Richtungsentscheidung und einem darauffolgenden, demütigenden Widerruf wirkten nach.

Als er sich ab 1935 führend am Experiment der Einheitsfront beteiligte, ging er davon aus, dass die Partei bereits handlungsunfähig geworden war. Um den Prager Exilvorstand nicht weiter zu provozieren, bemühte er sich, die Bedeutung des Komitees zur Vorbereitung einer deutschen Volksfront in Paris herunterzuspielen. In seiner Korrespondenz des Jahres 1936 mit Wilhelm Hoegner konnte er allerdings offener sprechen. Er berichtete dem Freund anschaulich von der gruppenmäßigen Organisation und Gliederung der sozialdemokratischen Kräfte in Paris.[29]

Die Einheitsfront

Bis er sich das Projekt der Pariser Einheitsfront zu eigen machte und darin eine führende Rolle übernahm, prüfte er noch andere Formen des antifaschistischen Widerstands, um auf den Sturz Hitlers hinzuarbeiten. Im Grunde zweifelte er aber an den Erfolgsaussichten sämtlicher gegen Hitler gerichteten Aktionen. «Wie bitter muss gerade auch für Sie», schrieb er an Kautsky, «die Erkenntnis sein, dass allenthalben die Reaktion marschiert. Wir können nur noch für die hoffen, die nach uns kommen werden.»[30]

Da auch er selbst, der um 20 Jahre Jüngere, fürchtete, ein freies Deutschland nicht mehr zu erleben, begnügte er sich mit schlecht bezahlten journalistischen Arbeiten und schickte sich an, «von der Galerie aus den Lauf der Zeit»[31]zu verfolgen. So ganz mochte er sich der politischen Betätigung freilich nicht zu enthalten. Mit Vorträgen in Paris und Brüssel über den Faschismus als Sache der

28 Dazu Briefe an Hoegener vom 11. Juli 1935, 4. Juni 1936 und 10. März 1938; Hoegner-Brief vom 24. Okt. 1936.

29 Brief an Hoegner vom 24. Okt. und 1. Dez. 1936.

30 IISG Nachlass Kautzky.

31 Ebd.

Europäer erregte er nicht nur bei den deutschen Auslandsstellen Misstrauen, auch die offizielle Politik der Gastländer registrierte argwöhnisch die Aktivitäten des deutschen Emigranten.

Da er sich ohnehin nicht allzu viel Hoffnung auf eine nachhaltige Breitenwirkung dieser Aufklärungsarbeit machte, achtete er darauf, in seinen eigenen Texten aufdringliche Besserwisserei zu vermeiden. «Frontalangriffe» in der sozialdemokratischen Presse gegen die Nachgiebigkeit Englands gegenüber Hitler hielt er für inopportun – und gefährlich. Das ungeschickte, übereifrige Auftreten mancher emigrierter Parteigenossen war ihm ein ständiges Ärgernis. Seine Artikel im belgischen *Vooruit* (Vorwärts) waren in einem Tenor verfasst, der wegen seiner Zurückhaltung oft die Verwunderung der Freunde hervorrief. Hoegner gegenüber rechtfertigte er später einmal diesen von den Blättern der Gastländer lobend registrierten Stil mit dem Hinweis: «Erstens nützt Lärmschlagen doch nichts, und zweitens geht es mir darum, die etwaigen Leser zu unterrichten.»[32]

Anlass zur Einordnung des Nationalsozialismus in den europäischen Zusammenhang gab ihm die von Hitler unter dem Mantel der Gleichberechtigung betriebene deutsche Aufrüstung, die – wie er fürchtete – trotz aller Friedensbekundungen des Diktators seit dem Auszug des nationalsozialistischen Reichs aus dem Völkerbund und aus der Genfer Abrüstungskonferenz die Gefahr eines neuen Krieges nährte. In dieser Situation hing nach Breitscheids Meinung alles von der Haltung der europäischen Demokratien ab. Ihre Nachgiebigkeit gegenüber den Forderungen der «faschistisch-diktatorischen» Systeme gefährde die demokratischen Staaten auch von innen, da der Erfolg zur Nachahmung verleite.

Anlässlich einer Rede, die er Ende 1933 auf einer Veranstaltung der «Nouvelle école de la paix» hielt, sagte er dazu: « Keine Nation kann sich rühmen, gegen das Gift der neuen Lehre vom Staat gefestigt zu sein.»[33] Der Kampf gegen den Faschismus müsse sich deshalb auf eine europäische «Gemeinbürgschaft gegen Friedensstörungen und Friedensbedrohungen» gründen.

Der Front der europäischen Demokratien gegen die faschistische Herausforderung war ein zweifaches Ziel gesetzt: die außenpolitische und die ideologische Eindämmung des Faschismus, wobei der Völkerbund als das immer noch größte Forum eine neue und hochaktuelle Bedeutung bekam. Neben dem Gedanken eines künftig geeinten Europas war es der strategisch-defensive Charakter des Bundes, den Breitscheid jetzt betonte, wobei er sich weiter in den Bahnen seines

32 Brief an Hoegner von 12. April 1938.

33 Breitscheid, «Hitler und Europa», in: *Aktion*, Paris, vom 30. Nov. 1933.

außenpolitischen Denkens in der Weimarer Republik hielt. Zur Lösung der Aufgabe konnte die Sozialistische Internationale laut Breitscheid nichts beitragen, das blieb Sache der Staaten. Ironisch seine Anmerkung in einem Brief vom 20. April 1935: «Existiert eigentlich die Internationale noch? Eine Todesanzeige habe ich nicht erhalten. Aber aus ihrem vollständigen Schweigen zu den außenpolitischen Vorgängen schließe ich auf ihr Ableben.»

Die Entwicklung ließ eine internationale Schwächung oder gar Ächtung des «Dritten Reichs» durch die demokratischen Staaten immer weniger erwarten. Aus Breitscheids Sicht war Umdenken gefragt. Zwischen den «Rücksichten der sogenannten Staatsraison» und den «Idealen des Menschentums» dürfe kein Widerspruch bestehen. Vielmehr müsse gerade die Staatsraison die «Nationen zur Erkenntnis ihrer wahren Interessen bringen», diese lägen in einer gemeinsamen Abwehr des Faschismus. An die Adresse Englands gerichtet formulierte er die Mahnung, nicht «kollektive Sicherheitsgarantien durch Sonderabreden zu ersetzen»; denn der «Friede ist und bleibt ein unteilbares Ganzes, und dieser Satz gilt in erster Linie gegenüber den Diktaturen. Sie sind ihrem Wesen nach eine ständige Kriegsgefahr.»

Nachdem er den ersten Schock über den Austritt Hitlers aus dem Völkerbund überwunden hatte, setzte er sich dafür ein, dem Genfer Forum der Regierungen den Rang zurückzugewinnen, den es durch den nationalsozialistischen Boykott eingebüßt hatte. Trotz aller düsteren Vorahnung hielt er mit der bevorstehenden Saarabstimmung eine günstige Gelegenheit zur Wiederbelebung der Weltorganisation für gekommen.[34] So anfechtbar die Entscheidung der Pariser Friedenskonferenz des Jahres 1919 in seinen Augen gewesen war, so wenig wünschte er die Rückkehr der Saar in ein faschistisches Deutschland. Die dem Völkerbund verantwortliche Regierungskommission hatte dafür zu sorgen, dass die Abstimmung, wenn sie schon die Rückgliederung nicht verhindern konnte, doch ohne den «ungeheuerlichen moralischen Druck» durch die nationalsozialistische Agitation, vonstatten ging. Setzte sich die Kommission durch, dann durfte man vielleicht mit einem Ergebnis rechnen, das wegen seines Anteils an Stimmen für die Beibehaltung des Status quo dem «Prestige Hitlers einen Stoß» versetzte. Breitscheid unterstützte den Ruf der Kommission nach Entsendung einer internationalen Einheit; denn solange das Mandat des Völkerbunds bestehe, habe dieser «seine Pflicht gegenüber den Bürgern des ihm unterstellten Gebietes restlos und rücksichtslos zu erfüllen». Hitler, der den Völkerbund und damit die legitime Plattform für die Revision der deutschen Frage verlassen hatte, stelle «sich damit außerhalb der internationalen Gemeinschaft, die dann

34 Breitscheid, «Die Saar und der Völkerbund», ArA, Schreibmaschinenmanuskript 1934.

ohne ihn und, wenn notwendig, gegen ihn für die Aufrechterhaltung der Ruhe in der Welt zu sorgen hat.»[35]

Das Scheitern jüngerer Versuche, in Europa ein kollektives Sicherheitssystem zu errichten und die Neigung der beiden führenden Demokratien England und Frankreich, die faschistischen Diktaturen mit bilateralen Abkommen zu beschwichtigen, nährten seine Zweifel an der Möglichkeit, auf die Dauer die Gefahr des Faschismus wie auch die des Krieges zu bannen, was für ihn auf dasselbe hinauslief: Europa sei «dank dem Sieg des Hakenkreuzes in eine neue Vorkriegszeit eingetreten».[36] England traf nach seiner Meinung die Hauptschuld; denn der Pazifismus des Labour-Politikers Ramsay MacDonald – «ein Sonntag-Nachmittagprediger: Frieden um jeden Preis, Generalstreik gegen den Krieg usw.» – dränge auch Frankreich zu einem Ausgleich mit Deutschland, das den Krieg schon vorbereite.[37] Die Politik des konservativen Kabinetts Baldwin erfüllte ihn vorübergehend mit neuer Hoffnung auf den erwachenden «britischen Löwen», während nun aber die «zweideutige Haltung Frankreichs, das Zustandekommen einer antifaschistischen Front in Europa gefährdete.[38] Schließlich zerstörten die Erfolge der beiden Diktatoren am Rhein und in Abessinien im Frühjahr 1936 die unwiederbringliche Chance einer diplomatischen oder militärischen Zähmung des Faschismus.[39]

Jetzt, da der Völkerbund, wie Breitscheid schrieb, geschlagen am Boden lag, glaubte er nicht mehr länger, auf die Politik der in der Weltorganisation vertretenen Regierungen bauen zu dürfen. Das Versagen des Bundes hatte Europa aufs Neue in «eine Art von Vorkriegszustand» versetzt.

Mit einer neu erwachten politischen Leidenschaft, welche die überkommenen Formen und Institutionen europäischer Politik beiseiteschob, warf er die Frage auf, ob man angesichts «einer für unabwendbar gehaltenen Katastrophe « die Rettung des Friedens durch eine Reform des Völkerbunds Leuten überlassen dürfe, «denen es um den Schein und nicht um das Wesen der Sache zu tun ist», eine, die die «Form rettet und den Inhalt preisgibt». Da die Regierungen um die Wette rüsteten, ohne Erfolge gegen den Faschismus zu erzielen, müsse man jetzt den antifaschistischen Widerstand organisieren. Als dessen Träger kommen für Breitscheid nur und «in erster Linie die Arbeitermassen und ihre Führer» in

35 Breitscheid, «Hitler und Europa», in: *Freie Presse* Jg. 4 (1936), Nr. 896, S. 889 ff.

36 Breitscheid, «Die Bilanz der Hitlerschen Außenpolitik», in: *Zeitschrift für Sozialismus*, Jg. 2 (1934), Nr. 14, S. 452.

37 Briefe an Hoegener vom 4. und 15. Nov. 1933.

38 Brief an Hoegner vom 17. Okt. 1935.

39 Breitscheid, «Einheitsfront für den Frieden», in: *Das freie Deutschland. Mitteilungen der Deutschen Freiheitsbibliothek*, Paris, Nr. 12 vom 1. Mai 1936, S. 40 ff.

Frage. Trotz aller belastenden Erfahrungen eines halben Menschenalters möchte er mit einer Annäherung zwischen den deutschen Arbeiterparteien im Ausland beginnen. Im Mai 1936 schrieb er: «Die Zeit drängt. Jeder verlorene Tag ist ein Gewinn für die Kriegstreiber. Die Verantwortung derer, die nicht alles daransetzen, um einen starken Wall gegen den Krieg zu errichten, wird immer größer. Nennt es Volksfront, nennt es Einheitsfront, nennt es wie ihr wollt! Name ist Schall und Rauch. Es kommt auf den Entschluss und die Tat an.»[40] Aus diesen Worten spricht der Kampfgeist des frühen Breitscheid. Es bleibt zu fragen, was ihn zu diesem Schwenk veranlasste und welche Folgen die Kursänderung für die Politik der kommenden Emigrationsjahre haben würde.

Entfremdung vom Prager Parteivorstand

Der Vormarsch des Faschismus in Europa, das Versagen der im Völkerbund organisierten Demokratien gegenüber Hitler, Mussolini und schließlich Franco in Spanien, bildeten den politischen Horizont, vor dem sich Breitscheids Entwicklung zum Wortführer einer antifaschistischen Einheitsfront der Arbeiterparteien vollzog. Seiner mählich wachsenden Neigung zum taktischen Bündnis mit den deutschen Kommunisten in der Emigration entsprach zur selben Zeit eine kontinuierliche Verschlechterung des persönlichen Verhältnisses zum Prager Parteivorstand.

Seit der Demütigung, die er im Sommer 1933 anlässlich der Pariser Tagung der Internationale durch die offiziellen Vertreter des Prager Vorstandes hatte hinnehmen müssen, war das Vertrauen zwischen Breitscheid und den Genossen in der Zentrale ständig gesunken. Einen nicht geringen Anteil daran hatte die konspirative Atmosphäre, in der sich die Arbeit der emigrierten Sozialdemokratie teilweise abspielen musste, ebenso wie der bald einsetzende Streit um die richtige Politik, an dem er sich zwar nicht direkt beteiligte, ihm aber den Autoritätsverlust der Prager Genossen vor Augen führte. Eine Parteileitung, die den Anfechtungen durch Splittergruppen so schwach begegnete, büßte stark an Ansehen ein, zumal er auch selbst mit deren politischen Plänen längst nicht mehr übereinstimmte. Dazu kam die räumliche Entfernung, die im Bewusstsein Breitscheids eine Rolle spielte. In Paris glaubte er, einem Zentrum der internationalen Politik nahe zu sein, während sich der Vorstand in eine «östliche Provinzstadt» zurückgezogen hatte. Andererseits wollte er aber

40 Ebd., S. 43.

auch keine der mit Prag um Macht und Lehre konkurrierenden Gruppen unterstützen.

Ohne die Schärfe der innerparteilichen Auseinandersetzung in ihrem vollen Umfang zu erfassen, dachte er noch im Frühjahr 1935 an die Möglichkeit eines Kompromisses, der die Einheit der Partei wiederherstellen sollte. Trotz der herrschenden Desorganisation und der politischen wie psychologischen Fehler, die in Prag beim Versuch, die Partei zu führen gemacht wurden, kam es ihm darauf an, den weiteren Zerfall aufzuhalten, da – wie er glaubte – die Splittergruppen weder einen organisatorischen noch politischen Ersatz für den Parteivorstand in seiner bisherigen Form boten.

Gegenüber den Chancen, die man sich durch die Stärkung der antifaschistischen Kräfte in der Emigration und in Deutschland ausrechnete, dominierte bei ihm die nackte «Angst vor einem offenkundigen Auseinanderfallen der Bewegung».[41] Seine Abneigung gegen alles, was nach einer theoretischen Neubesinnung oder Reorganisation der Sopade aussah, mischte sich- ungeachtet seines früheren harschen Urteils – erneut mit der Hoffnung auf den sozialdemokratischen Widerstand in Deutschland. Dass seine Zuversicht gerade in einer Zeit aufkeimte, in der der innerdeutsche Widerstand der Arbeiterschaft immer mehr nachgelassen hatte, zeigt, wie wenig er über die Vorgänge im Reich informiert war. Allerdings ging er weniger von der Lage in Deutschland aus als vielmehr von der Situation der emigrierten Partei, in der sich Vorstand und Gruppen eine erbitterte, die Existenz der Sopade infrage stellende Auseinandersetzung lieferten. Breitscheid vertrat jetzt die Ansicht, dass das, «was noch an Partei vorhanden ist», nur noch in Deutschland selber zu finden sei.[42]

Seine Briefe an Freunde und Gegner sparten nicht mit Geringschätzung für den Prager Vorstand. So schrieb er im April 1935: «Die Partei als solche existiert nicht mehr. Es gibt sicher noch zahlreiche Menschen innerhalb und außerhalb Deutschlands, die den sozialdemokratischen Ideen anhängen, aber ihre Auffassung über die Politik und die einzuschlagende Taktik gehen stark auseinander, und ich persönlich bin überzeugt, dass nur eine Minderheit bereit ist, sich von Prag führen zu lassen.»[43]

Und im Juni äußerte er «meine Überzeugung, daß das, was in Prag geschieht, für die Gegenwart und die Zukunft in Deutschland nicht sehr stark ins Gewicht fällt. Die illegal Arbeitenden sind die Träger einer neuen sozialistischen Bewegung. Man soll sie, soweit es möglich ist, materiell und moralisch unterstützen,

41 Brief an Willi Müller vom 26. Juni 1936.
42 Briefe an Hoegener vom 20. Juni und 11. Juli 1935.
43 Brief vom 25. April 1935.

aber sie werden, wenn einmal das Hitlertum zusammenbrechen sollte, selbst darüber zu entscheiden haben, von wem und nach welchen Grundsätzen sie geführt werden wollen. Alles, was früher einmal führende Rollen gespielt hat, und alles, was jetzt noch führend zu sein glaubt, wird sich dann unterordnen müssen.»[44] Diese Worte waren in Prag gewiss nicht ungehört verklungen, und so ließ die solcherart geschmähte «Parteiführung» Breitscheid bei Besuchen in Paris links liegen.[45]

Da er von der Bedeutungslosigkeit der Sopade-Politik überzeugt war, brachte er auch einem personellen Revirement, das seit 1935 in der Diskussion auftauchte, kein Vertrauen entgegen. Wels, Vogel und Stampfer sollten diesen Plänen zufolge mit einer Abfindung offiziell aus ihren Ämtern scheiden, ehrenamtlich aber weiterhin die politisch bestimmenden Figuren im Parteivorstand bleiben. Diese Scheinreorganisation würde auf eine finanzielle Liquidation der im Ausland befindlichen Partei zugunsten einiger politisch bevorzugter Geschäftsinhaber hinauslaufen und bot kaum Gewähr für eine wirkliche parteipolitische Erneuerung. Sie stieß auf den erwarteten lebhaften Widerspruch in der Zentrale selbst und wurde daher von den Spitzen mit dem Schleier des Geheimnisses umgeben, von dem auch Hertz nur andeutungsweise erfuhr. Das wenige teilte er Breitscheid mit, der ebenfalls mit einer Abfindung bedacht werden sollte.[46] Eine solchermaßen geplante Änderung in der Führungsspitze erschien ihm nur sinnvoll, wenn sie etwa durch die Beiordnung eines «politischen Rats» der in Deutschland arbeitenden Gruppen ergänzt würde – «vorausgesetzt immer, dass die Gruppen selber ihre Vertreter auswählen können».[47]

Als der Schatzmeister des Prager Vorstands, Siegmund Crummenerl, in dieser Angelegenheit nach Paris reiste, um Breitscheid über die finanzielle Seite des Projekts zu unterrichten, lehnte der, obwohl selber in Geldnot steckend, mit der Begründung ab, er stehe erstens nicht mehr in einem dienstlichen Verhältnis zur Partei, zweitens wolle er sich nicht nachsagen lassen, er habe durch die Annahme der in Aussicht gestellten Summe der illegalen Arbeit Geld entzogen, und schließlich müsse er sich «die Freiheit der Kritik an dem Verhalten des P.V. vorbehalten».[48]

44 Brief vom 26. Juni an Müller; dazu auch Briefe vom 20. Juni an Siegfried Aufhäuser und Paul Hertz.

45 Brief von Paul Hertz' an Breitscheid vom 31. Okt. 1935

46 Brief an Hoegener vom 25. April 1935 und Briefe von Paul Hertz' an B. vom 19. Mai, 4., 12. und 25. Juni 1935.

47 Brief an Willi Müller vom 26. Juni 1935.

48 Brief an Hoegener vom 20. Juni 1935.

Es herrschte damals also eine allgemeine Atmosphäre gegenseitigen Misstrauens, nicht nur zwischen Breitscheid und dem Parteivorstand, sondern auch gegenüber und unter den verschiedenen Gruppierungen, die ihre je eigene politische Ausrichtung suchten.

Eine typische Episode, in die Breitscheid zwar nicht unmittelbar verwickelt war, drohte dann aber seinen inneren Bruch mit der Zentrale weiter zu vertiefen. Trotz der Unzufriedenheit, die sich allenthalben über die Politik des Vorstands breitmachte, verfügte Wels nach wie vor über eine Reihe zuverlässiger Vertrauensleute. Einer von ihnen wollte im Januar 1935 seinem Dienstherrn in Prag einen besonderen Gefallen tun. Auf eigene Initiative fotografierte er die Korrespondenz, die ihm von Toni Sender,[49] die in linker Opposition zur Parteiführung in Prag stand, für die Dauer einer Amerikareise anvertraut worden war. Wels kam dieses Material in seinem Streit mit den «Revolutionären Sozialisten» wie gerufen. Andererseits machte ihm die Unterdrückung der Gerüchte über die Indiskretion schwer zu schaffen. Breitscheid erfuhr davon erst im Juni. In einem empörten Brief an Hertz bat er um nähere Aufklärung, um künftig sein Verhalten gegenüber der Zentrale davon abhängig zu machen.

Noch konnte er sich «nicht vorstellen, dass es in unseren Reihen Leute gibt, die eine solche niederträchtige Spitzelei» hinnehmen. «Wäre es der Fall, so müsste man die letzten Konsequenzen ziehen. Ich hoffe bestimmt», schloss er, «dass Sie mich beruhigen können.» Hertz konnte nicht. Als einer der Mitwisser sprach er von dem seelischen Konflikt, den ihm der Fall bereitet habe. Er entschuldigte Wels und die anderen mit dem «Milieu von Konspiration», in dem diese Männer groß geworden seien, und bat Breitscheid um Nachsicht. Der aber insistierte und schrieb zurück, für ihn seien «der Dieb sowohl, wie die, die sich seiner bedienen, moralisch erledigt [...] – Konsequenzen? Ich habe kaum noch welche zu ziehen.»[50]

Nachdem die Entfremdung zwischen ihm und den Mitgliedern des Parteivorstands dieses Stadium erreicht hatte, bedurfte es nur eines weiteren Anstoßes, der den politisch heimatlos gewordenen Breitscheid für eine neue, positive und aktive Aufgabe aufgeschlossen machte. Seine bisherigen Hilfeleistungen gegenüber deutschen Flüchtlingen in Paris reichten auf Dauer nicht aus, um das Vakuum zu füllen, das der Bruch mit der Politik und den Personen der Prager Zentrale hinterlassen hatte.

49 Toni Sender (1888–1964), sozialdemokratische Politikerin und Journalistin

50 Briefe an Hoegener vom 2. und 8. Juni 1935. 25. Juli 1935.

Im Sog der Volksfrontbewegung

Seit dem Frühjahr 1934 war es im Zusammenhang mit den schweren inneren Unruhen in Frankreich zu einer zunächst improvisierten, sehr bald auch von Moskau geförderten und betriebenen Aktionseinheit zwischen Kommunisten und Sozialisten gekommen. Ihren Ursprung hatte sie in der Pariser Straßenschlacht vom 6. Februar 1934. Dieses Schlüsselereignis wurde in der Propaganda der französischen Volksfrontbewegung zum mythisierten Fanal des Antifaschismus in Frankreich. Die im Laufe des Jahres 1935 immer engeren, von den Parteispitzen ausgehandelten taktischen Verbindungen führten schließlich zur französischen Volksfrontregierung unter Léon Blum, nachdem die Komintern den Plan einer Einheitsfront von «unten» zugunsten einer organisatorischen Einigungsbewegung von «oben» aufgegeben hatte. Ihr Führer, Léon Blum, wurde zum Repräsentanten einer Bewegung, die Stalin vergeblich in den Dienst seiner außenpolitischen Ziele zu nehmen suchte.

Breitscheid, der nach einem kurzen Aufbäumen gegen die veränderte Wirklichkeit Ende des Jahres 1933 in eine politische Schockstarre gefallen war, ließ sich je länger je mehr von der Mobilisierung der antifaschistischen Dynamik durch die französischen Sozialisten mitreißen. Hier war eine starke moralische und politische Kraft gegen den Faschismus in seinem europäischen Ausmaß im Entstehen begriffen. Um ihretwillen warb er im Jahre 1936 um Verständnis für das vorsichtige Taktieren Blums gegenüber dem republikanischen Spanien nach dem Ausbruch des Bürgerkrieges. Der Zusammenbruch der französischen Volksfront, den Blum auf alle Fälle verhindern wollte, sei «für Hitler ein weit größerer Erfolg als es ein Sieg der spanischen Rebellen sein könnte».[51]

Während er den werbenden Briefen von Paul Hertz, der sich der Gruppe «Neu Beginnen» anschloss und ihn ebenso wie Hilferding für die Idee einer sozialistischen Erneuerung der Sopade zu gewinnen trachtete, widerstand, bekam er in Paris einen Anschauungsunterricht dessen, was Einheitsfront nach Blums Muster bedeutete. Dabei geriet er zusehends unter den Einfluss der Agitation Willi Münzenbergs.[52] Dieser hatte von Georgi Dimitroff,[53] dem Generalsekretär der Komintern, den Auftrag erhalten, in der deutschen Emigration nach französischem Muster die Plattform für eine Einheitsfront aller antifaschistischen Kräfte einschließlich der bürgerlichen zu schaffen. Ihm ging es dabei, anders als Stalin und dessen Statthalter Walter Ulbricht, ernsthaft um das Zustande-

51 Brief an Hoegner vom 1. Dez. 1936.

52 Willi Münzenberg (1889–1940), der «rote Pressezar», Verleger und Mitglied des ZK der KPD

53 Georgi Dimitroff (1882–1949), Generalsekretär der Komintern

kommen einer dauerhaften Einheitsfront, die auf einem zwischen der kommunistischen und sozialdemokratischen Partei geschlossenen Abkommen beruhen sollte. Seine konsequent unabhängige Haltung musste er im Juni 1940 auf der Flucht in den Süden Frankreichs mit dem Leben bezahlen.

Bis zur aktiven Teilnahme Breitscheids sollten noch Monate vergehen. Dabei spielte weniger die ablehnende Haltung der Prager Genossen gegenüber den bisherigen kommunistischen Angeboten eine Rolle. Vielmehr machte ihn auch das Zögern linksoppositioneller sozialdemokratischer Gruppen kopfscheu. Für seine neu erwachte Neigung, mit den Kommunisten ins Gespräch zu kommen, konnte er schon nicht mit der Zustimmung Prags rechnen, umso weniger noch wollte er «isoliert neben den Gruppenvertretern stehen und dann auch noch Gefahr laufen, unter Umständen von Prag desavouiert zu werden. Ein solches Risiko würde ich nur auf mich nehmen», schrieb er im August 1935 «wenn mir die Gemeinschaft, der ich beiträte, größere Sicherheiten böte.»[54]

Der alternde Breitscheid befürchtete, in einer Situation, die das Ende der ersten erfolglosen Phase der sozialdemokratischen Emigrationspolitik markierte, sich zwischen allen Stühlen wiederzufinden. Prag hatte in seinen Augen versagt, und die Gruppen strebten jede für sich nach der Führung, ohne je die Macht der alten Partei erlangen zu können. Die Einheitsfront der deutschen Emigration bestand vorerst nur aus «Diskussionsklubs», die außer den Kommunisten vor allem Einzelgänger ohne die Legitimation durch größere politische Verbände anzog – sowie bürgerliche Literaten, die Breitscheid am allerwenigsten schätzte. Gegen eine solche pseudopolitische neue Heimat wollte er seine nach wie vor emotional geprägte Zugehörigkeit zur offiziellen» Sozialdemokratie nicht eintauschen. Nach seiner Meinung musste eine kommunistisch-sozialdemokratische Absprache von Partei zu Partei – und sei es auch nur zur Regelung eines Modus Vivendi – den Kern einer antifaschistischen Einheitsfront bilden, der am Ende durchaus auch bürgerliche Elemente angehören mochten. Vor einer endgültigen Entscheidung über seine Positionierung wollte er daher zunächst die offizielle Reaktion aus Prag auf ein direktes, vom Zentralkomitee der KPD an sie herangetragenes Angebot abwarten. Dass er wünschte, der Vorstand möge positiv antworten, ließ er Hertz gegenüber nicht im Ungewissen; denn trotz der geringen Aussichten, die Entwicklung in Deutschland damit entscheidend zu beeinflussen, glaubte er, dass die Bildung einer antifaschistischen Einheitsfront – noch dazu unter demokratischem Vorzeichen – «auf die Stimmung der Arbeiter zuhause einen guten Eindruck machen» würde.[55]

54 Brief an Hoegener vom 20. Aug. 1935.
55 Brief an Hoegener vom 2. Nov. 1936.

28 Willi Münzenberg (1889–1940), Kommunist und Medienzar in einem, antiautoritär und weltgewandt, fiel es nicht schwer, Mitte der 1930er-Jahre deutsche Hitler-Gegner in Paris zur Bildung einer Volksfront gegen Hitler zusammenzubringen. Der sogenannte, nach dem Namen des Tagungsorts benannte Lutetia-Kreis vereinigte vorübergehend Schriftsteller wie Heinrich Mann, Politiker vom Range Breitscheids und knallharte Stalinisten wie Walter Ulbricht, dessen Intrigen das Experiment mit zum Scheitern brachten.

Anfang November 1935 ließ das Zentralkomitee der KP durch Ulbricht zunächst inoffiziell in Prag die Meinung zu einer deutschen Einheitsfront sondieren. Zur gleichen Zeit traf Breitscheid, mit Münzenberg und zwei anderen Kommunisten in der Wohnung eines Pariser Emigranten zusammen. Dabei betonte er noch einmal unter Zustimmung aller Gesprächsteilnehmer, dass alles von der Mitwirkung Prags abhänge. Auch über die Nutzlosigkeit der schon bestehenden Komitees herrschte Einmütigkeit. Wohl im Vertrauen darauf, dass sich die Sopade schließlich doch noch zu einem Kompromiss mit den Kommunisten durchrang, gab Breitscheid jetzt schon seine Einwilligung zu dem Vorschlag der Kommunisten, abwechselnd mit Heinrich Harm und einem Vertreter des politischen Katholizismus monatlich einen Artikel für die zum Münzenberg-Konzern gehörende Prager *Arbeiter-Illustrierte Zeitung* zu schreiben. Außerdem beteiligte er sich an Zusammenkünften und Beratungen des im August gegründeten Vorbereitenden Ausschusses für die Schaffung der Deutschen Volksfront, der sich dann nach dem Pariser Hotel, in dem man zusammenkam, «Lutetia-Kreis» nannte.

Einen Monat später erschienen Wels und Crummenerl in Paris und enttäuschten mit ihrem harten Nein zu jeglichem Zusammengehen mit der KPD die Hoffnung all derer, die bei den vorbereitenden Gesprächen auf die Rückendeckung durch die Partei gehofft hatten. Breitscheid, der mit Münzenberg darin übereinstimmte, dass die Schuld für das Scheitern der Sondierungsgespräche «zum guten Teil bei den kommunistischen Unterhändlern in Prag» lag, erkannte schlagartig die Gefahr, die der deutschen Sozialdemokratie durch den völligen Rückzug aus der von den Kommunisten entfachten Bewegung drohte.

Die von Münzenberg und Dahlem[56] klug orchestrierte deutsche Spielart antifaschistischer Sammlungspolitik zog auch eine Reihe bürgerlicher Emigranten in ihren Bann. Gab sich die Sozialdemokratie lediglich mit der Zuschauerrolle zufrieden, so überließ sie den Kommunisten das Feld. Vor allem musste sie dulden, wie diese die bisher Unpolitischen für sich gewannen. Breitscheid wollte dieser Entwicklung nach dem offenkundigen Rückzug seiner Partei nicht tatenlos zusehen.

Aus einem Verantwortungsbewusstsein für die gesamte Partei heraus ergriff er deshalb die Initiative und bemühte sich von nun an «als Privatperson» weiter um die Schaffung einer Verständigungsbasis mit den Kommunisten. Da sich viele der in Paris lebenden sozialdemokratischen Emigranten ähnlich verhielten, glaubte er, die ablehnende Haltung Prags ignorieren zu können. Einen Skandal, den ein offiziell ausgesprochenes Verbot weiterer Verhandlungen an die Adresse der Pariser Sozialdemokraten oder gar deren Parteiausschluss konnte sich der Parteivorstand nicht leisten. Vielleicht würde er sich doch noch von der großen Zahl zu einer Änderung seines Verhaltens zwingen lassen. Auf jeden Fall wollte Breitscheid einen offenen Bruch vermeiden. Doch nahm er im Laufe der nächsten Wochen und Monate der Zentrale mehr und mehr die Zügel aus der Hand. Indem er sich zum Privatmann erklärte, trieb er im Namen der für richtig erkannten Taktik nach eigenem Gutdünken für die nach Frankreich emigrierten Sozialdemokraten seine Politik voran.

Er fühlte sich jetzt unabhängig von Prag, folgte aber einem Weg, auf dem die Kommunisten die Richtung wiesen. Wenn er den Anschluss an eine mächtige politische Strömung nicht verpassen wollte, musste er, so rechtfertigte er sein Verhalten, «jede Gelegenheit und jede Plattform» zum Kampf gegen Hitler nutzen.

Das fiel ihm weniger schwer, als die Kommunisten mit einem überraschenden Bekenntnis zur Demokratie und obendrein mit dem Angebot an die Sozial-

56 Franz Dahlem (1892–1981), kommunistischer Politiker.

demokratie, alle Organe paritätisch zu besetzen, die Initiative ergriffen. Sein misstrauisches Lauern auf erwartbare kommunistische Wortbrüche und das Bewusstsein, dass es sich um eine letztlich von den Kommunisten inspirierte Bewegung handelte, hinderten ihn aber daran, sich mit ganzer Überzeugung der Volksfront zu verschreiben und die im Entstehen begriffene Bewegung rechtzeitig in eine Formation mit vorwiegend sozialdemokratischer Zielsetzung umzuprägen. Er trieb auf ihren Wogen, ohne den Kurs bestimmen zu können, vollauf damit beschäftigt darauf zu achten, dass die sozialdemokratischen Mitglieder «in jedem Augenblick, wenn die Dinge anders laufen als wir wünschen, die Zusammenarbeit wieder aufzugeben» in der Lage wären.[57]

Mit seiner Annahme, Prag werde dem Treiben der Pariser Emigranten ohnmächtig zusehen, täuschte er sich allerdings. In einem Zirkular regte die Zentrale an, dass «leitende Genossen im Ausland» vor der Aufnahme weiterer Kontakte zur KP zunächst die Meinung der Illegalen im Reich einzuholen hätten. Sie berief sich dabei auf die angeblichen Bedenken einiger deutscher Funktionäre, die mit einem der westlichen Grenzsekretäre in Verbindung standen.

Breitscheid vermutete dahinter ein auf Bestellung der Zentrale zustande gekommenes Votum mit dem Zweck, den sozialdemokratischen Anhängern der Einheitsfront in der Emigration eines ihrer stärksten Argumente, dass man nämlich die Zusammenarbeit mit der KP zur moralischen Stärkung des innerdeutschen Widerstandes betreibe, aus der Hand zu schlagen. Anstatt sich von Störmanövern Prags entmutigen zu lassen, nahm er sie zum Anlass, vollends aus der Reserve herauszutreten. Sein Eindruck, Prag hole zu einer «Generaloffensive gegen die ‹Einheitsfront›« aus und beginne «ein sehr konzentriertes Treiben gegen alles, was des Mangels an Linientreue verdächtig» war, gab ihm die letzte Rechtfertigung dafür, sich nun fester an die Pariser Bewegung zu binden.

Schon Anfang Februar hatte er die Entscheidung getroffen, die ihn zum zentralen Akteur des deutschen Volksfrontprojekts in Paris machte. Etwa 120 Personen, Mitglieder der verschiedenen Arbeiterparteien (SPD, KPD, SAPD, Revolutionäre Sozialisten), politisch engagierte Katholiken und Juden sowie eine Anzahl parteipolitisch nicht gebundener Literaten fanden sich am 2. Februar zu einer vom Volksfrontausschuss einberufenen Vollversammlung in Paris ein. Auf einer Konferenz der «marxistischen» Parteien unter Breitscheids Vorsitz am Tag zuvor hatte man sich darauf geeinigt, den geplanten Amnestieaufruf zugunsten der politischen Häftlinge in den faschistischen Staaten aus propagandistischen Gründen nicht an die Regierungen Deutschlands und Italiens, sondern an die übrigen Länder zu verschicken.

57 Brief an Hoegener vom 26. Jan. 1936.

Außerdem wurde Breitscheid zum Sprecher der Arbeiterparteien berufen, deren Auffassung er am folgenden Tag formulierte. Dass er ausdrücklich auf das Dilemma der vorläufig nur als Privatpersonen auftretenden sozialdemokratischen Mitglieder hinwies, war nicht nur Ausdruck seines Gewissenskonflikts. Es meldeten sich auch taktische Überlegungen, um den Vorstand nicht noch weiter gegen die Pariser Selbstständigkeitsbestrebungen aufzubringen.

Hier lag ein weiterer Versuch Breitscheids vor, die Zentrale einerseits auf seine immer noch bestehende Parteizugehörigkeit hinzuweisen, vor allem aber ihr die Zustimmung zur offiziellen Verständigung mit der KPD zu erleichtern. Dieselbe Absicht eine Woche später spricht aus seiner fast kommentarlosen Übersendung eines Briefes nach Prag, in dem Franz Dahlem die «loyale und offene Ehrlichkeit» preist, «mit der es dem Pariser Kreis gelungen sei, ernsthafte und hoffnungsvolle Schritte auf dem Wege zur gegenseitigen Verständigung und zum gemeinsamen Handeln zu gehen.[58]

Demselben Ziel diente der Ausschluss der Revolutionären Sozialisten von der Klausurtagung der Sozialdemokraten durch Breitscheid am Tag nach der Vollversammlung. Auch dieser taktische Zug deutet ganz entschieden darauf hin, dass es ihm darum ging, der Entscheidung für die Volksfront den Charakter eines Bündnisses der Arbeiterparteien zu geben. Um das Maß seiner Bemühungen vollzumachen, distanzierte er sich ausdrücklich von den Literaten,[59] von denen während der Tagung kritische Bemerkungen über den sozialdemokratischen Parteivorstand zu hören waren.

Der Bericht Breitscheids nach Prag über die Versammlung blieb nicht der einzige seiner Art. Vertrauensleute des Parteivorstandes meldeten diesem in der Absicht, das Unternehmen zu diskreditieren, ein «Überwuchern des jüdischen Elements und der Literaten» in den Organen der deutschen Volksfront. Überdies drohe sie eine Pariser Konkurrenzorganisation für die Sopade zu werden und die beteiligten Sozialdemokraten zu gutmütigen Helfern einer kommunistisch-literarischen Sekte herabzuwürdigen. Weiter war in diesen Mitteilungen die Rede von fertigen Ministerlisten, die die Volksfront für den Tag der Befreiung schon in der Tasche habe.

Unter den kolportierten Namen war auch der Breitscheids, der angeblich als Botschafter in London vorgesehen war. Breitscheid, der auf die Gewinnung des Parteivorstandes für sein Projekt den größten Wert legte, musste notgedrungen auf all diese Vorwürfe und Verdächtigungen eingehen, ohne allerdings eine Sin-

58 Brief an Sopade vom 11. Feb. 1936.

59 U.a. Heinrich Mann. (1871–1950), deutscher Romancier, Sympathisant der antifaschistischen Aktivitäten.

nesänderung in Prag zu bewirken. Dennoch, schrieb er an Hertz, werde ihn der Fehlschlag seines Vorstoßes auf die Sopade-Leitung «nicht hindern, den Weg, wie ich ihn auf der Sitzung der Volksfront skizziert habe, weiterzugehen. Ich bin sicher, daß er auch von denen, die heute noch schwanken, einmal als richtig anerkannt werden wird.»[60]

Mehr und mehr geriet er dabei in eine Situation, die er bisher ängstlich gemieden hatte. Zwar war der völlige Bruch mit Prag nicht vollzogen, da Breitscheid früher oder später das Prestige der Gesamtpartei in die neue Bewegung einbringen wollte. Aber indem er sich weitgehend von der Zentrale emanzipierte, gab er auch den Schutz auf, den ihm die enge Zugehörigkeit zur SPD gewährte. Diesen Verlust versuchte er im Januar 1937 wettzumachen, als er der SFIO, der französischen Sektion der Internationalen Arbeiterbewegung unter Léon Blum beitrat. Er tat dies, weil er irgendwo wieder beheimatet sein wollte, nicht zuletzt auch deshalb, weil er gerade dieser Partei die entscheidenden Impulse für seine politische Wiedergeburt verdankte.

Vom Schicksal der Sozialisten in der französischen Volksfrontregierung machte er auch sein eigenes künftiges Engagement in der deutschen Volksfrontbewegung abhängig. Dass sich dieses Verhältnis im Laufe des Jahres 1936 immer enger gestaltete, hing mit den Ereignissen auf der internationalen Bühne zusammen, wo Hitler und Mussolini die Hauptrollen übernommen hatten. Dabei verdrängte der Gedanke, die Volksfront zum Fanal einer gesamteuropäischen Abwehrfront gegen den Faschismus zu machen, die ursprüngliche Idee, sie nur auf die innerdeutschen Verhältnisse zu konzentrieren.

Gescheiterte Aussöhnung mit der KPD

Die deutsche Volksfront, an deren Vorbereitung der Lutetia-Kreis unter dem Vorsitz Heinrich Manns und Breitscheids arbeitete, sollte eine Formation werden, deren Ziel einzig und allein die Abwehr des Faschismus war – ohne sich auf eine bestimmte politische Ausrichtung festzulegen. Konkrete Pläne für die Gestaltung des zukünftigen Deutschlands gab es nicht. Breitscheid vermied es, angesichts der bisherigen grundsätzlichen Meinungsverschiedenheiten zwischen KPD und SPD diese Frage zu erörtern. Er schrieb damals: Sozialdemokraten und Kommunisten seien sich lediglich «einig in dem Willen, die barbarische Niedertracht des Faschismus zu überwinden. Ein Einverständnis über die Wege, die

60 Brief an Hoegner vom 13. Febr. 1936.

zu diesem Ziel führen, ist jedoch einstweilen noch nicht erreicht, ebenso wenig über die Staatsform, die nach Beendigung der Naziherrschaft dem deutschen Reich gegeben werden soll.»[61]

Trotz des jüngsten Bekenntnisses der Kommunisten zur Demokratie zweifelte man im sozialistischen Lager nach wie vor an der Ehrlichkeit solcher Beteuerungen. Zu Beginn seines Engagements im Volksfrontausschuss verlangte Breitscheid deshalb mehr als demokratische Lippenbekenntnisse. Vielleicht hoffte er noch, die Volksfront zu einer Art sozialdemokratischer Sammlungsbewegung formen zu können. Damit war es vorbei, als er im Januar 1937 die «Bilanz eines Kampfjahres» zog.[62] Angesichts der latenten Uneinigkeit über die positiven Ziele der Volksfront erinnerte er an das abschreckende Beispiel der gescheiterten deutschen Novemberrevolution.

Die erste vorbereitende Phase der deutschen Volksfront begriff er als den Beginn eines schwierigen Experiments, dessen guter Ausgang nicht gewiss war, dessen praktische Gegenwartsaufgabe deshalb Geduld gegenüber dem Partner und damit Abstriche von der Linie politischer Unbedingtheit rechtfertigte. «Wir lernen noch», beschwichtigte er die Skeptiker, «wir experimentieren, wir sammeln Erfahrungen, die in der Zukunft nutzbar zu machen sind. Wir suchen noch nach dem am meisten geeigneten Kampfboden. Wir werden uns unserer Kraft, und wie und wo wir sie am wirksamsten einzusetzen haben, erst allmählich bewusst.» Ob allerdings «in der gewaltigen Schlacht das Heer der Freiheit seine Fahne siegreich nach vorwärts wird tragen können» wisse man nicht. – Und dann wieder jenes fatale Wort, mit dem er schon einmal eine bittere Entscheidung vor sich hergeschoben hatte: «Doch bereit sein ist alles!»[63]

Auch jetzt ging es wieder einmal darum, sich des Risikos in einer neuartigen politischen Situation bewusst zu sein. Es zählte nicht allein die Gefährlichkeit des Gegners, wie in der Entscheidungssituation des Jahres 1933. Gefragt war diesmal die richtige Einschätzung der politischen Verlässlichkeit des potenziellen Partners. Die Liquidierung der trotzkistischen Opposition im Ausland und die Moskauer Schauprozesse des Jahres 1936 hätten mehr als einen Anlass geboten, das Verhältnis zur KP von Neuem zu überprüfen. Immerhin veröffentlichte Breitscheid einen scharfen Protest gegen die Vorgänge in der Moskauer Zentrale. Die Entgegnung der deutschen Kommunisten, die «im Ton überaus anständig, in der Sache überaus schwach» war, ließ ihm eine weitere Auseinandersetzung überflüssig erscheinen.

61 Breitscheid, «Schritt für Schritt», in: *Das Freie Deutschland* Nr. 10 vom Febr. 1936, S. 4.
62 Breitscheid, «Bilanz eines Kampfjahres», in: *Das Freie Deutschland* Nr. 15 von Jan. 1937, S. 12.
63 Ebd.

Der Wert, den er seinem Artikel als taktisches Alibi für die Prager Genossen unterlegte, wurde dem ungeheuerlichen Anlass nicht gerecht. An Hoegner schrieb er, er sei «sehr froh, jenen Artikel über den russ. Process geschrieben zu haben»; denn er habe «damit den Kommunisten sowohl wie unseren Leuten gezeigt, daß die gemeinsame Front für uns nicht Aufgeben unserer Überzeugung bedeutet».[64]

Wie die meisten seiner Zeitgenossen, die sich mit den damaligen Erscheinungsformen des internationalen Kommunismus beschäftigten, erlag er einer zeitbedingten Täuschung über das, was später als Stalinismus Eingang in die Terminologie der weltgeschichtlichen Auseinandersetzung zwischen Ost und West fand. Die stalinistischen Säuberungen und die Ernennung Ulbrichts zum Chef der kommunistischen Sektion im Pariser Volksfrontausschuss waren ebenso wie das Vorgehen der Kommunisten im spanischen Bürgerkrieg die von Breitscheid nicht durchschauten Manöver einer abermals gewendeten internationalen Strategie Stalins, in der für einen Ausgleich mit der deutschen Sozialdemokratie im Exil kein Platz mehr war.

Breitscheid hielt unterdessen beharrlich an der Vorstellung fest, die deutsche Volksfront lasse sich zum brauchbaren Instrument im antifaschistischen Kampf umschmieden. Nur die Einheit, vor allem der Arbeiterklasse, eröffne die «Aussicht auf den Sieg der Freiheit». Deshalb ermahnte er Kommunisten wie Sozialdemokraten: «Schlimme Erfahrungen, die wir alle in der Vergangenheit gemacht haben, müssen vergessen werden.» Und mehr an die eigene Partei gewandt, fuhr er fort: «Vermutungen über die zukünftige Haltung unserer politischen Nachbarn müssen wir, wenn wir der Gegenwart genügen wollen, zurückstellen. Spekulationen über die Umstände, unter denen das Hitlerregime einmal stürzen kann – und über die Kräfte, die seine unmittelbare Nachfolgerschaft antreten können, sind müßig. Die Überzeugung sollte in uns allen leben, dass [...] das Dritte Reich nur durch die [...] Wiederherstellung eines die demokratischen Freiheit verbürgenden Sozialismus abzulösen ist.»[65]

Wie verzweifelt musste ein Mann gewesen sein, der an seinem Skeptizismus allmählich zugrunde zu gehen drohte, um schließlich alle verstandesmäßigen Argumente hinter sich zu lassen und jetzt bereit war, sich in ein Abenteuer mit ungewissem Ausgang zu stürzen!

Das Ende der nationalsozialistischen Diktatur schien in weite Ferne gerückt, sodass auch der Weg, der dorthin führte, im Ungewissen verschwamm. Vor der Übermacht des Faschismus führten sie in die Sackgasse der Resignation. Nun

64 Brief an Hoegner vom 24. Okt. 1936.

65 Breitscheid, «Bilanz eines Kampfjahres», a. a. O., S. 14, 16.

29 Wilhelm Hoegner (1887–1980) war nach dem Krieg erster bayerischer Ministerpräsident. In der Weimarer Republik gehörte er zu den jüngeren Abgeordneten der SPD-Reichstagsfraktion. Aus seinem Schweizer Exil führte er eine rege Korrespondenz mit Breitscheid, der ihm offen seine Zweifel und seine Zukunftssorgen darlegte.

wollte Breitscheid sich aus dem selbstauferlegten Zwang zum Stillhalten durch die Tat befreien. Die Überzeugung vom Gelingen seiner Pläne genügte ihm zur Rechtfertigung eines Unternehmens, das kein konkretes Ziel, nicht einmal auf mittlere Sicht, vorweisen konnte und auf Improvisation beruhte.

Der Wille zum Sturz Hitlers war nicht mehr als ein gemeinsames Credo, und so konnte es auch über die Methode dorthin keine verbindliche Orientierung geben. Die Volksfront war eine der möglichen Optionen. Breitscheid, besessen von der Idee, irgendetwas tun zu müssen, machte sie zur Grundlage seiner wiederaufgenommenen politischen Aktivitäten. Dass eine bruchlose Entwicklung zum demokratischen Sozialismus daraus kaum abzuleiten war, kümmerte ihn nicht. Je weniger gesichert das Ergebnis schien, desto gläubiger warb er dafür. In seinem neu erwachten voluntaristischen Eifer überschritt er bisweilen auch die Grenze zu sektiererischer Intoleranz. Aus einer Besprechung in London im Mai 1936, die einer ersten Fühlungnahme der dortigen Sozialdemokraten mit den Kommunisten dienen sollte, zog er sich schmollend zurück, als die etwa 40 Mitglieder umfassende sozialdemokratische Gruppe den von ihm mitgebrachten Kommunisten als Vorsitzenden nicht akzeptieren wollte und eine Aussprache verlangte.

Kurz zuvor hatte er Hertz gegenüber erneut seine Skrupel vorgebracht. Dieser dürfe «überzeugt sein, dass keinerlei Rücksichten mich abhalten würden, den Bruch mit den Kommunisten zu vollziehen, wenn sich irgendwie ergäbe, dass wir missbraucht oder an der Nase herumgeführt werden sollen.»[66] Ein gutes Jahr später musste er das privat gemachte Versprechen einlösen. Konnten nämlich die Moskauer Prozesse noch als fernes Wetterleuchten gelten, so war mit der Ersetzung Münzenbergs im Volksfrontausschuss durch Ulbricht der Durchgriff Moskaus auf die Pariser Emigrantenpolitik zum Ereignis geworden. Die Sozialdemokraten bekamen die Bedeutung dieses weitreichenden Personenwechsels bald zu spüren. Breitscheid nahm zwar an der schon völlig unter kommunistischer Regie stattfindenden Konferenz der deutschen Volksfront am 10. und 11. April in Paris teil, doch wurde ihm in der Folgezeit «auf Schritt und Tritt deutlicher, wie die Kommunisten an dem Volksfrontfeuer nur ihren Parteitopf kochen möchten. Aufhetzung der Massen gegen die Führer nach altem Rezept, Verdrehung des Begriffs der Demokratie und was dergleichen bewährte Methoden mehr sind.»[67] Hand in Hand damit ging die Sabotage der Volksfrontregierung Léon Blums durch die französischen Kommunisten einher.

Den vorläufigen Höhepunkt in der Spaltung der emigrierten Arbeiterbewegung bildete ein Schmähartikel Dimitroffs vom November 1937 gegen den «Sozialdemokratismus». Breitscheid registrierte die Ereignisse voller Enttäuschung. Seine Selbstachtung als Sozialdemokrat, wie auch die Einsicht in die objektive Unmöglichkeit, mit den Kommunisten ein dauerhaftes Bündnis zu schließen, erleichterten ihm die Entscheidung: Im Herbst desselben Jahres zog er den persönlichen Schlussstrich unter seine Beteiligung an der deutschen Volksfrontbewegung.

Rückblickend schrieb er dazu im Sommer 1938: «Ich vermag an die Möglichkeit einer ‹Deutschen Volksfront› zu meinem Leidwesen nicht mehr zu glauben, da die Haltung der Kommunisten den Voraussetzungen gemeinsamer Arbeit zuwiderläuft. Ich beklage diese Entwicklung aufs lebhafteste, da ich mich ehrlich und ernsthaft für die Schaffung einer geschlossenen marxistischen Front eingesetzt habe, aber ich will unter keinen Umständen im Moskauer Schlepptau segeln.»[68]

Was wog jetzt noch die von ihm im Januar des Vorjahres mit Genugtuung zur Kenntnis genommene Wut amtlicher Berliner Stellen über seine politische

66 Brief an Hoegener vom 28. März 1936.

67 Brief an Hoegener vom 19. Aug. 1936.

68 Ebd.

Betätigung und seinen angeblich großen Einfluss auf die französische Politik! Im Juni 1938 rächten sich die Nationalsozialisten. Sie vermehrten die bisherigen Demütigungen um eine weitere. Durch die Marburger Philosophische Fakultät ließen sie ihm den Doktortitel aberkennen.

«Hitler wird es nicht wagen»

Es war eingetreten, was er immer befürchtet hatte – die vollständige persönliche und politische Isolation. Nachdem er sich so sehr in der Pariser Volksfrontpolitik engagiert hatte, gab es nach deren Scheitern für ihn keine Möglichkeit, einfach in die Sopade zurückzukehren. Sein letzter politischer Einsatz war verspielt. So wollte er auch nicht mehr an einer im Jahre 1938 von der konspirativen Gruppe «Neu Beginnen» angeregten innerparteilichen Diskussion über «sozialdemokratische Konzentration» teilnehmen. An Hertz, der ihn in diese Auseinandersetzung einbezogen hat, um ihn nicht völlig im Abseits hängen zu lassen, schrieb er im März schon nicht mehr als sozialdemokratischer «militant». Er verstand sich jetzt nur noch als parteipolitischen Außenseiter.

Seinen verbitterten Rückzug aus der Politik verband er mit einem Verdikt, weniger gegen die Kommunisten als gegen jene, die ihn auf seinem politischen Weg allein gelassen hätten. 1933 war es das deutsche Volk, auf dessen Schuldkonto er den Sieg des Faschismus geschrieben hatte. Nun brachte er die abermalige Niederlage seiner antifaschistischen Politik in einen unmittelbaren Zusammenhang mit dem Verhalten des Prager Vorstandes, der ihn in ein zweites Exil getrieben habe.

Außerdem gab es weder für ihn noch für die auf die gleiche Weise Gescheiterten einen Ausweg. Prag durfte nicht hoffen, die zersplitterten Reste der sozialdemokratischen Bewegung zu sammeln und zu einer starken politischen Formation zusammenzufügen; denn dort hatte man sich «das große Versäumnis zuschulden kommen lassen, die nicht in Prag lebenden Genossen, besonders die im Westen, völlig zu boykottieren».

«Nie hat man es für nötig gehalten, in Frankreich oder auch anderswo eine Konferenz der bekannteren Parteimitglieder einzuberufen, um sie über Leistungen und Absichten des P. V. zu unterrichten und die Meinungen von uns Untertanen einzuholen. Das Prager Collegium hat sich, soweit es überhaupt regiert hat, die Methoden Hitlers zum Vorbild genommen. Wer wie ich – nebenbei unter steter Verteidigung des P. V. in der Öffentlichkeit – gelegentlich Wege ging, die drüben nicht beliebt waren, wurde von den hohen Herren auch persönlich geschnitten. Anfangs habe ich mich darüber gegrämt, jetzt wünsche ich mir nichts Besseres.»[69]

Solchen Verzweiflungsausbrüchen zum Trotz tauchte der Name Breitscheids, der ja weiterhin der Partei angehörte und dessen Ansehen bei den Mitgliedern keineswegs verblasst war, wieder im ausstehenden Revirement des Exilvorstandes auf, der im Frühjahr 1938 seinen Sitz von Prag nach Paris verlegt hatte. Abgesehen von seiner eigenen, persönlichen Abneigung gegen jegliche «Betätigung im Rahmen der deutschen Emigration», die er mit Friedrich Engels eine «Schule des Skandals und der Gemeinheit» nannte[70], hegte auch Paul Hertz schwere Bedenken gegen die Kooptierung von Männern, deren «Aufnahme in die Körperschaft [...] nur als eine Verbeugung vor ihrem im Falle Breitscheid schon berüchtigten Pessimismus angesehen werden» konnte. Die Konzentrationspläne zerschlugen sich ohnehin, und obwohl Breitscheid dann wieder an den Vorstandssitzungen teilnahm, trieb ihn der zunehmende Zerfall der Sopade schließlich, ohne dass es noch eines formalen Bruchs bedurft hätte, aus der Emigrationspolitik heraus auf das Feld der karitativen Arbeit für die Geflüchteten.

Zu seinen Bemühungen gehörte die Aufgabe, «den Hinterbliebenen und Angehörigen der Opfer des Hitlerterrors materielle und moralische Hilfe angedeihen zu lassen». Die Behörden der Gastländer wurden zu systematischen Hilfsmaßnahmen für die Emigranten aufgefordert. Die sozialdemokratische Arbeiterwohlfahrt, deren Zweigstelle 1936 in Paris gegründet wurde, nahm sich dieser Aufgabe an. Breitscheid wurde Vorsitzender des Verwaltungsrats. Wegen der unlösbaren Spannung mit den Revolutionären Sozialisten, die die Organisation in ihrem Sinne politisieren wollten, schied er am Ende des Jahres wieder aus.

Léon Blum verdankte er, dass er bei Kriegsausbruch nicht wie die meisten deutschen und österreichischen Emigranten in Frankreich interniert wurde. Diesen Vorteil nutzte er, vor allem Alte und Kranke durch seine Fürsprache bei den Pariser Behörden und mit Unterstützung der französischen Parteifreunde aus den Sammellagern zu befreien. Die selbstlose Hilfe für andere, denen es schlechter ging als ihm, wurde seine Haupttätigkeit. Sie hinderte ihn nicht daran, seine für den eigenen Lebensunterhalt nötige journalistische Arbeit zu tun. Sein politischer Stolz verbot ihm, die bisweilen überreich angebotenen Honorare seiner Klienten anzunehmen. Aller parteipolitischen Verpflichtungen enthoben, hatte er ein Reservat antifaschistischen Widerstands gefunden, an dem er bis zu seiner Flucht aus Paris im Mai 1940 festhielt.

69 Brief an Hoegener vom 10. März 1938.
70 Brief an Hoegener vom 13. April 1938.

Paris, den 21. Dez. 39.

Lieber Högner! Herzlichen Dank Ihnen und Ihrer Gattin für die freundlichen Weihnachtswünsche. Wir erwidern sie aufs beste.

[illegible] haben wir die Wünsche nötiger als Sie. Wir leben im Krieg und Sie im Frieden, und wir sind außerdem nicht optimistisch genug, an ein schnelles Ende des Krieges zu glauben. Wir sind nicht einmal unbedingt davon überzeugt, denn wenn es [illegible], dann wie die Dinge liegen, könnte ein baldiger Fried leicht ein fauler Friede sein. Wir müssen also aushalten, und wenn wir auch nicht die geringste Neigung haben, je wieder nach Deutschland zurückzukehren, ganz gleichgültig wer dort regiert, so wünschen wir doch Euch anderen, dass sich die grossen Hoffnungen, die Ihr auf das Nachkriegsdeutschland setzt, erfüllen mögen.

Dass der grössenwahnsinnige Hr. in seinem

30 Einer der zahlreichen Briefe Breitscheids an Wilhelm Hoegner.

Als die deutschen Truppen Nordfrankreich eroberten, floh er, noch bevor der große Treck der Emigranten nach Süden einsetzte, über Agens nach Muret, eine Kleinstadt am Oberlauf der Garonne im Südwesten, wo er zusammen mit seiner Frau, Hilferding und der Tochter des ehemaligen Reichskanzlers Hermann Müller, Erika Biermann, bei dem sozialistischen Finanzminister und späteren Staatspräsidenten Vincent Auriol vorübergehend unterkam. Dort blieb er bis zur Unterzeichnung des Waffenstillstands.

Am 21. Dezember 1939 schrieb er an seinen Freund Wilhelm Hoegner in die Schweiz: «Sicher haben wir die Wünsche nötiger als Sie. Wir leben im Kriege und Sie im Frieden, und wir sind ausserdem nicht optimistisch genug, an ein schnelles Ende des Krieges zu glauben. Wir sind nicht einmal unbedingt davon überzeugt, dass man es herbeisehnen müsste, denn wie die Dinge liegen, könnte ein baldiger Friede leicht ein fauler Friede sein. Wir müssen also aushalten, und wenn wir auch nicht die geringste Neigung haben, je wieder nach Deutschland zurückzukehren, gleichgiltig [sic!], wer dort regiert, so wünschen wir doch Euch anderen, dass sich die grossen Hoffnungen, die Ihr auf das Nachkriegsdeutschland setzt, erfüllen mögen.»

Artikel 19 verpflichtete die Regierung Pétain in der unbesetzten Zone, dem Verlangen nach Auslieferung ehemaliger Reichsangehöriger an die deutschen Fahnder nachzukommen. Blum, der dem Gerücht misstraute, wonach der Chef des deutschen Oberkommandos Keitel versicherte, man werde von diesem Artikel keinen Gebrauch machen, versuchte zunächst Breitscheids Flucht aus Frankreich über Bordeaux und als das nicht gelang, von Marseille aus zu organisieren. Nach einer aufreibenden Irrfahrt durch Südfrankreich kamen die vier im August 1940 am Mittelmeer an.[71]

Ohne eine ausdrückliche Aufenthaltsgenehmigung zu besitzen, brachte Breitscheid zusammen mit Hilferding, der nun nicht mehr von seiner Seite wich, die Wochen bis Mitte September mit Warten und Zögern hin. Sein Blick richtete sich auf die Schweiz als nächsten Zufluchtsort. Den Weg dorthin über die französisch-schweizerische Grenze wäre er illegal gegangen, solange ihm nur der Ausreisesichtvermerk für die tschechischen Papiere, die er sich besorgt hatte, verweigert blieb. Aber das Schweizer Konsulat lehnte es ab, das Transitvisum auszustellen, das er für den Weiterweg nach Portugal benötigte, um von dort aus nach Amerika zu gelangen. Heinrich Brüning hatte schon alle Formalitäten für die Einwanderung erledigt.

71 Fluchtbericht Tony Breitscheids vom 14. Febr. 1941, Hertz-Nachlass, Nr. 502; vgl. auch Léon Blum, «Mémoires» (L'Œuvre de Léon Blum, Bd. 2), Paris 1955, S. 127 f.; Friedrich Stampfer, «Erfahrungen», a. a. O., S. 277 f.; Kersten, Kurt, «Das Ende Breitscheids und Hilferdings», in: *Deutsche Rundschau*, Baden-Baden, Jg. 84 (1958), Bd. 2, S. 843 ff. S. 843.

31 Rudolf Hilferding (1877–1941). Sein Lebenslauf weist viele Parallelen zu Rudolf Breitscheid auf, mit dem er bis zu seinem ungeklärten Ende im französischen Exil befreundet war. Wie dieser betätigte er sich zeitlebens als Journalist und Autor, hatte seinen Schwerpunkt allerdings auf dem Gebiet der Wirtschafts- und Finanzwissenschaft, die er mit Werken einer undogmatischen marxistischen Betrachtungsweise bereicherte. Mit Breitscheid teilte er gemeinsame Erfahrungen in der sozialdemokratischen Reichstagsfraktion, auch in der USPD bis 1922, und das Schicksal in der französischen Emigration.

Es blieb eine andere Möglichkeit, von der damals viele Gebrauch machten: heimlich die spanische Grenze bei Cerbére zu überschreiten und mit einem falschen Pass Franco-Spanien zu durchqueren. Seit den Tagen des Bürgerkriegs durfte sich der flüchtige Sozialist dort allerdings keine Hilfe erhoffen. Von Portugal sollte die Weiterreise nach Amerika erfolgen. Alles Zureden der Freunde konnte ihn aber nicht bewegen, sich zu dieser abenteuerlichen und beschwerlichen Reise zu entschließen. Sie war eine letzte Chance, der Gefangennahme zu entkommen.

«Hitler wird es nicht wagen» – redete er sich ein, sprach sich und Hilferding Mut zu und wollte in Marseille den Gang der Dinge weiter abwarten. Breitscheid vertraute auf die Unantastbarkeit seines Namens, vor dem die Nationalsozialisten zurückweichen würden. Schließlich gab es da noch das Wort des französischen Präfekten, der sich für die Sicherheit der beiden Deutschen verbürgte. Dem Amerikaner Varian Fry gelang es endlich, sie zur Überfahrt nach Oran zu überreden. Aber am selben Tag, an dem Hilferding als Erster Frankreich auf dem Seeweg in Richtung Algerien verlassen wollte, wies ihnen die französische Polizei überraschend und ohne nähere Begründung Arles zum Zwangsaufenthalt an.[72]

72 Fluchtbericht Tony Breitscheid, «Hitler wird es nicht wagen», in: *Vorwärts*, Berlin, vom 12. Sept. 1947.

Schon einmal hatte sein ungebrochenes Legalitätsdenken sein Fiasko im Januar und Februar 1933 mitverursacht. Nun schickte er sich erneut an, mit derselben verzweifelten Hoffnung und einer fatalen Fehleinschätzung der nationalsozialistischen Herrschaftsmethoden den eigenen Untergang heraufzubeschwören. Dazu kam die Angst, bei einer Flucht über die Pyrenäen mit einem falschen Pass von den spanischen Behörden ergriffen und an Deutschland ausgeliefert zu werden. Offensichtlich baute er auf das vermeintlich geringere Risiko und vertraute zuletzt der schwachen, zur Kollaboration verpflichteten französischen Polizei.

Bei dieser waren zwischen dem 17. Dezember 1940 und dem 10. Februar 1941 bereits drei Aufforderungen der Gestapo eingetroffen, Breitscheid und Hilferding zu verhaften und auszuliefern. In der Idylle des südfranzösischen Arrondissements hatten die beiden den Blick für die Gefährlichkeit ihrer prekären Situation vielleicht schon verloren. Die politische und geografische Isolation förderte auch die psychische Abkapselung. Angesichts der über ihren Köpfen schwebenden akuten Gefahr in der «résidence forcée» flüchteten die beiden Männer sich in ihre Forschungsarbeiten in der Bibliothek, wo Breitscheid an einer Geschichte der französisch-englischen Beziehungen zu schreiben begann.[73]

Sein Erwachen inmitten der Gefahr vollzog sich ruckhaft. Breitscheid ergeht sich erneut in bitteren Vorwürfen an die Adresse der Genossen, die rechtzeitig für ihre eigene Sicherheit gesorgt hätten, ohne sich um ihn und Hilferding zu kümmern. «Wir wissen seit einiger Zeit nicht mehr recht, wie die Dinge mit uns stehen und was, soweit unsere Lage in Betracht kommt, in der Welt vorgeht. Wir leben hier ein wenig isoliert», schreibt er im Januar 1941 an Erich Ollenhauer, den er dringend bittet, Hilfe zu schaffen, wobei vielleicht auch der ehemalige Glanz des Namens Breitscheid von Nutzen sei, wenn anders das Geld für die Rettungsaktion nicht zusammenkomme.[74]

Auf jeden Fall will er legal ausreisen. Deshalb erkundigt er sich beim Polizeichef in Arles nach den Chancen eines förmlichen Antrags auf ein Exit-Visum. Das bekommt er nach kurzen Verhandlungen zwischen Arles und Vichy schneller, als er geglaubt hat. Die höchsten Polizeidienststellen in Marseille unterstützen ihn beim Buchen einer Überfahrt nach Martinique. Mittlerweile sind auch die Reisekosten gedeckt. Hilferding entscheidet sich für einen Dampfer, der am 4. Februar Frankreich verlassen soll. Breitscheid will am 18. desselben Monats

73 Fluchtbericht Tony Breitscheids sowie deren undatierter Bericht über die Haftzeit in den Konzentrationslagern Sachsenhausen und Buchenwald, Hertz-Nachlass, Nr. 50.

74 Brief Breitscheids an Erich Ollenhauer vom 19. Jan 1941, PVA; Brief an Hoegner vom 10. Dez. 1940

reisen. Aber am 31. Januar werden ihnen die Ausreisevisa abgenommen, und seitdem stehen die Flüchtlinge, die noch einmal bis zu ihrer geplanten Abreise ins Hotel du Forum nach Arles zurückgekehrt sind, unter strenger Polizeiaufsicht.

Sie wissen nicht, dass damit ihre Auslieferung eingeleitet ist. Unklar bleibt bis heute, ob Vichy auch nach dem 17. Dezember noch die Absicht gehabt hat, die beiden entkommen zu lassen, und daran nur durch eine abermalige scharfe Mahnung der Gestapo in letzter Minute gehindert wurde oder ob Breitscheid und Hilferding Opfer eines perfide angelegten Täuschungsmanövers wurden. «Allmählich kommt über mich ein Gefühl stumpfer Resignation», schreibt er in seinem letzten, angsterfüllten Brief an Hoegner[75], der sich bisher von der Schweiz aus um ihn gekümmert hat. Dann, in der Nacht zum 10. Februar, kommen französische Polizeibeamte ins Hotel. Unter dem Vorwand, sie vor den Deutschen, die ihre Spur gefunden hätten, in Sicherheit zu bringen, fordern sie die beiden Männer auf, nach Vichy mitzukommen. Nach einstündiger Verhandlung, in deren Verlauf die Beamten Breitscheids Angst vor der Auslieferung mit gekränktem Stolz als Ausdruck seiner niedrigen Meinung von Frankreich zurückweisen, willigen beide im Vertrauen auf das Wort der Polizeibeamten in den Abtransport nach Paris ein.

Am nächsten Morgen erfahren sie in der Sureté von ihrer bevorstehenden Auslieferung an die Gestapo. Getrennt vom Freund, der kurz darauf im Gefängnis umkommen wird, und der eigenen Ehefrau, die sich verzweifelt bei französischen und amerikanischen Stellen um die Rettung ihres Mannes bemüht,[76] schreckt er vor dem letzten verbliebenen Ausweg, dem Selbstmord durch Gift zurück, das er seit seiner Flucht aus Paris bei sich trägt.

Das Ende

Im Gefängnis der Berliner Gestapo-Zentrale in der Prinz-Albrecht-Straße, wo man ihn fast elf Monate lang festhielt, sah der gebrechliche und stark gealterte Häftling – er stand im 66. Lebensjahr – einem ungewissen Schicksal entgegen. Nach schier endlosen Verhören wurde ein Hochverratsverfahren gegen ihn schließlich eingestellt, doch scheiterte der über die amerikanische Botschaft eingeleitete Versuch, ihn für eine Dozententätigkeit in den USA freizubekommen.

75 Hoegner-Brief vom 6. Febr. 1941

76 Fluchtbericht Tony Breitscheid, siehe Anmerkung 316.

32 Rudolf Breitscheid – von monatelanger Gestapo-Haft gezeichnet wurde er zur erkennungsdienstlichen Behandlung dem Polizeifotografen übergeben. Dieser konnte den zynischen Widerspruch von Breitscheids abgrundtiefer Verachtung für seine Peiniger und der korrekt herausgeputzten Aufmachung in Schlips und Kragen nicht überdecken. Das Antlitz des Gequälten und Gedemütigten spricht seine eigene, unverfälschte Wahrheit.

Der «Schutzhäftling» Breitscheid sollte mindestens für die Dauer des Kriegs unter einer gewissen Vorzugsbehandlung in Haft bleiben.

Anfang Januar 1942 musste er zusammen mit seiner Frau eines der vier Sonderhäuser für prominente Häftlinge am Rande des Konzentrationslagers Sachsenhausen beziehen, wo er in beschränktem Umfang seine historischen Arbeiten weiterführen konnte. Der ehemalige demokratische Reichsminister Hermann Dietrich, den er mit seinen Vermögensangelegenheiten beauftragen konnte, wunderte sich über die geistige Spannkraft, mit der Breitscheid, dem Hungertod nahe, von der Zukunft sprach.

Unterdessen sann die SS darauf, wie man die «Akte Breitscheid» endlich schließen konnte. Eine Gehirnblutung, die ihn monatelang arbeitsunfähig machte, beraubte ihn der verbliebenen Energien, bevor er im September 1943 in eine Isolierbaracke des Lagers Buchenwald verlegt wurde. Dort war das Ehepaar

33 Gedenktafel für Rudolf Breitscheid im KZ Buchenwald. Sein Leben endete hier nach einjähriger Lagerhaft bei einem alliierten Fliegerangriff auf die nahe gelegene Rüstungsfabrik der Gustloff-Werke. Alle Angaben der Inschrift sind korrekt und dennoch schief. Die Einheitsfront der Arbeiterklasse und die deutsche Volksfront waren auch in Breitscheids Verständnis nicht dasselbe. «Dass mein Mann die Absicht geäußert haben soll, nach Niederwerfung des Faschismus ‹unter der Fahne der Sowjetunion› in Deutschland Demokratie und Sozialismus aufzubauen, halte ich für ganz ausgeschlossen», schrieb Tony Breitscheid 1965.

RUDOLF BREITSCHEID
KAM AM 24. AUGUST 1944 AN DIESER STELLE UMS LEBEN
ER WAR MITGLIED DES PARTEIVORSTANDES DER SPD UND MITGLIED DES REICHSTAGES
1941 VON DER VICHY-REGIERUNG AN DIE GESTAPO AUSGELIEFERT KAM RUDOLF BREITSCHEID IN DAS KZ SACHSENHAUSEN UND IM SEPTEMBER 1943 IN DAS KZ BUCHENWALD
RUDOLF BREITSCHEID TRAT AKTIV FÜR DIE SCHAFFUNG DER EINHEITSFRONT DER ARBEITERKLASSE UND DER ANTIFASCHISTISCHEN VOLKSFRONT IN DEUTSCHLAND EIN

Breitscheid gemeinsam mit der italienischen Königstochter und Ehefrau des Prinzen Philipp von Hessen, Mafalda, untergebracht. Mithäftlingen, Sozialdemokraten wie Kommunisten, gelang es immer wieder, die Wachen der von einer Mauer umgebenen Baracke am Rande des Lagers zu täuschen und zu Breitscheid zu gelangen, mit dem sie politische Gespräche führten. Breitscheid selbst schaffte es, zu dem ebenfalls im Lager gefangen gehaltenen Léon Blum Kontakt aufzunehmen.

Am 24. August 1944 ereignete sich ein alliierter Luftangriff auf das Lager und den nahen Zweigbetrieb eines Rüstungsbetriebs. Der nun fast 70-jährige Breitscheid und seine Frau flüchteten sich in einen Graben, während ihre Baracke mit der geringen Habe und den wenigen Manuskripten Breitscheids niederbrannte. Erst als Tony Breitscheid in dem improvisierten Lazarett aus ihrer Bewusstlosigkeit erwacht war, erfuhr sie vom Tod ihres Mannes. Die offizielle Todesnachricht erschien mit zeitlicher Verzögerung am 14. September in den deutschen Zeitungen und verlegte den Tag des Angriffs auf den 28. August, bei dem über 7.000 Häftlinge umgekommen sein sollen. Da auch der Kommunistenführer Ernst Thälmann am selben Tag in Buchenwald starb, hegten zeitgenössische Beobachter den Verdacht, beide seien kurz nach dem Bombardement von der SS-Wachmannschaft erschossen worden. Ob durch Fliegerbomben oder deutsche Pistolenkugeln – feststeht, dass Breitscheids Leben durch Gewalt in einem deutschen Konzentrationslager endete.

Im Überblick: Am Abgrund

Bei der Abstimmung über das Ermächtigungsgesetz am 24. März 1933, mit dem das Ende der Weimarer Republik besiegelt wurde, war Breitscheid bereits auf dem Weg ins Ausland. Er verließ Deutschland in dem Bewusstsein, als Patriot zu handeln. Von nun an appellierte er an die internationale Gemeinschaft, der weiteren Bedrohung und dem vollständigen Untergang der Demokratie entgegenzuwirken. Der Feindschaft der Nationalsozialisten war er sich bewusst – auf der Liste der «Vaterlandsverräter» stand er mit an oberster Stelle. Dass die in Deutschland gebliebenen Vertreter des Bürgertums ihre Stimme nicht gegen Gewalt und Unrecht erhoben, enttäuschte ihn zutiefst. Die Geschichte, schrieb er damals an den Reichsaußenminister Konstantin von Neurath, werde einmal ein vernichtendes Urteil nicht nur über diejenigen fällen, die Unrecht getan haben, sondern auch über die, die dem Unrecht stillschweigend zusahen. Anders als der Exilvorstand der SPD, der sich unter dem Namen der Sopade vorerst nach

34 Ehrengrab auf dem Wilmersdorfer Waldfriedhof Stahnsdorf bei Berlin

Prag gerettet hatte, fasste Breitscheid den Entschluss, sich auf Dauer in Paris niederzulassen. Dort geriet er zwischen die Linien der Volksfront in Paris, an deren Aufbau er maßgeblich mitwirkte, und der Prager Parteiführung. Entscheidend war, ob es gelingen würde, Kommunisten und Sozialdemokraten bündnisfähig füreinander zu machen und zugleich die misstrauischen Genossen des Prager Vorstands für die Idee einer deutschen Volksfront nach französischem Vorbild zu gewinnen. Der Antifaschismus als verbindendes Element geriet indessen durch den Richtungswechsel innerhalb der Komintern und vor dem Hintergrund der Moskauer Schauprozesse zunehmend in Verruf. Damit brach ein wesentliches Element einer zumindest taktischen Zusammenarbeit zwischen Sozialdemokraten und Kommunisten aus dem ohnehin labilen politischen Kontext. Strittig blieb bis zuletzt, was nach der Niederringung des Faschismus in einem befreiten Deutschland kommen sollte – die Wiederherstellung der bürgerlichen Demokratie oder die freiheitliche Republik in einer sozialistisch erneuerten Gesellschaft. Für Breitscheid stellte sich aber nicht nur die Frage einer geeigneten Regierungsform nach dem Ende des totalitären Regimes. «Können wir hoffen – fragte er skeptisch geworden – mit den Menschen, wie sie sich jetzt enthüllt haben, etwas Neues aufzubauen, das Dauer verspricht? Ich möchte, dass ich mich täuschte, aber ich fürchte, dass auf Jahrzehnte hinaus Deutschland kein Land ist, in dem Menschen mit Rechtsbewusstsein und Freiheitsgefühl atmen können.»

Enttäuscht vom Scheitern seiner Bemühungen, zog Breitscheid sich aus dem Volksfront-Projekt zurück. Bis zum Einmarsch der Wehrmacht in Paris widmete er sich auf der Suche nach einer sinnvollen Beschäftigung der Hilfe für in Not geratene Flüchtlinge. Im Sommer 1940 floh er zusammen mit seiner Frau und Rudolf Hilferding in den unbesetzten Süden Frankreichs. Angebote von Freunden, ihm zur Flucht in die Vereinigten Staaten zu verhelfen, schlug er mehrfach aus. Von der mit den Deutschen kollaborierenden Behörde des Vichy-Regimes bekam er schließlich die Zusage für eine legale Ausreise. Er war überzeugt, Hitler werde es nicht wagen, seine Verhaftung anzuordnen. Die Warnung besorgter Genossen, er begebe sich damit in die Höhle des Löwen, schlug er in den Wind. Bald schon wurde er durch den Gang der Ereignisse vom Ernst der Lage überzeugt. Hilferding entzog sich dem polizeilichen Zugriff vermutlich durch Suizid. Breitscheid und seine Frau wurden nach Deutschland ausgeliefert. Über Monate hinweg wurde er im Gestapo-Gefängnis in der Prinz-Albrecht-Straße festgehalten und verhört. Im Januar 1942 wurde Breitscheid ins KZ Sachsenhausen verlegt und schließlich zusammen mit seiner Frau nach Buchenwald gebracht. Bei einem Luftangriff der Alliierten am 24. August 1944 wurden Rudolf Breitscheid und seine Frau Tony in einem Graben neben der Prominenten-Baracke verschüttet. Tony Breitscheid, die den Angriff – wenngleich bewusstlos – überlebte, konnte über die Umstände, die zum Tod ihres Mannes führten, keine genauen Angaben machen. Wie Breitscheid wirklich ums Leben kam, bleibt eine offene Frage bis heute.

Aus Tony Breitscheids Briefen an Peter Pistorius

Flucht Breitscheids aus Berlin

«Mein Mann erschien nicht mehr zu der Reichstagssitzung am 24. März 1933, in der Wels den Protest der Partei niederlegte. Es schien ihm alles hoffnungslos. Wir reisten noch in der Nacht nach München zu unserer Freundin Anna Selo, kurze Zeit später mit Toni Pfülf nach Friedrichshafen. Dort wurden wir in Haft genommen, da Abgeordnete nicht ins Ausland reisen durften, wurden aber noch in der Nacht mit Hilfe eines freundlichen Beamten freigelassen und fuhren früh über den Bodensee und kamen so auf Schweizer Boden; dann mit Friedr. Adler nach Zürich, Küssnacht am Zürcher See und im August 1933 nach Paris, während der übrige Partei-Vorstand nach Prag ging, weil die Betreffenden glaubten, dort noch gegen Hitler arbeiten zu können. Breitscheid unternahm von Zürich aus noch Erkundigungsreisen nach London und Paris. Paris schien am günstigsten, weil dort mehr Freunde und die Sprachverhältnisse besser waren.»

Auslieferung und Ende im KZ

«Ueber die Möglichkeiten einer Flucht aus Frankreich kann man vielleicht heute manches sagen, was uns damals, der ganzen Situation nach, nicht bewusst war. Wir konnten nicht legal aus Frankreich ausreisen, weil wir zunächst trotz mehrfacher Bemühungen keine Ausreiseerlaubnis erhalten konnten. Erst kurz vor der Verhaftung und Auslieferung meines Mannes wurde uns eine Ausreisegenehmigung erteilt. Aber nach einigen Tagen wurden ihm Pass und Erlaubnis wieder entzogen; der Souspräfekt von Arles, der versprochen hatte uns zu helfen, liess sich nicht mehr sprechen … und dann nahm das Unheil seinen Lauf.

35 Tony Breitscheid in Hellerup (Kopenhagen) mit ihrem Sohn Gerhard und dessen Frau Steffi Mitte der 1960er-Jahre.

Mein Mann und Hilferding wurden ausgeliefert. Ich begleitete meinen Mann bis Vichy, fuhr dann auf seinen Wunsch nach Arles zurück und wartete auf Nachricht von ihm. Im November fuhr ich allein nach Berlin zu Freunden und suchte ihn dann im S. S. Gefängnis in der Prinz-Albrecht-Strasse auf. Im Januar 1942 kamen wir in ein Sonderhaus im Konzentrationslager Sachsenhausen, mein Mann als Gefangener, ich sogenannt frei. Im Spätsommer 1943 kamen wir nach Buchenwald.»

(Tony Breitscheid, Hellerup, 23.2.1965)

Epilog

Breitscheids politisches Wirken zeigt exemplarisch, wie historische Entwicklungslinien bis in unsere Tage reichen und zum Verständnis aktueller politischer Geschehnisse beitragen können.

Die Beschäftigung mit dem Leben Breitscheids bezieht daraus ihre Berechtigung – weniger als Würdigung des großen Einzelnen; vielmehr auch als Monografie zur deutschen Parteiengeschichte vom Beginn des 20. Jahrhunderts, über Aufstieg und Untergang der Republik von Weimar bis nahe an die Gegenwart. Der Publizist und Politiker Breitscheid hat im Verlauf seines Lebens fünfmal seine Parteizugehörigkeit innerhalb des linken demokratischen Lagers gewechselt. Wer seinem Lebensweg folgt, bewegt sich im Rahmen der organisatorischen wie politischen und ideengeschichtlichen Strukturen, die das Geschehen in der ersten Hälfte des 20. Jahrhunderts geprägt haben.

Breitscheid war vorwiegend schreibender und sprechender Politiker, ein Mann der öffentlichen Rede, nicht kühner Entschlüsse und staatsmännischer Taten. Für den Biografen ergibt sich daraus die besondere Möglichkeit, aber auch die Notwendigkeit, die von Breitscheid auf die jeweilige politische Situation gemünzten Ideen nicht ein für alle Mal abstrakt zu definieren, sondern ihre begriffliche Ausprägung im historischen Kontext zu veranschaulichen. Die Tragweite von Begriffen wie Liberalismus, Sozialismus und Demokratie klären sich im Sprachgebrauch und im politischen wie im publizistischen Handeln Breitscheids unter den wechselnden Bedingungen seiner Zeit. Die Gliederung seines Schaffens in eine demokratische, sozialistische, republikanische und antifaschistische Phase folgt Breitscheids wechselhaftem Weg entlang den zeitgeschichtlichen Bruchlinien, die die Epoche zwischen den beiden großen Katastrophen des 20. Jahrhunderts kennzeichnen.

Als Volks- und Debattenredner, ausgestattet mit herausragenden rhetorischen Fähigkeiten, beherrschte er als erbitterter Gegner die öffentliche Auseinandersetzung mit den Nationalsozialisten. Vor ihnen musste er sich als einer der Ersten in die Emigration retten. Auch in dieser Phase seines Lebens konnte er nicht davon ablassen, sich publizistisch mitzuteilen und, soweit in der Emigration möglich, politisch zu agieren.

36 Mit diesem Porträt des jungen Politikers auf einer Postkarte strickte die SED Kreisleitung Leipzig an der Legende Rudolf Breitscheids in der DDR. Die Abteilung «Werbung und Schulung» kam dabei ohne die Nennung der Partei aus, der Breitscheid nahezu sein ganzes politisches Leben gewidmet hatte. Statt zur SPD – so die Angaben auf der Postkarte – trat er 1912 «zur sozialistischen Bewegung» über, war «Sprecher zur Außenpolitik, Schriftsteller» und wurde «zusammen mit Ernst Thälmann im Konzentrationslager Buchenwald ermordet». So scharf geschnitten das Porträt, so täuschend der Text.

In Vichy von der Gestapo verhaftet und nach Deutschland zurückgebracht, endete der letzte Teil seines ehemals glanzvollen und schließlich tragischen Lebens im KZ Buchenwald. In der Gedenkstätte des ehemaligen Konzentrationslagers, wo Rudolf Breitscheid im August 1944 ums Leben kam, ehrte die DDR ausschließlich den Antifaschisten. Sie beanspruchte sein Gedächtnis als das eines Vorkämpfers einer deutschen Volksfront gegen Hitler. Die SED nutzte sein Andenken für ihre politischen Zwecke, nicht zuletzt zur Rechtfertigung der Zwangsvereinigung von KPD und SPD.

Die deutsche Sozialdemokratie gedenkt Rudolf Breitscheids heute als eines Außenpolitikers, der gegen den erbitterten Widerstand nationalistischer Kreise beharrlich an der deutsch-französischen Aussöhnung nach dem Ersten Weltkrieg festhielt. Er vertrat die Verständigungspolitik gemeinsam mit Gustav Stresemann, war Mitglied der deutschen Völkerbunddelegation in Genf. Vor allem aber bleibt Breitscheid im Gedächtnis der deutschen Sozialdemokratie als ihr eindrucksvoller Repräsentant und kämpferischer Redner auf der parlamentarischen Bühne der Weimarer Republik.

Zur Entstehung dieses Buchs

Die vorliegende politische Biografie Rudolf Breitscheids ist die überarbeitete und gestraffte Fassung einer Dissertation, die unter dem Titel *Rudolf Breitscheid 1874–1944. Ein biografischer Beitrag zur deutschen Parteiengeschichte* der Philosophischen Fakultät der Universität zu Köln im Jahr 1968 zu Promotion vorgelegt wurde.

Mit finanzieller Unterstützung der Friedrich-Ebert-Stiftung und unter redaktioneller Mitarbeit von Sabine Hering kommt diese damals unveröffentlichte Dissertation nun zum 150. Geburtstag von Breitscheid in einer gedruckten Ausgabe für ein größeres Publikum heraus. Ihr erstes Erscheinen liegt also mehr als ein halbes Jahrhundert zurück. Inzwischen ist die zeitgeschichtliche Forschung ein gutes Stück Wegs vorangekommen. Zum Erkenntnisstand über das politische Wirken Rudolf Breitscheids ist freilich in den zurückliegenden Jahrzehnten wenig umstürzend Neues hinzugekommen. Autor und Verlag hielten es deshalb für ebenso vertretbar wie wünschenswert, die Geschichte dieser Epoche anhand der vielfach verschlungenen Wege dieses Jahrhundert-Politikers erneut nachzuzeichnen, der beispielhaft das Bild seiner Zeit und unser historisches Verständnis dafür mit geprägt hat.

Eines allerdings bliebe im Rahmen der Recherche künftiger Breitscheid-Forschung noch zu tun, wenn sie, von Glück und Eifer begünstigt, die bislang verschollenen Tagebuchaufzeichnungen Breitscheids zu Gesicht bekäme. Ehefrau Tony Breitscheid, die nach dem Krieg zusammen mit Sohn Gerhard Breitscheid in Kopenhagen ihr unstetes Leben im Alter von 90 Jahren 1968 beschloss, hat dem Autor die Existenz dieser sehr persönlichen Quelle bestätigt, sich zur Freigabe aber nicht entschließen können. Dies ist umso bedauerlicher, als sie in einem über die Jahre sich erstreckenden handschriftlichen Briefwechsel dem Autor viele andere wertvolle Hinweise über die Arbeit und den Charakter ihres Mannes geben konnte. Die der Forschung vorenthaltenen Aufzeichnungen wollte sie ihrem Sohn hinterlassen, zu dem Anfang der 1970er-Jahre leider der Kontakt abbrach.

Die Quellen, für die Breitscheid mit der Flut seiner publizistischen Tätigkeit bis zum Untergang des Kaiserreichs in der deutschen Novemberrevolution selbst gesorgt hat, liegen in mehr oder weniger zugänglicher, gedruckter Form vor. Sie sind im Anhang dokumentiert. Ebenso die Fundorte und Nachweise seines Wirkens in der sozialdemokratischen Reichstagsfraktion der Weimarer Republik. Reichhaltiges Material bot das Archiv der Sozialdemokratischen Partei Deutschlands (in den 1960er-Jahren noch in er Bonner «Baracke»), ebenso das Archiv für die Geschichte der Arbeiterbewegung in Amsterdam, das für eine Reihe anderer reich bestückter Aufbewahrungsorte stehen mag, oder auch das politische Archiv des Auswärtigen Amts in Bonn. Von besonderem Reiz, wenn auch nicht immer so ergiebig wie erhofft, waren die mündlich oder brieflich mitgeteilten Erinnerungen zahlreicher Zeitgenossen des Reichstagsabgeordneten Breitscheid. Ebenso die in den 1950er- und 1960er-Jahren sprudelnden Memoiren politischer Gefährten wie auch der Gegner. Hier wären zu nennen Pars pro Toto Äußerungen aus den letzten Tagen der Republik von Männern und Frauen, wie Fritz Erler, Hanna Hertz, Siegfried Aufhäuser, Erika Müller-Biermann, André François-Poncet, Fritz Hesse, Ernst Lemmer u.a. Von besonderem Wert und persönlich berührend sind die zahlreichen Briefe Breitscheids aus den Jahren des Pariser Exils an seinen jüngeren Parteifreund Wilhelm Hoegner, ohne dessen Großzügigkeit die plastische Schilderung der dramatischen und mühsamen Versuche, eine deutsche Anti-Hitler-Volksfront in der Emigration zu schmieden, nicht möglich gewesen wäre.

Nichts hätte schließlich gelingen können ohne den persönlichen Rückhalt an den Kommilitonen und akademischen Lehrern im Historischen Seminar der Kölner Universität. Hier ist vor allem dankbar zu nennen Prof. Adam Wandruszka, der den jungen Doktoranden an sehr langer wissenschaftlicher Leine zum erwünschten akademischen Abschluss führte.

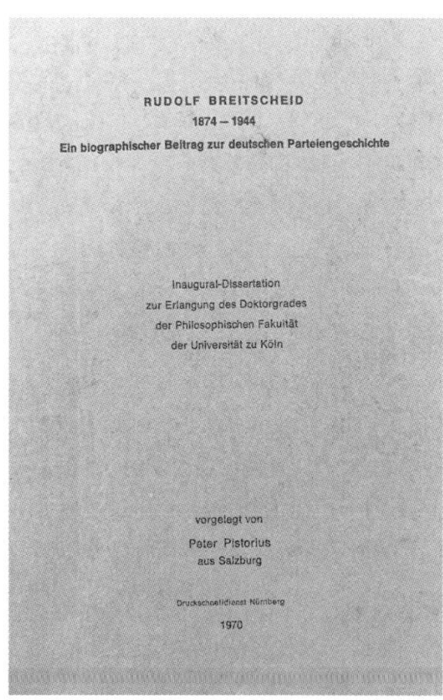
RUDOLF BREITSCHEID
1874 – 1944
Ein biographischer Beitrag zur deutschen Parteiengeschichte

Inaugural-Dissertation
zur Erlangung des Doktorgrades
der Philosophischen Fakultät
der Universität zu Köln

vorgelegt von
Peter Pistorius
aus Salzburg

Druckschnelldienst Nürnberg
1970

37 Titelbild der Dissertation, die dieser Publikation zugrunde lag und damals nur in wenigen Exemplaren gedruckt wurde.

Die Initiative von Sven Crefeld, im Jahr 2015 eine Auswahl früher Texte von Breitscheid in der edition Rubrin zu publizieren, war willkommener Anlass, ein Vorwort zu schreiben und mich nach vielen Jahren erneut mit Breitscheid zu befassen.

Für die Unterstützung bei der jetzt nach über 50 Jahren erfolgten Publikation habe ich folgenden Personen zu danken:

Sabine Hering Anja Kruke, Friederike Linke, Michael Lüder, Kurt Schilde, Uli Schöler, Olaf Scholz, Annette Schüren, Dagmar Schulte und Martin Schulz

Abbildungsverzeichnis

akg-images (16); Archiv der Evangelischen Kirch Rheinland, Fotosammlung 10.3/11 (2); Archiv der sozialen Demokratie (4, 11, 12–14, 23, 25, 26, 27, 29, 31, 32); Bildarchiv Preußischer Kulturbesitz (15); Bundesarchiv, Bild 102-00169 / CC-BY-SA 3.0 (19); Concordia Deutsche Verlags-Anstalt, Berlin (7); DANA-Bild der ICD Photo Section DEU 504983 – Privatbesitz Harald Hoegner, München (29); Deutsches Digitales Frauenarchiv (35); Deutsches Historisches Museum, Berlin (8); Hans Ebeling / Wolfgang Birkenfeld: *Die Reise in die Vergangenheit. Ein geschichtliches Arbeitsbuch*. S. 112 (18); Echolot, Berlin 1988 (28); Erich Golitz (21); Sabine Hering (1); International Institute of Social History, Amsterdam (10); *Jahrbuch der Deutschen Sozialdemokratie* 1928 (17); Library of the University of California (3); Peter Pistorius (34, 37); Peter Pistorius, Privatbesitz (30); Postkarte, Privatbesitz Peter Pistorius (33); SED Kreis Leipzig, o. J., Postkarte, Privatbesitz Peter Pistorius (36) Ullstein (20); Wikimedia (5, 6); Wikipedia (9); Wikipedia, Plakatsammlung Karl Fritz (22)

Literaturverzeichnis

Publikationen von Rudolf Breitscheid

Schriften

Die Landpolitik in den australischen Kolonien, T. 1, Neu-Süd-Wales unter englischer Verwaltung, phil. Diss. Marburg 1898 (auch: Neue Börsen-Halle, Hamburg 1899).

Deutschland und die Vorgänge im russischen Reich. Vorträge von Reusner, Wiener, Breitscheid, gehalten im Sozialliberalen Verein zu Berlin, Berlin 1905.

Der Bülow-Block und der Liberalismus, München 1908.

«Persönliches Regiment und konstitutionelle Garantien» (*Demokratische Flugblätter*, Nr. 1), Berlin 1909.

«Theodor Barth. Gedenkrede», Berlin 1910.

«Leipart und Breitscheid über die Notverordnung», Berlin 1931.

«Bereit sein ist alles!» Rede im Parteiausschuß der Sozialdemokratischen Partei Deutschlands am 31. Januar 1933. Berlin 1933.

Weitere Publikationen mit Beiträgen von Rudolf Breitscheid

Reichstagsreden. Hrsg. von Gerhard Zwoch. Verlag AZ Studio, Bonn 1974.

Antifaschistische Beiträge 1933–1939. Hrsg. von Dieter Lange. Verlag Marxistische Blätter, Frankfurt a. M. 1977.

Sven Crefeld (Hrsg.): *Rudolf Breitscheid. Die vornehmste Aufgabe der Linken ist die Kritik. Publikationen 1908–1912*, Berlin, 2015.

Zeitungs- und Zeitschriftenartikel

Die Zeit. Nationalsoziale Wochenschrift, hrsg. Von Friedrich Naumann, Berlin-Schöneberg

«Die nationalliberale Jugend», Nr. 44 vom 30. Juli 1903, S. 549 f.

Die Hilfe. Wochenschrift für Politik, Literatur und Kunst, hrsg. von Friedrich Naumann, Berlin

«Eine Einführung in die Weltpolitik», Nr. 41 vom 11. Okt. 1903, S. 4f.
Rußland und Japan, Nr. I vom 3. Jan. 1904, S. 3f.
«Deutsch-Südwestafrika», Nr. 5 vom 31. Jan. 1904, S. 3f.
«Der Krieg in Ostasien und die deutschen Interessen», Nr. 8 von 21. Febr. 1904, S. 3f.
«Der südwestafrikanische Aufstand», Nr. 13 von 27. März 1904, S. 3.
«Die englische Tibetexpedition», Nr. 16 vom 17. April 1904, S. 4f.
«Die Erfolge der französischen Politik», Nr. 20 vom 15. Mai 1904, S. 3f.
«Das belgische Vorbild», Nr. 28 vom 10. Juli 1904, S. 4f.
«Der Generalstreik», Nr. 41 vom 9. Okt. 1904, S. 5,
«Friedenswünsche in Ostasien», Nr. 44 vom 30. Okt. 1904, S. 3f.
«Hinterpommersche Wahleindrücke», Nr. 8 vom 24. Febr. 1907, S. 115f.
«Die Blockpolitik», Nr. 47 vom 24. Nov. 1907, S. 738f.

Die Nation. Wochenschrift für Politik, Volkswirtschaft und Literatur, hrsg. von Theodor Barth, Berlin

«Politische Arbeiterbewegung und Liberalismus in England», Nr. 9 vom 28. Nov. 1903, S. 136f.
«Kommunale Reformpolitik», Nr. 6 vom 5. Nov. 1904, S. 85f.
«Deutscher und englischer Einfluß in Dänemark», Nr. 52 vom 23. Sept. 1905, S. 821f.
«Monarchie oder Republik», Nr. 4 vom 28. Okt. 1905, S. 53f.
«Der einzige Weg», Nr. 36 vom 9. Juni 1906, S. 564ff.
«Preußische Wahlrechtsreform in der ‹neuen› Ära», Nr. 24 vom 16. März 1907, S. 371ff.

Mitteilungen des Handelvertragsvereins, Berlin

«Im Zeichen des Verkehrs», Nr. 23 vom 5. Dez. 1905, S. 214f.
«Mehr Besonnenheit», Nr. 1 vom 5. Jan. 1906, S. 5f.
«Die geeinte Industrie», lNr. 11 vom 3. Febr. 1906, S. 32f.
«Carne vale!», Nr. 5 vom 5. März 1906, S. 57f.
«Neudeutsche Wirtschaftspolitik», Nr. 10 vom 20. Mai 1906, S. 130f.
«Die Englandreise der deutschen Journalisten», Nr. 14 vom 20. Juli 1906, S. 188ff.
«Das Seebeuterecht», Nr. 7 vom 5. April 1907, S. 100f.
«Harte Zeiten», Nr. 22 vom 20. Nov. 1907, S. 271f.

Das Blaubuch. Wochenschrift für öffentliches Leben, Literatur und Kunst, hrsg. von Heinrich Ilgenstein und Herrmann Kienzl, Berlin

1908
«Freisinn und Demokratie», Nr. 19 vom 7. Mai, S. 547–551.
«Der Anfang vom Ende», Nr. 24 vom 11. Juni, S. 697–101.
«Das Koalitionsrecht der Privatangestellten», Nr. 25 vom 18. Juni, S. 736–739.

«Polizeistaat und Gelehrtenrepublik», Nr. 26 von 25. Juni, S. 763-T68.
«Der weiße Schrecken», Nr. 28 von 9. Juli, S. 817–822.
«Demagogenverfolgung», Nr. 31 vom 30. Juli, S. 907–913.
«Ein verderblicher Aberglaube», Nr. 32 von 6. Aug., S. 941–944.
«Ist der Friede bedroht?», Nr. 34 vom 20. Aug., S. 997 zu 1002.
«Die Taktik der Revolution», Nr. 35 von 27. Aug., S. 1027–1032.
«Nationale Politik und positive Arbeit», Nr. 37 vom 10. Sept., S. 1087–1090.
«Der Radikalismus der Tatenlosigkeit», Nr. 40 von 1. Okt., S. 1181–1184.
«Internationale Moral», Nr. 42 vom 15, Okt., S. 1237–1240.
«Die deutsche Tragikomödie», Nr. 45 von 5. Nov., S. 1327–1333.
«Männer, nicht Maßregeln!», Nr. 46 vom 12. Nov., S. 1361–1365.
«Die Krisis», Nr. 47 vom 19. Nov., S. 1387–1391.

1909
«Die Demokratie und der soziale Gedanke», Nr. 1 von 1. Jan., S. 4–8.
«Gegen die Lords», Nr. 2 vom 7. Jan., S. 36 ff.
«Vor fünfzig Jahren und heute», Nr. 3 vom 14. Jan., S. 55–58.
«Hinter der Kulisse», Nr. 6 vom 4. Febr., S. 131–134.
«Der springende Punkt», Nr. 8 vom 18. Febr., S. 175–178.
«Naumann und die anderen», Nr. 13 vom 25. März, S. 299–302.
«Programm und Beispiel», Nr. 15 vom 8. April, S. 343–547.
«Der demokratische Parteitag», Nr. 17 vom 22. April, S. 391–394.
«Das nationalistische Fieber», Nr. 18 von 29, April, S. 418–421.
«Theodor Barth. Ein politischer Charakter», Nr. 25 vom 17. Juni, S. 583–587.
«Klärung?», Nr. 26 vom 24. Juni, S. 607–610.
«Die Zweifel», Nr. 27 vom 1, Juli, S. 631–634.
«Liberaler Revisionismus», Nr. 29 vom 15, Juli, S. 679–687.
«Eduard Bernsteins Kritik», Nr. 34 vom 1
«Querelles allemandes», Nr. 37 vom 9. Sept., S. 873–877.

März. Halbmonatsschrift für deutsche Kultur, **hrsg. von Ludwig Thoma, München**

«Der Generalstreik in Schweden», Jg. 3 (1909), Bd. 3, S. 409–415.
«Die kommenden Verfassungskämpfe in England», Jg. 3 (1909), Bd. 4, S. 83–90.

Das freie Volk. Demokratisches Wochenblatt, **hrsg. von Rudolf Breitscheid, Berlin**

«Das Bild des Kaisers», Probe-Nr. 1 vom 11. Dez. 1909.

1910
«Verständigung mit England», Nr. 2 vom 8. Jan.
«Die Spottgeburt», Nr. 6 vom 5. Febr.
«Reaktionäre Fernwirkung», Nr. 6 vom 5. Febr.
Stehler und Hehler», Nr. 9 vom 26. Febr.

«Die Lebenden an die Toten», Nr. 12 vom 19. März.
««Bluthunde!»», Nr. 13 von 26. März.
«Das Fort Jagow genommen!», Nr. 15 vom 9. April.
«Was uns Köln lehren kann», Nr. 20 vom 14. Mai.
«Der Demokratentag», Nr. 21 vom 21. Mai.
«Gewerkverein und Politik», Nr. 29 vom 16. Juli.
«Der Weltfrieden», Nr. 353 vom 13. Aug.
«Nordische Reiseeindrücke», Nr. 34 vom 20. Aug., Nr. 35 vom 27. Aug. und Nr. 38 vom 17. Sept.
«Die Hauptsache», Nr. 36 vom 3. Sept.
«Revolution», Nr. 41 vom 8. Okt.
«Parolen und Programme», Nr. 46 vom 12. Nov. 1914, S. 157–160.
«Renaissance», Nr. 53 vom 1. Dez.

1911
«Die Mysterien der Diplomatie», Nr. 2 vom 14. Jan.
«Neue Strategie», Nr. 6 vom 11. Febr.
«Schnock, der Schreiner», Nr. 3 von 25. Febr.
«Hochflut», Nr. 11 vom 18. März.
«Jatho», Nr. 15 vom 15. April.
«Nunquam retrorsum!», Nr. 22 vom 3. Juni.
«Ein Bankerott», Nr. 23 von 10. Juni.
«Kirche und Freiheit», Nr. 26 vom 1. Juli.
«Die Demokraten in Düsseldorf», Nr. 25 vom 22. Juli
«Von stillen Wassern», Nr. 36 von 9. Sept.
«Nieder mit dem Zentrum!», Nr. 37 vom 16. Sept.
«Düsseldorfer Epilog», Nr. 38 vom 23. Sept.
«Wir Quertreiber», Nr. 39 vom 30. Sept.
«Die Patrioten an der Arbeit», Nr. 48 vom 2. Dez.

1912
«Ein Schritt vorwärts», Nr. 3 vom 20. Jan.
«Was nun?», Nr. 4 vom 27. Jan.

***Rheinische Rundschau. Demokratisches Wochenblatt*, hrsg. von Rudolf Breitscheid, Cöln a. Rh. -Düsseldorf**

«Tohuwabohu», Nr. 4 vom 11. Nov. 1911.
«Die Politik der Kabinette», Nr. 6 vom 25. Nov. 1911.

***Neue Zeit. Wochenschrift der deutschen Sozialdemokratie*, redigiert von Karl Kautsky, Stuttgart**

«Stimmung der Masse und der Massenstreik», 40 vom 4. Juli 1913, S. 473–476.
«Die Bedeutung des Parlaments», Nr. 4 vom 24. April 1914; S. 157–160.

Sozialistische Auslandspolitik. Korrespondenz, hrsg. von Rudolf Breitscheid unter ständiger Mitwirkung von E. Bernstein, H. Block, G. Eckstein, K. Kautsky, H. Ströbel u. a., Berlin.

«Werte Genossen!», Vorankündigung.

1915
«Scheidemann und Vandervelde», Nr. 3 vom 19. Mai, S. 7 f.
«Der stille Krieg», Nr. 7 vom 16. Juni, S. 1 f.
«Was können wir tun?», Nr. 8 vom 23. Juni, S. 6 ff.
«Irrwege», Nr. 9 vom 30. Juni, S. 5 ff.
«Die Haltung der französischen Sozialisten», Nr. 15 vom 23. Juli, S. 1 ff.
«Die Irrwege der Franzosen», Nr. 28 vom 17. Nov., S. 1 f.;

1917
«Von der ‹Scheidemannkirche› und der Einigkeit», Nr. 52 vom 27. Dez., S. 1.

1918
«Talmiparlamentarismus», Nr. 3 vom 13. Jan., S. 5 ff.
«Das neue Aktionsprogramm», Nr. 14 vom 4. April, S. 1 f.
«Preußische Reform», Nr. 19 von 9. Mai, S. 1 f.
«Deutsch-englische Parallelen», Nr. 20 vom 16. Mai, S. 1 ff.
«Ausbau und Vertiefung», Nr. 21 vom 24. Mai, S. 1 ff.
«Einkehr», Nr. 22 vom 30. Mai, S. 1 f.
«Der aufgeklärte Soldat», Nr. 24 vom 13. Juni, S. 1 f.
«Wege zum Frieden», Nr. 25 vom 20. Juni, S. 1 f.
«Gefühl oder Erkenntnis?», Nr. 30 vom 25. Juli, S. 1 f.
«Der Geist des 4. August», Nr. 31 vom 1. Aug., S. 1 f.
«Politische Offensive», Nr. 34 vom 22. Aug., S. 1 f.
«Ernste Stunden», Nr. 41 vom 10. Okt., S. 3 f.
«Die amtliche Wissenschaft und die amtliche Sozialdemokratie», Nr. 43 vom 24. Okt., S. 1 f.
«Die Methoden der Abhängigen», Nr. 44 vom 31. Okt., S. 1 f.
«Die Regierung vor den Zusammenbruch», Nr. 45 vom 7. Nov., S. 1 f.

Mitteilungs-Blatt des Verbandes sozialdemokratischer Wahlvereine Berlins und Umgegend, hrsg. von Adolph Hoffmann, Berlin

«Koalitionsregierung?», Nr. 11 vom 10. Juni 1917.
«Die einheitliche Arbeiterbewegung», Nr. 47 vom 17. Febr. 1918, Beilage.
«Flut», Nr. 3 von 21. April 1918.
«Der vermüllerte Parlamentarismus», Nr. 7 von 19. Mai 1918, Beilage.
«Eine deutsche Friedensoffensive. Verlegenheit», Nr. 10 vom 9. Juni 1918.
«Wahlrecht und Volk», Nr. 11 vom 16. Juni 1918.

Leipziger Volkszeitung
«Grundsätzliche Debatten und grundsätzliche Politik», Nr. 59 vom 12. März 1918.

***Der Sozialist (Sozialistische Auslandspolitik). Unabhängige sozialdemokratische Wochenschrift*, hrsg. von Rudolf Breitscheid unter ständiger Mitwirkung von E. Bernstein, H. Block, H. Haase, K. Kautsky, A. Stein, H. Ströbel u. a., Berlin. Erschienen im Verlag Tony Breitscheid.**

1918
«Der 16. Februar», Nr. 49 vom 5. Dez., S. 1 f.
«So geht es nicht weiter!», Nr. 50 vom 12. Dez., S. 1 ff.
«Vor schwerwiegenden Entscheidungen», Nr. 52 von 28. Dez., S. 1 ff.

1919
«Nach der Trennung», Nr. 1 von 4. Jan., S. 1 ff.
«Schuld und Sühne», Nr. 3 vom 17. Jan., S. 33–36.
«Rund um die Wahl», Nr. 4 von 24. Jan., S. 49 ff.
«Programmfragen», Nr. 5 vom 31. Jan., S. 65 ff.
«Die Zukunft der Arbeiterräte», Nr. 6 vom 7. Febr., S. 80–84.
«Wilhelms Nachfolger», Nr. 7 vom 15. Febr., S. 97 ff.
«Bankrott der Polenpolitik», Nr. 8 vom 22, Febr., S. 113 ff.
«Die Politik der Unabhängigen», Nr. 9 vom 1, März, S. 133–136.
«Wohin geht die Fahrt?», Nr. 13 vom 29. März, S. 185 ff.
«Erfolg und Recht», Nr. 14 vom 4. April, S. 20 ff.
«Das Rätesystem», Nr. 16 vom 18. April, S. 233–236.
«Vorfrieden», Nr. 18 vom 5. Mai, S. 265 ff.
«Vor großen Entscheidungen», Nr. 19 vom 10. Mai, S. 281–285.
«Die Unabhängigen und der Friede», Nr. 20 vom 17. Mai, S. 297 ff.
«Am Vorabend», Nr. 23 vom 7. Juni, S. 345 ff.
«Der kommende Mann», Nr. 24 vom 14. Juni, S. 361–364.
«Wir wollen den Frieden!», Nr. 25 vom 21. Juni, S. 377–380.
«Kein Grund zur Freude», Nr. 26 vom 28. Juni, S. 393–396.
«Verbrecherisches Spiel», Nr. 27 vom 5. Juli, S. 409–412.
«Friedrich Naumann», Nr. 35 vom 30. Aug., S. 537–540.
«Die Eisscholle», Nr. 41 vom 11. Okt., S. 633 ff.
«Der 9. November», Nr. 45 vom 8. Nov., S. 697 ff.
«Hugo Haase», der Führer, Nr. 46 vom 15. Nov., S. 113 ff.
«Der Kampf um die Wahrheit und der Kampf um die Macht», Nr. 47 vom 22. Nov., S. 729–734.
«Die politische Seite der Affäre Sklarz», Nr. 48 von 29. Nov., S. 745–749.

1920
«Das neue Jahr und der alte Geist», Nr. 1 von 3. Jan., S. 1–4.
«Kritische Stunde», Nr. 7 vom 14. Febr., S. 121 ff.

«Bilanz», Nr. 12/13 vom 31. März, S. 209 ff.
«Schritt für Schritt», Nr. 14/15 vom 10. April, S. 225–228.
«Wahlen und Parlamentarismus», Nr. 17 vom 24. April, S. 273 f.
«Wir und die Kommunisten», Nr. 21 vom 22. Mai, S. 369 ff.
«Ungewißheit», Nr. 24 vom 12. Juni, S. 441 ff.
«Unannehmbar», Nr. 38/39 vom 25. Sept., S. 729 ff.
«Halle und Moskau», Nr. 42 vom 23. Okt., S. 809 ff.
«Finsternis», Nr. 51/52 vom 31. Dez., S. 1025–1028.

1921
«Nach der Preußenwahl», Nr. 8 vom 26. Febr., S. 169 f.
«Der drohende Termin», Nr. 14 vom 9. April, S. 313 ff.
«In den letzten Zügen», Nr. 16 von 23. April, S. 361 ff.
«Die Gefahren der Stunde», Nr. 18 vom 7. Mai, S. 409 ff.
«Die Unabhängigen und die Regierung», Nr. 20 vom 21. Mai, S. 457–460.
«Der internationale Nationalismus», Nr. 27 vom 2. Juli, S. 593 ff.
«Neue Spannungen», Nr. 28 vom 9. Juli, S. 617–620.
«Abrüstung», Nr. 29 vom 16. Juli, S. 641–645.
«Die Rückwärtsrevidierung des sozialdemokratischen Programms», Nr. 30 vom 23. Juli, S. 665–669.
«Der Schutz der Republik», Nr. 38 vom 17. Sept., S. 809–812.
«Die Rechtssozialisten vor der Entscheidung», Nr. 41 von 8. Okt., S. 881 u 884.
«Der ausgeschaltete Reichstag», Nr. 42 vom 15. Okt., S. 905 ff.
«Demokratie und Demokraten», Nr.43/44 vom 29. Okt., S. 929 f.
«Die drohende Stinneskoalition», Nr. 45 vom 5. Nov., S. 953 ff.
«Der Katastrophe entgegen», Nr. 46 vom 12. Nov., S. 977 ff.
«Warnung», Nr. 48 vom 26. Nov., S. 1025 f.
«Zur Frage der Koalitionspolitik, Nr. 51 vom 24. Dez., S. 1097 ff.

1922
«Nach der Entscheidung», Nr. 6/7 vom 18. Febr., S. 97–100.
«Nationale Waffentänze», Nr. 12/13 vom 25. März, 201–204.
«Gewagtes Spiel», Nr. 15/16 vom 22. April, S. 249 ff.
«Genua und die Arbeiterklasse», Nr. 17/18 vom 15. Mai, S. 273–276.
«Das Ergebnis von Genua», Nr. 19/20 vom 27. Mai, S. 297 f.
«Wider den Brotwucher!», Nr. 23/24 vom 17. Juni, S. 353–356.
«Am Vorabend der Einigung», Nr. 27/28 vom 29. Juli, S. 401 ff.
«Pariser Reise», Nr. 29/31 vom 12. Aug., S. 433–436.

Die Freiheit. Berliner Organ der Unabhängigen Sozialdemokratischen Partei Deutschlands

1918
«Es lebe die Freiheit!», Nr. 1 vom 15. Nov.

«Wann?», Nr. 5 vom 17. Nov.
«Preußen und die Rheinlande», Nr. 74 vom 25. Dez.

1919
«Demokratie und Arbeiterräte», Nr. 72 vom 10. Febr.
«Wahrheit in der auswärtigen Politik», Nr. 85 von 17. Febr.

1920
«Eine falsche Methode», Nr. 274 vom 13. Juli.
«Die deutsche Neutralität», Nr. 291 vom 22. Juli.
«Die revolutionäre Situation», Nr. 320 vom 8. Aug.
«Keine Illusionen», Nr. 325 vom 11. Aug.
«Der Kurs der auswärtigen Politik», Nr. 534 vom 16 Dez.

1921
«Stimmungen und Verstimmungen», Nr. 388 von 20. Aug.
«Neuer Kurs in der Außenpolitik?», Nr. 463 vom 4. Okt.
«Oberschlesien und die deutsche Ostpolitik», Nr. 475 vom 11. Okt.

1922
«Lloyd George oder Poincaré?», Nr. 39 vom 24. Jan.
«Die Abstimmung der Fraktionsminderheit», Nr. 85 vom 19. Febr.

L'Europe Nouvelle, Paris

«L'occupation de la Ruhr et la socialdémocratie», Jg. 6 (1923), S. 106.
«Pour dénouer le conflit de la Ruhr», Jg. 6 (1923), S. 557 ff.
«La situation désespérée de l'Allemagne», Jg. 6 (1923), S. 1041 f.
«La parti socialdémocrate défenseur de la S. d. N.», Jg.9 (1926), S. 1296.

Die Gesellschaft. Internationale Revue für Sozialismus und Politik, hrsg. von Rudolf Hilferding, Berlin

«Locarno», Jg. 1925, Bd. 2, S. 497–509.
Worum es ging und geht, Jg. 1930, Bd. 2, S.97–102.

Europäische Gespräche. Hamburger Monatshefte für auswärtige Politik

«Das außenpolitische Programm der Sozialdemokratie»; Jg. 4 (1926), S. 169–175.

Das freie Wort. Sozialdemokratisches Diskussionsorgan, Berlin

«Was war uns Stresemann?», Nr. 2 vom 13. Okt. 1929, S. 5–8.

Jahrbuch für auswärtige Politik, Internationale Wirtschaft und Kultur, Weltverkehr und Völkerrecht, Hrsg. Frhr. von Richthofen, Berlin

«Deutschland und Frankreich», Jg. 1930, S. 37–52.

Sozialdemokratische Partei-Korrespondenz, Berlin (SEK)

«Abrüstung, Reparationen, Friede», Nr. 2 vom Febr. 1932, S. 75–87.

Freie Presse. Wochenblatt für geistige und politische Freiheit, Amsterdam

«Wir werden weiterkämpfen», Nr. 3 von Sept. 1933.

Die Aktion, Paris

«Hitler und Europa. Aus einer Rede Rudolf Breitscheids», 30. Nov. 1933.

Zeitschrift für Sozialismus, hrsg. von Rudolf Hilferding, Karlsbad

«Die Bilanz der Hitlerschen Außenpolitik», Jg. 2 (1934), Nr. 14, S. 449–453.
«Hitler und Europa», Jg. 4 (1936), Nr. 896, S. 889–896.

Vooruit. Orgaan der Belgzische Werkliedenpartij, Gent

«De strijd om de Saar en de katholieke kerk», Nr. 11 vom 12. Jan. 1935.
«Op weg nar den vrede», Nr. 24 vom 25. Jan. 1935.

Das freie Deutschland. Mitteilungen der Deutschen Freiheitsbibliothek, Paris

«Schritt für Schritt», Nr. 10 von Febr. 1936, S.4f.
«Einheitsfront für den Frieden», Nr. 12 vom 1. Mai 1936, S. 40–43.
«Bilanz eines Kampfjahres», Nr. 15 vom Jan. 1937, S. 12–16.

Literatur über Rudolf Breitscheid

Behring, Rainer, «Rudolf Breitscheid (1874–1944): liberaler Sozialreformer – verbalradikaler Sozialist – sozialdemokratischer Parlamentarier», in: *Vom Linksliberalismus zur Sozialdemokratie*, Detlef Lehnert (Hrsg.). Köln [u.a.], 2015, S. 93–124

Benkard, E. et.al. (Hrsg.), «In Memoriam Rudolf Breitscheid», in: *Die Gegenwart. Eine Halbmonatsschrift*, Berlin, Jg. 1, Nr. 6/7 vom 24. März 1946, S. 36.

Berndt, R, «Rudolf Breitscheid», in: Martin Schumacher (Hrsg.), *M.d.R. Die Reichstagsabgeordneten der Weimarer Republik*, Düsseldorf 1991, S. 154ff.

Berndt, Roswitha, «Rudolf Breitscheid (1874–1944)», in: *Lebensbilder europäischer Sozialdemokraten des 20. Jahrhunderts*, Otfried Dankelmann (Hrsg.) Wien, 1995 (Studien zur Gesellschafts- und Kulturgeschichte. 2). S. 109–119

Breitscheid, Tony, «Beginn einer politischen Laufbahn», in: *Volksrecht*, Zürich, Nr. 25 vom 30. Januar 1951.

Breitscheid, Tony, «Rudolf Breitscheid», in: *Sopade Informationsdienst*, Hannover, Nr. 213 vom 3. Juli 1947.

Breitscheid, Tony, «Rudolf Breitscheids letzte Jahre», in: *Neue Volkszeitung*, New York, vom 22. November 1947.

Cavaillé, Marie-Dominique, *Rudolf Breitscheid et la France 1919–1933*, Frankfurt a. M. 1995.

Das große Personenlexikon zur Weltgeschichte, Band 1, Dortmund1983, Breitscheid S. 241.

Delacour, Regine M., «‹Auslieferung auf Verlangen?›: Der deutsch-französische Waffenstillstandsvertrag 1940 und das Schicksal der sozialdemokratischen Exilpolitiker», in: *Vierteljahreshefte für Zeitgeschichte.* 47 (1999), 2, S. 217 ff.

Dombrowski, Erich (Pseud. Johannes Fischart), *Neue Köpfe, Vierte Folge, Das alte und das neue System*, Berlin 1925, S. 88 ff.

Einicke, Ludwig, «Sein Vermächtnis mahnt. Zum 80. Geburtstag von Rudolf Breitscheid am 2. November», in: *Neues Deutschland*, Berlin, Nr. 257 vom 2. November 1954.

Elm, Ludwig, «Nachdenken über Antifaschismus», in: *Jenaer Forum für Bildung und Wissenschaft*, Jena, 1994.

Faust, Alfred, «Das Schicksal Dr. Rudolf Breitscheids», in: *Volksstimme*, 1948.

Fleming, Jens, «Rudolf Breitscheid», in: Manfred Asendorf, Rolf von Bockel (Hrsg.), *Demokratische Wege*, Stuttgart/Weimar 1987, S. 99 f.

Frisch, Alfred, «‹Populaire› ehrt Rudolf Breitscheid», in: *Sozialdemokratischer Pressedienst.* 1947, H. 71 [02.09.1947], S. 5.

Hammer, Walter, *Hohes Haus in Henkers Hand. Rückschau auf die Hitlerzeit, auf Leidensweg und Opfergang deutscher Parlamentarier*, 2. Aufl. Frankfurt a. M. 1965, Breitscheid S. 36.

Heimann, Siegfried, «Rudolf Breitscheid in der Volksfrontdebatte Mitte der 1930er Jahre», in: *Perspektiven*, 40. Jahrgang, Heft 2 , S. 160 ff.

Helden des Widerstandskampfes gegen Faschismus und Krieg; hrsg. vom VVN, Berlin 1952, S. 38.

Hering, Sabine / Schöler, Uli, «‹Bereit sein ist alles› – Rudolf Breitscheid», in: *Sozialdemokratie in Brandenburg (1933–1989/90)*, Willi Carl / Martin Gorholt / Sabine Hering (Hg.), Bonn, 2022. S. 45 ff.

Jasper, Willi, «‹Sie waren selbständige Denker›: Erinnerungen an die ‹Affäre Breitscheid/ Hilferding› und die sozialdemokratische Emigration von 1933 bis 1945», in: *Exilforschung. Ein internationales Jahrbuch.* Bd. 3, 1985, S. 59 ff.

Keller, Robert, «Hitler wird es nicht wagen», in: *Vorwärts*, Berlin, vom 12. September 1947.

Keller, Robert, «Zwei Begegnungen mit Rudolf Breitscheid. Erinnerungen anlässlich seines 75. Geburtstages», in: *Neues Deutschland*, Berlin, Nr. 257 vom 2. November 1949.

Kersten, Kurt, «Das Ende Breitscheids und Hilferdings», in: *Deutsche Rundschau*, Baden-Baden, Jg. 84 (1958), Bd. 2, S. 843 ff.

Leber, Annedore (Hrsg.), *Das Gewissen entscheidet. Bereiche des deutschen Widerstandes von 1933–1945 in Lebensbildern*, Berlin-Frankfurt a. M. 1957, S. 60 ff.

Lehmann, Hans Georg, *Nationalsozialistische und akademische Ausbürgerung im Exil: warum Rudolf Breitscheid der Doktortitel aberkannt wurde*, Marburg: Pressestelle der Philipps-Universität Marburg, 1985.

Lehnert, Detlef, «Rudolf Breitscheid (1874–1944), Vom linksbürgerlichen Publizisten zum sozialdemokratischen Parlamentarier», in: Peter Lösche u. a. (Hrsg.): *Vor dem Vergessen bewahren. Lebenswege Weimarer Sozialdemokraten*, Berlin [W], S. 38 ff.

Löbe, Paul, «Rudolf Breitscheid. Dem Gedenken eines treuen Mitkämpfers», in: *Der Sozialdemokrat*, Berlin, Nr. 42 vom 27. Aug. 1946.

Loring, Marianne / Benz, Wolfgang, *Flucht aus Frankreich 1940 – die Vertreibung deutscher Sozialdemokraten aus dem Exil*, Frankfurt a. M., 1996.

Markscheffel, Günter, «Dr. Rudolf Breitscheid – ein großer Europäer: Im Gedenken an eine große Leistung und an einen tragischen Tod», in: *Sozialdemokratischer Pressedienst* 1964, S. 5.

Mayer, Paul, «Rudolf Breitscheid», in: *Neue Deutsche Biographie*, Bd. 2, S. 579 ff.

Naumann, Friedrich: «Barth, von Gerlach, Breitscheid», in: *Hilfe* Nr. 18 vom 3. Mai 1908, S. 286 f.

«‹Es kommt auf den Entschluß und die Tat an›. Mahnende Worte Rudolf Breitscheids, die auch für den bevorstehenden SED-Parteitag Gültigkeit besitzen», in: *Neues Deutschland* Nr. 513 vom 12. Nov. 1964.

«Nur die Aktionseinheit führt zum Sieg. Zum 10. Jahrestag des Todes Rudolf Breitscheids», in: *Neues Deutschland* Nr. 197 vom 24. Aug. 1954.

Neumann, Ernst, *100 Jahre Marburger Burschenschaft Arminia. Erinnerungen, Zum 100jährigen Stiftungsfest am 16. Juni 1960*, Marburg 1960, S. 81 ff.

Olden, Rudolf, «Ältere und Jüngere Köpfe vom sozialdemokratischen Parteitag», in: *Berliner Tageblatt* Nr. 260 vom 5. Juni 1931.

Osterroth, Franz, *Biographisches Lexikon des Sozialismus, Bd. 1, Verstorbene Persönlichkeiten*, Hannover 1960, Breitscheid S. 46 ff.

Osterwald, Christoph: «Die Auswirkungen des Klassenkompromisses zwischen Bourgeoisie und Junkertum auf die nichtproletarischen demokratischen Kräfte am Beispiel R. Breitscheids», in: *Jenaer Beiträge zur Parteiengeschichte*. 32/33 (1972), S. 156 ff.

Pistorius, Peter, *Rudolf Breitscheid 1874–1944. Ein biographischer Beitrag zur deutschen Parteiengeschichte*, unv. Diss., Köln 1970.

Pistorius, Peter, «Vorwort», in: Sven Crefeld (Hrsg.), *Rudolf Breitscheid. Die vornehmste Aufgabe der Linken ist die Kritik. Publikationen 1908–1912*. Berlin, 2015, S. 9 ff.

Reichstagshandbuch, I. Wahlperiode, Berlin 1990, Breitscheid S. 187.

Renger, Annemarie: «Kämpferischer Demokrat und Weltbürger: Vor 50 Jahren starb Rudolf Breitscheid im KZ Buchenwald», in: *Sozialdemokratischer Pressedienst,* 1994, S. 4.
Röll, Wolfgang: *Deutsche Sozialdemokraten im Konzentrationslager Buchenwald 1937–1945 unter besonderer Berücksichtigung des Schicksals von Ernst Heilmann, Rudolf Breitscheid und Hermann Brill,* Buchenwald, 1994.
«Rudolf Breitscheid wurde ermordet», in: *Sozialdemokratischer Pressedienst,* 1946, S. 3.

Schacht, Kurt: «Rudolf Breitscheid: Sein Wirken für die Einheitsfront von SPD und KPD», in: *Marxistische Blätter* 1969, S. 53 ff.
Schmitt-Vockenhausen, Hermann, «Dem freiheitlichen Sozialismus verpflichtet. Anmerkungen zum 100. Geburtstag von Rudolf Breitscheid»; in: *Sozialdemokratischer Pressedienst* 1974, S. 3.
Schöler, Uli, «Ein Vorreiter der deutsch-französischen Aussöhnung. Erinnerung an Rudolf Breitscheid», in: *Neue Gesellschaft / Frankfurter Hefte* H. 12 2004. S. 65 ff.
Schützinger, Hermann, «Rudolf Breitscheid», in: *Sozialdemokratischer Pressedienst* 1949, S. 6.
Schwarz, Georg (Pseud. O. B. Server), «Dr. Rudolf Breitscheid, der SPD-Lord», in: *Matadore der Politik. Sechsundzwanzig Politikerporträts mit 26 Karikaturen von Erich Goltz,* Berlin 1932, S. 53 ff.
Sellenthin, Hans-Gerd, «Kaiser Wilhelm und Rudolf Breitscheid: Neuer Streit um die ‹Kaiser-Wilhelm-Gedächtniskirche› auf dem Rudolf- Breitscheid-Platz in Berlin», in: *Sozialdemokratischer Pressedienst* 1960, S. 4.
Smaldone, William, *Confronting Hitler. German Social Democrats in defense of the Weimar Republic, 1929–1933,* Lanham, Lexington Books, 2009.
Stampfer, Friedrich, «Aus dem Leben Rudolf Breitscheids», In: *Neue Volkszeitung,* New York, vom 23. September 1944.

Trümpler, Eckhard, «Vom bürgerlichen Demokraten zum Mitbegründer der antifaschistischen Volksfront. Rudolf Breitscheid», in: *Beiträge zur Geschichte der Arbeiterbewegung* 1976. Jg. 18, 3, S. 513 ff.

Unger, Emil, *Politische Köpfe des sozialistischen Deutschlands,* Leipzig 1920, S. 128 ff.

Vorstand der SPD (Hrsg.), *Der Freiheit verpflichtet. Gedenkbuch der deutschen Sozialdemokratie im 20. Jahrhundert,* 2. Auflage. Berlin 2013, Breitscheid S. 80 ff.